TEXTES À L'APPUI
série « Enquêtes de terrain »
dirigée par Stéphane Beaud

TEXTES À L'APPUI
série « Enquêtes de terrain »

Tout comme l'histoire et la philosophie, la sociologie ne vaudrait pas une heure de peine si elle ne nous donnait pas des armes pour penser le monde où nous vivons, le transformer ou le préserver. Qu'elle ouvre sur des univers inconnus, mystérieux, ou qu'elle éclaire d'un jour inattendu des territoires ordinaires, elle aide à voir et à comprendre comment les hommes font le monde et comment ce monde les prend et les façonne.

Travail empirique et rigueur conceptuelle : c'est la double exigence des sciences sociales que s'efforcent de remplir les travaux accueillis dans la série « Enquêtes de terrain ». Parmi d'autres modalités du travail empirique (archives, statistiques), elle privilégie des comptes rendus d'enquêtes directes, longues et méthodiques, qui ne cèdent ni aux tentations du récit ni à l'excès de théorisation. Les questions politiques, point de départ et point d'arrivée de telles enquêtes, s'éclairent et se transforment quand on se donne les moyens de les approcher au ras du sol, d'observer et d'écouter les premiers concernés.

Étudier les pratiques matérielles qui font le quotidien – le travail, l'école, le logement, la consommation, les modes de vie –, observer le fonctionnement réel de l'économie – dans les ateliers, les banques, les bureaux, les services publics, dans les maisons et dans les rues –, c'est reconquérir le projet de l'économie politique, c'est montrer les inégalités, les contraintes, les rapports de force qui tissent nos vies. C'est aussi rendre compte des sentiments, des joies et des peines, des humeurs et des courages qui, tout autant que le monde des objets et des institutions, composent l'immense univers de significations, de malentendus et d'absurdités qu'est la vie des hommes en société.

Dans la même série

Oliver GODECHOT, *Les Traders. Essai de sociologie des marchés financiers*, 2001.

Bernard LEHMANN, *L'Orchestre dans tous ses éclats. Ethnographie des formations symphoniques*, 2002.

Stéphane BEAUD, *80 % au bac... et après ? Les enfants de la démocratisation scolaire*, 2002.

Daniel BIZEUL, *Avec ceux du FN. Un sociologue au Front national*, 2003.

Marie CARTIER, *Les Facteurs et leurs tournées. Un service public au quotidien*, 2003.

Florence WEBER, Séverine GOJARD et Agnès GRAMAIN (dir.), *Charges de famille. Dépendance et parenté dans la France contemporaine*, 2003.

Isabelle COUTANT, *Délit de jeunesse. La justice face aux quartiers*, 2005.

Nicolas RENAHY, *Les Gars du coin. Enquête sur une jeunesse rurale*, 2005.

Évelyne RIBERT, *Liberté, égalité, carte d'identité. Les jeunes issus de l'immigration et l'appartenance nationale*, 2006.

Marc PERRENOUD, *Les Musicos. Enquête sur des musiciens ordinaires*, 2007.

Angèle CHRISTIN, *Comparutions immédiates. Enquête sur une pratique judiciaire*, 2008.

nicolas jounin

chantier interdit au public

enquête parmi les travailleurs du bâtiment

ÉDITIONS LA DÉCOUVERTE
9 *bis*, rue abel-hovelacque
PARIS XIIIe
2008

Avertissement

Cet ouvrage se fonde sur une enquête qui a débouché sur une thèse de sociologie soutenue le 23 février 2006 à l'université Paris-VII, laboratoire URMIS (Unité de recherche « migrations et société »), intitulée *Loyautés incertaines, les travailleurs du bâtiment entre discrimination et précarité.*

Néanmoins, ce livre n'est pas une reprise, même allégée, de la thèse, mais bien une nouvelle présentation des données. L'objectif : être plus lisible, moins académique, en épousant la trame chronologique de l'enquête, en restituant davantage la chair des personnes rencontrées.

Ce livre n'est pas non plus un journal de terrain livré de manière brute, mais une sélection et une réécriture des notes prises dans le cours de l'enquête.

Les lecteurs intéressés par des éléments d'analyse plus fournis (et notamment par l'arrière-plan théorique et la bibliographie, ici réduite à la portion congrue) pourront se rapporter à la thèse, disponible sur http://tel.archives-ouvertes.fr.

Si vous désirez être tenu régulièrement informé de nos parutions, il vous suffit de vous abonner gratuitement à notre lettre d'information bimensuelle par courriel, à partir de notre site **www.editionsladecouverte.fr**, où vous retrouverez l'ensemble de notre catalogue.

ISBN 978-2-7071-5383-8

Introduction

C'est la fin de l'après-midi, un vendredi de juin 2004. Je viens d'être remercié, avec quelques autres intérimaires, par l'entreprise de bâtiment Martin pour laquelle j'ai travaillé durant six semaines. Il me faut donc trouver du travail, une nouvelle « mission » d'intérim. Autour des gares du Nord et de l'Est à Paris, sur le boulevard Magenta et dans les rues adjacentes, je visite plusieurs agences, toutes spécialisées dans le bâtiment. Je commence par une : rien ; une deuxième : rien ; une troisième pour qui j'ai déjà travaillé : rien ; une quatrième : j'attends... Chaque station est longue, car les agences sont bondées. Bondées d'intérimaires venus chercher leurs acomptes, de chercheurs d'emploi à l'affût d'une mission, et d'autres qui s'attardent en discutant. Dans l'une des agences, quelques types mettent à profit le traditionnel comptoir, qui sépare les « commerciaux » d'intérim des intérimaires, pour étaler *Le Parisien* et discuter de foot.

Lorsque j'ai entamé mon travail de terrain, deux ans plus tôt, j'arpentais le boulevard Magenta, entrais dans chaque agence demander du travail, croyant que mes chances seraient proportionnelles au nombre d'officines visitées. À présent, je privilégie certaines agences. J'y reste plus longtemps, j'échange davantage avec les commerciaux, même lorsqu'ils n'ont pas de propositions. J'ai compris que les candidats qui restent obstinément accoudés au comptoir quand bien même on leur a dit qu'il n'y a rien pour eux, qui agacent les commerciaux par leur inertie, sont moins désœuvrés que stratèges. Il est peut-être plus rentable de rester dans une agence, de rendre son visage familier, d'attendre qu'une éventuelle commande tombe et d'être alors « à la bonne place au bon moment » plutôt que de courir les agences d'intérim, entrer furtivement dans chacune demander du travail et s'entendre dire qu'il n'y en a pas.

Pendant que je discute dans une agence, une autre pour qui j'ai déjà travaillé – appelons-la Forcintérim – m'appelle sur mon téléphone portable. J'y file. Là, j'attends encore un bon moment. Parmi les nombreux aspirants manœuvres qui peuplent l'agence, un type qui ne parle pas très fort s'adresse à Stéphanie, une commerciale, qui lui fait répéter deux fois : « Tu parles trop petit nègre, je comprends rien. » « Je suis le frère de Coulibaly. » « Et il t'envoie chercher du travail, d'accord. Mais j'ai rien, là. » Vient enfin mon tour. C'est Dominique, la gérante de l'agence, qui s'occupe de moi. Elle m'a trouvé pour lundi un boulot de manœuvre sur un chantier à Montparnasse, pour une entreprise filiale de Martin. C'est au moins pour une semaine, me garantit-elle. Je sais que ce genre de garantie ne vaut pas le clou qui traîne dans ma ceinture de coffreur, mais ne dis rien.

Le lundi, j'arrive à 7 h 45 au chantier qu'elle m'a indiqué. Il s'agit d'un immeuble haussmannien en réhabilitation. Il y a trente à quarante ouvriers, la plupart sont employés par des entreprises sous-traitantes. Parmi eux, au moins cinq ou six manœuvres, abonnés au nettoyage et au marteau-piqueur. À part moi, il y a d'autres intérimaires arrivés ce matin seulement : un maçon, et Hassane, un manœuvre. Hassane est sénégalais, il est arrivé en France il y a un an et demi. Ayant voyagé dans plusieurs pays d'Afrique jusqu'au Gabon, il parle très bien français. Ses premières paroles pour moi sont : « Tu es de quelle origine ? » Plus tard, un ouvrier portugais dira de moi : « C'est la première fois que je vois un Français nettoyer ! »

Les deux supérieurs auxquels j'ai affaire sont Tonio, un jeune chef d'équipe parlant avec un accent portugais, et le conducteur de travaux dont je ne saurai pas le nom, un jeune blond à l'accent français. Les deux distribuent des ordres qui me font naviguer du rez-de-chaussée au troisième étage pour des tâches souvent interrompues par une nouvelle consigne. Le conducteur de travaux commence par me demander d'aller porter d'immenses portes à la benne, un étage plus bas. Il envoie un autre manœuvre avec moi, du nom de Lansana. Pendant les trois quarts d'heure qui suivent, nous descendons toutes ces portes, ployant sous leur poids, tandis que le conducteur de travaux nous suit, nous surveille et nous abreuve d'aimables remarques : « Eh bien alors ? Le problème, c'est que moi je peux la porter tout seul » ; « Vous dormez ? » ; etc. Ma couleur de peau blanche m'en épargne certaines, qu'il adresse plus spécifiquement à Lansana, du type : « Tu as niqué ta femme numéro combien ce week-end ? » Quelques instants plus tard, un ouvrier portugais interpelle Lansana à propos de la porte qu'on est en train de porter : « Tu l'emmènes en Afrique ? » Puis c'est Tonio, le chef d'équipe, qui s'y met alors qu'on déplace la benne : « Dégage-toi de la benne, ne te coince pas ! De toute façon, si tu meurs, il y a plein de Noirs. »

Ensuite, Tonio me fait descendre des plaques de placo en compagnie d'Hassane. Ce dernier me recommande : « Vas-y doucement, on prend un peu de plaques à chaque fois, comme ça, on se fait pas mal, et en plus on peut rester plus longtemps, trois, quatre jours. Eux, ils veulent que tu ailles vite, pour te virer le plus vite possible et gagner de l'argent. » Je souscris entièrement. Nous n'allons pas aussi vite que nous le pourrions, néanmoins nous ne prenons jamais de pause. Le conducteur de travaux vient nous dire qu'on ne travaille pas assez vite. Commentaire de Hassane, à part : « Toi, tu travailles, pour eux c'est jamais assez. C'est décourageant. Tu travailles, mais ce qu'ils veulent c'est des animaux, des esclaves. » Et plus tard : « Le petit con [le conducteur de travaux], il dit toujours que tu n'as rien fait, même si tu travailles. Et il te parle jamais avec respect. Dehors, il oserait même pas te regarder ! Mais là, comme on fait du nettoyage, c'est le boulot, il se croit tout permis… »

À 15 h 30, on me fait nettoyer tout seul une partie du chantier. Plus qu'une heure avant la fin de journée réglementaire. Tonio vient me dire : « Avant de partir tu iras voir le conducteur de travaux. » J'ai la certitude, et Hassane aussi à qui Tonio a fait la même annonce, que c'est pour nous signaler notre « fin de mission » : nous ne reviendrons pas demain. Un troisième intérimaire arrivé ce matin, le maçon, est également remercié. Mais lui ne s'y attendait pas, et quand Hassane et moi arrivons dans le bureau du conducteur de travaux, on l'entend parler avec une voix à la fois chevrotante et pleine de colère : « Le chef me dit de venir ici, je sais pas pourquoi, je lui demande s'il y a un problème, il me dit non ! » Le conducteur de travaux vient sans doute de lui signifier qu'il est viré.

Lorsque Hassane et moi entrons, le conducteur de travaux me demande : « Tu sais que tu finis ce soir, toi ? » « Non. » Du coup, le conducteur s'énerve et fait appeler Tonio, car il trouve que ce dernier aurait dû nous dire clairement de quoi il retournait. Hassane et moi sommes remontés, mais le maçon bien plus que nous : « Je viens pour travailler. Je défends ma personnalité et je défends ma boîte aussi. Si je finis au bout d'une journée, j'ai l'air de quoi ? Je ne vais pas être fier de rentrer à l'agence d'intérim ! Vous prenez les gens pour des cons ! » Hassane et moi demandons au conducteur de travaux pourquoi nous sommes remerciés. Réponse : « Je ne sais pas, c'est pas mon boulot, j'ai un chef d'équipe pour ça. » Tonio finit par arriver, on lui renouvelle la question, en demandant si on a mal travaillé : « C'est fini, c'est fini, c'est tout. Le chef m'a dit c'est fini, alors c'est fini, qu'est-ce que tu veux que je fasse ? » Mais le maçon ne l'entend pas de cette oreille, et le conducteur de travaux commence à réprimander Tonio parce qu'il ne nous a pas prévenus plus tôt. Défense de Tonio : « Mais si je les avais prévenus à 15 h 30, ils seraient partis tout de suite, si je leur avais dit fin de mission, ils ne seraient pas restés jusqu'à 16 h 30 ! » Le conducteur de travaux : « C'est vrai qu'il y en a qui ont fait ça… » Le maçon continue de protester, moi aussi mais moins fort, et, lassé, Hassane m'emmène en disant : « Viens, ça ne sert à rien de discuter, on va à l'agence. » En chemin, il dit : « C'est des salauds. Ils veulent que tu travailles comme un malade. Les Maliens travaillent comme ça. Ils travaillent comme des cons, vite fait. C'est que des Maliens et des Portugais ici, c'est des racistes, c'est ça le truc. »

À Forcintérim, Dominique, après nos explications, se range de notre côté : « Ils ne sont pas nets », dit-elle des chefs de l'entreprise. Elle recommande à Hassane de voir sa collègue, qui devrait lui retrouver quelque chose. Pour moi, elle dit qu'elle essaiera de me placer comme aide-coffreur pour un chef de chantier qui vient un peu plus tard discuter avec elle. Elle doit me rappeler, dit-elle. C'est moi qui la rappelle une heure plus tard, elle me dit qu'elle est justement en discussion et qu'elle me rappellera. Quand je rappelle à nouveau une heure après, il n'y a plus personne à l'agence. Et quand je repasse le lendemain matin, l'agence est fermée, mais derrière la vitre je vois Dominique qui me fait signe qu'elle n'a rien pour moi.

Le jeu de l'oppression et de la résistance sur les chantiers

Cette scène n'est pas représentative de ce qui sera décrit dans la suite de ce livre, car il a été possible, fort heureusement, d'observer des chantiers plus longtemps que celui-là. Néanmoins, l'épisode est banal.

On y voit d'abord l'intérim, forme d'emploi dominante pour certains métiers, notamment manœuvre. Forme d'emploi individualisante et précaire, rendue plus précaire encore que ce que prévoit la loi, car, bien qu'elle soit conçue sur le modèle des contrats à durée déterminée, dans la pratique il n'y a pas de « durée déterminée » : on peut être renvoyé du jour au lendemain.

On y voit ensuite le recours à une main-d'œuvre immigrée, souvent précaire de par le statut de son séjour, parfois irrégulière.

On y voit le racisme, qui se manifeste non seulement par des pratiques de moqueries, de mépris ou d'hostilité – c'est le complément logique de la domination, ou plutôt une piqûre de rappel –, mais plus largement par une construction ethnicisée des chantiers – à chaque origine on assigne une place et on présume un comportement – bien sûr plus rigide dans l'idéologie que dans la réalité.

On y voit aussi le mensonge, non pas comme vice individuel mais comme moyen réfléchi d'assujettissement. Le patron ou son délégataire (conducteur de travaux ou chef d'équipe) aura toujours de bonnes raisons pour le justifier : si on leur dit à 15 h 30 qu'ils seront licenciés à 16 h 30, les ouvriers ne feront plus rien pendant l'heure qui reste. C'est on ne peut plus vrai : comment ne pas comprendre que les intérimaires, qui risquent de ne rien retrouver avant la fin de la semaine, quittent au plus vite le chantier pour faire le tour des agences d'intérim ? Sans compter que, une fois son sort connu, on n'a plus besoin de se fatiguer par peur de la sanction.

L'employeur (re)découvre alors que l'énergie humaine n'est pas vraiment une marchandise, qu'on n'achète pas une mesure de force de travail comme un kilo de patates ; et qu'en mettant les gens au travail sous des formes d'emploi précaire, on ne gagne en soumission que jusqu'à un certain point. Voilà la tension que veut explorer ce livre : d'un côté, des politiques d'entreprise visant une externalisation et une précarisation de la main-d'œuvre, relayées par le statut fragile des travailleurs visés, majoritairement immigrés ; de l'autre, une soumission, mais aussi des résistances. Des résistances certes ténues, éparpillées, silencieuses, mais têtues, qui menacent à l'occasion les constructions et contraignent les employeurs à mettre en œuvre des stratégies de compensation.

La « pénurie de main-d'œuvre » : un bon point de départ... si on ne la prend pas trop au sérieux

« Pénurie de main-d'œuvre » : c'est l'expression qui désigne fréquemment la situation de l'emploi dans le secteur du bâtiment. Expression patronale en réalité, lourde de sous-entendus rarement interrogés par ceux qui la relaient. Ce que l'on entend peu par exemple, c'est que la « pénurie » n'est pas une nouveauté : « D'une manière qui est maintenant traditionnelle, la profession du bâtiment ainsi que les administrations se soucient, par périodes, de deux aspects du problème de la main-d'œuvre parce qu'ils sont pour eux un sujet d'inquiétude immédiate : l'insuffisance des effectifs et la hausse des tarifs. » Ainsi s'exprimait Francis Bouygues dans sa *Contribution à l'élaboration d'une politique à long terme de la main-d'œuvre dans le bâtiment*[1] ; c'était en 1964. Quarante ans plus tard, une responsable de la Fédération française du bâtiment (FFB), principale organisation patronale du secteur, constate en entretien : « Si je fais du vide dans mes placards et que je ressors des notes que j'ai écrites il y a dix ans, je pourrais changer la date, rien n'a changé. On avait les mêmes pénuries de main-d'œuvre, ça avait les mêmes causes… Mais n'empêche qu'on ne trouve pas. »

Surprenante répétition : comment peut-on, depuis si longtemps, repérer un problème sans réussir à le résoudre ? Puisqu'il n'y a dans le bâtiment aucun numerus clausus, comment se fait-il que les entreprises n'aient pas encore trouvé les réponses adéquates à ce qu'elles appellent pénurie et rendu le secteur plus attractif (développement de la formation, augmentation des salaires, amélioration des conditions de travail et de la sécurité de l'emploi…) ? Divers indicateurs suggèrent en effet que le secteur du bâtiment et des travaux publics (BTP) est moins attractif que d'autres. En 2004, le salaire annuel moyen

1. Reproduite dans Élisabeth CAMPAGNAC et Vincent NOUZILLE, *Citizen Bouygues. L'histoire secrète d'un grand patron*, Belfond, Paris, 1988, p. 498-501.

d'un ouvrier de la construction était de 16 150 euros, contre 17 210 euros pour un ouvrier de l'industrie [2]. En 2007, la durée hebdomadaire du travail était de 36,36 heures dans la construction contre 35,60 dans l'ensemble des secteurs (35,11 dans l'automobile) [3]. En 2003, 8,3 % des salariés de la construction ont eu au moins un accident avec arrêt au cours de l'année écoulée, contre 4,5 % de l'ensemble des salariés (et 4,9 % de ceux de l'industrie) [4]. Pour ajouter aux chiffres de l'insécurité ceux du « sentiment d'insécurité », en 1998, 67 % des salariés de la construction pensaient « risquer d'être atteints par la chute de matériaux » (contre 32 % des salariés d'autres industries) ; 71 %, « de faire une chute grave » (26 % dans l'industrie) ; 74 % d'« être blessés avec des outils ou matériaux » (45 % dans l'industrie) [5].

Il y a là des données immédiatement disponibles et assez facilement interprétables pour des représentants patronaux déplorant une pénurie de main-d'œuvre. Les conditions de travail et de rémunération dans le bâtiment subissent une comparaison défavorable avec les autres secteurs. Dès lors, une idée simple vient à l'esprit : pour résoudre la pénurie, pourquoi ne pas chercher à améliorer ces conditions ? Mais dès que l'on s'aventure sur ce terrain, on perçoit un blocage : pour les entreprises, les travailleurs du bâtiment ne valent pas plus que ce qu'ils reçoivent déjà. Un entretien avec deux responsables de ressources humaines d'une grande entreprise l'illustre :

> – [Premier responsable :] Il y a un truc auquel on avait pensé une fois, on avait même fait un groupe de travail pour se demander : comment faire pour attirer les jeunes dans le BTP ? On avait pensé, au lieu d'avoir des bleus, et si c'étaient des jeans ? C'est vrai, parce qu'un jeune, il se sent diminué s'il a un bleu. Donc il serait en chemise, une grosse chemise, et puis un jean, je suis sûr, moi, que… ça compte pour eux. C'est énorme. C'est énorme. La tenue vestimentaire. […] Et puis, bon, il s'est avéré que ça revenait quand même un peu trop cher. Enfin ça n'a pas été retenu.
>
> – [Deuxième responsable :] Parce que c'est vrai que c'est difficile pour des… ouais. Et sinon ?

2. INSEE, DADS (Déclaration automatisée des données sociales).
3. DARES, enquête ACEMO (Activité et conditions d'emploi de la main-d'œuvre).
4. DARES, enquête SUMER (Surveillance médicale des risques professionnels).
5. DARES, enquête sur les conditions de travail.

– Non, c'était ça, le plus important c'était ça, le jean et puis bon, une grosse chemise l'hiver. [...] Non parce que c'est vrai, chez les jeunes, je vous le répète, c'est vachement important la tenue. Le fait de mettre un bleu...

– On va faire des bleus Nike, tiens. [Rires] [...]

– Et sinon, si vous partez de la loi de l'offre et de la demande, si vous augmentez les salaires ?

– [Deuxième responsable] [...] On peut pas rémunérer à la pénibilité en elle-même. Parce que, sinon, on serait plus à but lucratif. Il faut être logique. S'il fallait payer tous nos ouvriers entre 12 000 et 20 000 francs net par mois, vous multipliez presque par deux, vous vous rendez compte ? Deux cents ouvriers, on peut plus s'en sortir.

Si les entreprises peuvent se permettre de ne pas donner plus – si même des jeans sont trop chers... –, c'est qu'au fond, comme le disait un autre responsable de ressources humaines en entretien, « on trouvera toujours les bras pour faire le travail » :

Ça fait douze ans que je suis dans ce truc, douze ans qu'on dit la même chose [sur la pénurie de main-d'œuvre], et douze ans qu'on fait des chantiers. Honnêtement, je pense qu'on s'en sortira toujours. Ce que je regrette, c'est qu'on n'améliore pas la compétence des gens, mais c'est tout. On pourra toujours trouver des bras pour faire le travail.

Il fait écho à Francis Bouygues, encore lui, qui écrivait : « Il n'y a pas de pénurie quantitative mais qualitative », à l'encontre du sens du mot « pénurie » (« manque *complet* de ce qui est nécessaire à l'alimentation, à l'activité » selon le *Petit Larousse*).

Le discours de la pénurie consisterait donc moins à déplorer un réel déficit de main-d'œuvre qu'à se plaindre des travailleurs que le bâtiment utilise effectivement, en se référant à un ouvrier idéal toujours introuvable. Les politiques actuelles de gestion de la main-d'œuvre ne sont alors vues que comme des pis-aller, des expédients, en attendant de trouver mieux. Les travailleurs utilisés sont eux-mêmes des expédients, ce sont ceux que la représentante de la FFB, déjà citée, désigne en entretien comme des « troupeaux d'immigrés » qui ne sont pas la « solution » (quarante ans après Francis Bouygues qui, dans sa *Contribution*, évoque la « main-d'œuvre étrangère [...] toujours très médiocre »). Aussi peut-on dire que le discours de la pénurie masque et justifie dans un même mouvement la relégation continue de toute une frange de travailleurs. Il jette sur eux un voile d'illégitimité, dont se saisissent les conduites racistes du quotidien.

C'est justement le quotidien des chantiers que veut décrire ce livre. Le discours de la pénurie met l'accent sur un manque, un vide, un dysfonctionnement. Mais l'étonnement devrait plutôt porter sur le fait que, en dépit de ce déficit tant de fois proclamé, le bâtiment fonctionne ou du moins réussit à se reproduire, c'est-à-dire qu'il préserve un minimum de qualité dans la réalisation des bâtiments, de savoir-faire dans les mains et les têtes des travailleurs, et surtout qu'il permet la reconduction et même l'augmentation des profits des grandes entreprises.

L'enquête

Les pages qui suivent se fondent sur une enquête effectuée entre septembre 2001 et fin 2004, qui comprend :

1) Une cinquantaine d'entretiens avec des syndicalistes (syndicats patronaux et de salariés), des institutionnels, des cadres des ressources humaines et de chantier, des responsables d'entreprises, et surtout des commerciaux d'intérim et des ouvriers du bâtiment (notamment des manœuvres).

2) Le recueil de statistiques, généralement de seconde main, sur le bâtiment d'un côté, et l'immigration de l'autre. S'y ajoute le traitement d'un fichier du personnel d'une grande entreprise générale (*cf.* chapitre 6).

3) La lecture systématique, pendant deux ans, des newsletters informatiques concernant le BTP (*Le Moniteur*, *Batiactu* et *Cyberbtp*), et plus occasionnelle de diverses publications professionnelles en format papier.

4) L'observation participante, qui est la principale méthode d'enquête. Elle a duré douze mois, dont neuf sur des chantiers, les trois restants étant consacrés à une formation en coffrage[6]

6. Le coffrage est l'« ensemble du moule provisoire préparé pour couler le béton d'un ouvrage, puis retiré après sa prise et son durcissement » (Jean DE VIGAN, *Dicobat 2003*, Arcature, Paris). Par extension, c'est l'activité consistant à fabriquer le moule du béton. Le coffrage « traditionnel » se fait en bois (madriers, bastaings, planches, contreplaqués), d'où le nom de boiseur encore utilisé comme nom générique dans les échanges quotidiens, mais ne désignant en réalité que les plus pointus des coffreurs. Il s'oppose à un coffrage recourant aux banches (le nom et la qualification de « bancheur » se développant), aux pré-dalles, aux coffrages préfabriqués (tubes pour les

et ferraillage[7] en lycée professionnel (*cf.* chapitre 2). Outre des observations sur l'organisation du travail au quotidien et les relations pratiques et verbales entre acteurs des chantiers, l'observation participante a permis d'accumuler des conversations informelles venant s'ajouter aux entretiens enregistrés. J'ai pris des notes de terrain quotidiennement (*cf.* annexe méthodologique).

Sauf pour les chapitres 4 et 7, transversaux, je reprends la chronologie de cette observation participante et de mon insertion progressive dans le bâtiment. Dans le *chapitre 1*, je décris la première période d'observation : six semaines comme manœuvre intérimaire entre 2001 et 2002, sur plusieurs chantiers, avec pour collègues des immigrés ouest-africains confrontés à un racisme généralisé. Je passe notamment quatre semaines sur un chantier de l'entreprise Martin (chantier que j'appellerai pour cette raison Martin 1). C'est une autre entreprise générale, Ilovu, que je découvre dans le *chapitre 2*, lors d'un stage de six semaines comme aide-coffreur en 2003. Sur ce chantier (nommé Ilovu 1) comme sur les autres, l'éclatement du collectif de travail donne le tournis lorsqu'on veut comprendre qui travaille pour qui et sous quel statut. Il ne s'agit pas que d'éclatement, mais aussi de hiérarchies refaçonnées par la sous-traitance et l'intérim. Dans le *chapitre 3*, je passe du côté sous-traitant, grâce à un stage dans l'entreprise de ferraillage Bâtarmat' à l'hiver 2004. Le chantier sur lequel je travaille durant deux mois est à nouveau dirigé par Ilovu (ce sera donc Ilovu 2). Ce que l'on y voit, c'est une perpétuelle course contre la montre : la course est celle des ferrailleurs de Bâtarmat', tandis que la montre est tenue par les chefs d'Ilovu. Des conflits répétés en résultent tandis que, du côté des ferrailleurs, la cadence et la précarité de l'emploi poussent à des défections. C'est justement aux fabricants de précarité que se consacre le *chapitre 4*, en rassemblant des informations sur les pratiques,

---

poteaux par exemple) ou aux éléments préfabriqués déjà coulés (poutres, poteaux, prédalles : dans ce cas il ne s'agit plus à proprement parler de coffrage, mais ce sont les coffreurs qui posent ces éléments). À mi-chemin se trouve le coffrage avec des panneaux métalliques, que l'on peut assembler entre eux, et qui permettent une certaine souplesse dans l'exécution tout en allant plus vite qu'avec du bois. L'outil principal du coffreur est le marteau.

7. Le ferraillage désigne à la fois l'« ensemble des armatures d'acier dans le béton armé » et le « façonnage, [l'] assemblage, et [la] mise en place de ces armatures, dans les coffrages, préalablement au coulage du béton » (Jean DE VIGAN, *Dicobat 2003*, *op. cit.*). L'outil principal du ferrailleur est la pince (ou tenaille). *Cf.* chapitre 3.

souvent illégales mais routinières, des agences d'intérim. Le *chapitre 5* revient à Bâtarmat', alors que je suis transféré pendant un mois sur un autre chantier, dirigé par l'entreprise Ralle. Là, le travail est plus serein, car les ferrailleurs ont beau être intérimaires, ils n'en sont pas moins stables, fidélisés par leur chef. Néanmoins, l'organisation du ferraillage reste fragile. C'est pourquoi elle change rapidement : trois ans après mon stage, Bâtarmat' a remplacé ses intérimaires par la « prestation transnationale de services », qui n'a pas besoin de la directive Bolkestein pour se développer. Après mon stage à Bâtarmat', je reviens à l'intérim. Je suis « recruté » sous ce statut par un chef de Martin. Ce sera donc le chantier Martin 2, auquel est consacré le *chapitre 6*. Parvenant à rester six semaines avant d'être renvoyé, je découvre une équipe où la sous-traitance et l'intérim sont moins présents. Néanmoins, les divisions et les rancœurs ne sont pas absentes, alimentées par la peur des « mouchards » et l'empreinte du racisme sur les carrières. Dans le *chapitre 7*, je rassemble à nouveau des faits et des épisodes issus des différents chantiers pour rendre compte de l'organisation de la sécurité sur les chantiers. On peut la résumer en disant qu'elle fait des ouvriers des coupables, mais pas des responsables. Enfin, le *chapitre 8* revient sur les dernières semaines que je passe dans le bâtiment durant l'été 2004, envoyé pour la première fois par une agence d'intérim comme ferrailleur qualifié. Me voilà plongé dans une équipe de sous-traitants désorganisée par la disparition soudaine de ses ferrailleurs sans papiers. Il apparaît que ces prétendus indésirables sur le territoire étaient indispensables à la bonne marche du chantier.

Avant de commencer, une précision est nécessaire. Comme on va le voir, l'origine ethnique (réelle ou supposée) n'est pas neutre, pas plus dans l'organisation du travail des chantiers que dans les échanges quotidiens. La grille de lecture ethnique informe et déforme dans le même temps. Elle permet aux acteurs, dans un même mouvement, d'appréhender et de falsifier la réalité. Au milieu de cette tension, l'enquêteur est mal à l'aise (ou en tout cas j'étais mal à l'aise). Il est impossible de ne pas prendre en considération des « Portugais », des « Arabes », des « Blancs » ou des « Noirs », ou même des « Mamadou » (*cf.* chapitre 1), à partir du moment où tout le monde fait ainsi. On se rassure en se disant qu'on n'est pas dupe : on sait qu'il n'y a là que des constructions sociales, historiques, et non des identités éternelles. Mais, tout en prétendant ne pas être dupe, on risque de reprendre les mêmes généralisations abusives, les mêmes clichés, d'exagérer les coupures entre les groupes. On ne sait plus comment nommer sans se fourvoyer.

Je préfère donc préciser d'emblée que lorsque je parle dans ce livre de « Français », de « Portugais », de « Maghrébins », ou d'« Africains », j'utilise les critères des chantiers : par exemple, est considéré comme Portugais toute personne blanche parlant portugais, et français avec l'accent portugais. Le fait que cette personne possède ou non la nationalité française est sans effet. Autrement dit, hormis les « Français », toutes les autres catégories désignent des immigrés (des personnes nées étrangères à l'étranger), mais pas forcément des étrangers, même si c'est le cas le plus fréquent. En réalité, les choses se compliquent quand, par exception, des enfants d'immigrés se mêlent à l'effectif, car non seulement ils ont souvent la nationalité française, mais parlent le français sans accent étranger. Pour autant, ils sont souvent classés dans la catégorie d'origine de leurs parents. C'est donc une vision raciste, fondée sur l'hérédité, qui domine les chantiers. Tout en faisant cette mise en garde, je suis contraint ici de reproduire en partie cette vision, car l'analyse perdrait à désigner quelqu'un comme Français alors que tous les acteurs des chantiers (et souvent lui-même) le considèrent comme « Portugais [8] ».

Autre précision, qui concerne toujours la manière de nommer, mais cette fois les individus. Bien sûr, toutes les personnes mentionnées ici ont été anonymisées, par le changement

---

8. Pour marquer une distance et rappeler qu'il n'y a là que des constructions sociales, on pourrait mettre les labels ethniques entre guillemets. Mais cela alourdirait le style et poserait quelques problèmes de fond. En particulier, cela laisserait supposer qu'il y a de véritables catégories ethniques, sans guillemets, que refléteraient par exemple les catégories légales. Or, que l'on étudie les catégories ethniques exprimées dans le droit ou sur un chantier, c'est la même démarche qui doit prévaloir : il faut rendre compte de la construction de la catégorie, du contexte et du sens de ses usages, sans lui supposer une substance primordiale. Les guillemets ne signalent qu'un malaise, et apportent peu du point de vue scientifique. Ce malaise est résumé par Colette GUILLAUMIN dans *L'Idéologie raciste. Genèse et langage actuel* (Folio, Paris, 2002 [1re éd. 1972], p. 252) : « Désigner, et en même temps préciser que cette désignation n'est pas une clôture et s'insère dans l'histoire, est un travail à peu près impossible dans la langue française actuelle. » C'est pourquoi il est préférable de s'en tenir à ce principe épistémologique : « Le travail de "nomination" des groupes est donc subordonné à celui des rapports que l'on cherche à identifier et à comprendre ; il est relatif. » *Cf.* Véronique DE RUDDER, Christian POIRET et François VOURC'H, *L'Inégalité raciste. L'universalité républicaine à l'épreuve*, PUF, Paris, 2000, p. 28.

de leurs noms, et le cas échéant par l'omission de certaines caractéristiques qui permettraient de les reconnaître. Si certains sont appelés par leurs prénoms et d'autres par leurs noms de famille (imaginaires dans les deux cas), c'est pour prolonger dans le récit le rapport que j'avais avec eux dans la vie : n'ayant jamais appelé un chef d'entreprise par son prénom, ni interpellé un ouvrier sur un chantier par son nom, je n'allais pas faire autrement ici.

1

Les « Mamadou » : l'humiliation ordinaire

L'intérim des manœuvres : une discrimination inversée ?

C'est en septembre 2001 que je recherche pour la première fois des « missions » d'intérim, comme manœuvre. Ces premiers temps sont laborieux, la recherche longtemps infructueuse. Avant de trouver – et encore bien après – j'entendrai plusieurs réflexions du type : « Je ne sais pas si c'est pour vous », « Je pense que vous seriez mieux dans la manutention ». Je crois un moment que c'est ma carrure, peu athlétique, qui me disqualifie. Mais d'autres ne sont pas plus costauds que moi et obtiennent des missions. En revanche, ils sont noirs, et cela fait une différence.

Discrimination ? Certes, mais peu valorisante pour ceux qui en sont les « bénéficiaires ». Un commercial d'intérim m'expliquait en entretien, alors que je lui demandais s'il rencontrait des difficultés pour trouver des manœuvres :

> Oui, oh bah là, il y en a. De toute façon, des boubous il y en a. C'est pas ce qui manque [rires]. On les appelle les boubous, les Noirs quoi. [...] S'il y a un Français qui me dit « je suis manœuvre », je lui dis « j'ai rien du tout ». Je le mettrai pas de toute façon, parce que c'est pas vrai, le mec il le fera pas. Le mec il ira pas sur les chantiers, avec un temps comme ça, prendre la pelle, charger, le mec il le fera pas. Non, non, manœuvre, c'est boubou, quoi. Le problème, c'est que le Français, il aura pas la même culture, donc il se fera pas... L'autre, là-bas, boubou, il va aller sur le chantier, le chef il va lui secouer les plumes « tiens tu fais ça, tu vas là, tu montes ça », bon il va le faire. Il en a rien à

foutre, lui, il est là pour bosser, il faut qu'il ramène un peu de pognon, de toute façon il a une partie de sa famille à nourrir là-bas. [...] Demande à un Français d'aller de l'autre côté de Paris, de se lever de bonne heure. Ça tu peux t'accrocher, le mec tu peux l'attendre. Mais le boubou il y sera. Même s'il n'y a pas le métro, il ira à pied, il se démerdera. Ça... C'est toute la différence, elle est énorme.

Je finis pourtant par trouver une première puis une deuxième mission, toutes deux sur des chantiers de rénovation. À chaque fois, une seule journée. Le temps de porter des plaques de placo ou des sacs de gravats, aux côtés d'un autre manœuvre. Le temps de découvrir des douleurs et des muscles inconnus jusque-là. Le temps de comprendre que je ne suis pas le seul à en souffrir : j'ai obtenu une de ces missions parce qu'un précédent manœuvre l'avait abandonnée, la trouvant trop dure. Le temps de découvrir le dilemme de l'intérim : pour allonger sa mission, il faut plaire au chef en travaillant bien, mais il faut aussi faire traîner le travail en longueur. Le temps, enfin, d'être déclaré « brave » et « courageux » par le responsable du second chantier. Cela ne me garantit pas d'avoir du travail, mais du moins Dominique – la commerciale d'intérim qui m'a embauché, jusque-là soupçonneuse – m'a-t-elle adoubé. « C'est Nicolas, un jeune qui-n'en-veut. Je l'aime bien, lui au moins je le reconnais, c'est pas comme tous ces Noirs », me présente-t-elle à l'un de ses collègues. Le problème, c'est que l'activité est en berne et que les missions se font plus rares. Je ne suis pas encore vraiment un fidèle de l'agence, Forcintérim, et Dominique dit ne pas me donner de missions de marteau-piqueur « parce que c'est trop *space* ».

Alors je prospecte les agences du coin, le boulevard Magenta et ses alentours, comme des centaines de candidats, principalement à des postes de manœuvre, principalement noirs. C'est presque toujours le même scénario : le candidat entre, demande s'il y a du « boulot », on lui répond « pas pour le moment » ou simplement « non », et le candidat part pour une autre agence. Parfois, le candidat se fait insistant, veut qu'on l'inscrive sur les listes de l'agence ou demande s'il peut téléphoner plus tard pour savoir s'il y a du travail. Mais on lui répond encore par la négative : « Non, on a plein de manœuvres déjà, donc on ne préfère pas. Il faut repasser vers 17 heures. »

Ce n'est pas seulement parce que la conjoncture est mauvaise que les agences d'intérim suggèrent aux candidats de repasser, c'est aussi qu'elles les jaugent à leur pugnacité. « J'aime bien le passage physique, explique une commerciale en entretien. C'est des gens motivés, qui cherchent du travail. Des fois c'est contraignant, parce que je suis dérangée, je suis en ligne, c'est vrai. Mais j'aime bien le geste, le fait qu'ils se déplacent, et je vais les privilégier. » Ainsi, avant d'être manœuvres, les candidats ont déjà accompli un immense travail de prospection. Par leur recherche itinérante ils contribuent, de manière invisible et gratuite, à la rencontre de l'offre et de la demande.

Pris, à l'automne 2001, entre mes obligations universitaires et la conjoncture défavorable du bâtiment, je tarde à trouver une nouvelle mission. Je décide alors d'interroger des manœuvres, mais aussi leurs employeurs directs : les commerciaux d'intérim. Ces derniers donnent des manœuvres l'image d'un personnel d'appoint : indispensable, certes, mais accessoire. Puisque les agences ont pour unique fonction de vendre de la force de travail, négocient avec des entreprises utilisatrices le prix à payer pour « leurs » intérimaires, et réalisent un profit sur cette seule vente (et non, comme l'ordinaire des employeurs, sur le produit réalisé grâce à la force de travail), elles sont amenées à exprimer crûment ce que valent leurs salariés dans ce système : non seulement ce que ces derniers méritent de gagner, mais aussi ce qu'ils méritent de rapporter. Je demande ainsi à une directrice d'agence si les manœuvres rapportent plus ou moins que les ouvriers qualifiés :

> Quoi, les Maliens ? Ah non, non non. Les Maliens nous rapportent très peu. Eux, c'est sur la quantité. C'est si on en place beaucoup, et on n'est pas emmerdé. Voilà où ils sont intéressants. C'est-à-dire, comme je vous disais tout à l'heure, ils y vont. Ils vont travailler, ils ne font pas d'histoires sur les chantiers, ils volent pas de marchandises, ils font leurs huit heures par jour, il n'y a pas de problème. C'est pas des gens qui vont manquer, c'est pas des gens qui vont tomber malades, c'est pas des gens qui vont se dire « ce matin je me lève pas, je vais pas aller travailler », vous comprenez, comme ceux des qualifications souvent. C'est pas avec eux qu'on gagne de l'argent, non. […] Si vous voulez, en fait, c'est un palliatif, le manœuvre. L'entreprise prend deux maçons, et elle prend deux manœuvres. Je sais pas si vous voyez. On prend pas des manœuvres tout seuls.

On notera au passage la traduction spontanée de « manœuvre » par « Malien » : pour cette commerciale, c'est une seule et même chose. Et comment pourrait-on le lui contester puisque c'est elle, avec d'autres, qui fabrique cette réalité, cette superposition entre qualification et origine ?

Dans cette main-d'œuvre apparemment indifférenciée et si abondante – les agences disent voir passer jusqu'à trois cents candidats par jour – les commerciaux puisent comme ils l'entendent. Certains manœuvres ont des titres de séjour et le droit de travailler, d'autres non. Cela fait-il une différence ? Ce n'est pas évident : ceux qui ont des papiers n'ont généralement que des titres de séjour d'un an, pas si solides que ça. Lors de leur renouvellement, le fait d'avoir un emploi n'est pas anodin. Aussi, pour réguliers qu'ils soient, ces manœuvres-là ne sont pas forcément plus regardants sur les conditions de travail que leurs collègues sans papiers. Dans le gros œuvre, à la différence peut-être d'autres secteurs, il n'y a pas vraiment de « ghetto » de sans-papiers. Ils occupent certains métiers plus que d'autres (manœuvres et ferrailleurs [1]), mais travaillent toujours aux côtés et dans des conditions proches de leurs collègues réguliers. Néanmoins, ils ont encore moins de possibilités de protester : ils le savent, et leurs employeurs aussi. Qu'on en juge au vu des témoignages, plutôt contradictoires, recueillis au sein de l'agence Forcintérim.

Koïta, un manœuvre mauritanien sans papiers (bien que son père, déjà, ait travaillé en France durant toute sa vie active et obtenu la nationalité française), est un salarié régulier de Forcintérim :

> Ils savent que j'ai des faux papiers. C'est pour ça, ils ne me donnent jamais de longues missions. Ils me prennent pour des missions que personne ne veut faire parce que j'ai des faux papiers. Une fois, il fallait faire du marteau-piqueur en sous-sol. Plusieurs personnes avaient déjà refusé parce qu'elles trouvaient ça trop dur, c'est pour ça qu'ils m'ont appelé.

Dominique, la responsable de l'agence, reconnaît employer ponctuellement des sans-papiers :

> Des faux papiers, il y en a tout le temps. Il y en a qui doivent se faire plein de fric avec ça, c'est dégueulasse. Alors on en prend un ou deux de temps en temps pour rendre service, mais il ne faut pas non plus pousser.

Mais un autre commercial de Forcintérim exhibait moins la générosité du geste que son utilité :

1. Pour les ferrailleurs, *cf.* chapitres 3, 5 et 8.

– *Et vous en prenez, des fois, des personnes dont vous savez que les papiers sont faux, qui n'ont pas de papiers ?*

– Oui.

– *Pour leur rendre service ?*

– Oh non, pour rendre service, non, mais des fois attends, on a besoin d'un manœuvre pour un truc, un ou deux jours, ça porte pas préjudice, qu'est-ce qu'on en a à foutre ? C'est pas tout le temps, mais ça arrive de temps en temps, il faut être honnête. De toute façon, qu'est-ce que tu veux faire ? Quand on n'a pas le choix. [...] Et puis, si on retire tous les faux papiers, je vais te dire, sur cent gus, il y en a trente au moins qui ont des faux papiers, alors... et puis nous, c'est pas de notre ressort.

Quelques mois plus tard, dans cette même agence, une autre commerciale rejette un candidat pour cause de faux papiers : « Là c'est trop flagrant. Ils ne sont pas roses, ils sont fuschia ! Je ne vais pas te prendre avec des papiers pareils ! » Reproche ambigu : ce n'est pas la contrefaçon qui est en cause, mais le fait qu'elle soit grossière. « Reviens avec des faux papiers plus propres », semble dire cette commerciale. Car si personne n'est dupe de la situation, en revanche les faux papiers des intérimaires permettent aux agences de se couvrir et de jouer les victimes en cas de contrôle.

Un jour de novembre 2001, l'agence Forcintérim m'envoie enfin en « mission ». Dominique me dit de venir le lendemain, à 7 heures. À l'heure dite, l'agence n'est pas encore ouverte. Il y a là dix Africains qui attendent dans la nuit, en silence. L'un d'eux me demande quand l'agence va ouvrir, je réponds que je n'en sais rien. Cinq autres arrivent encore, plus cinq ou six Maghrébins. Finalement à 7 h 30, Dominique arrive et se gare en double file. Elle entre par une porte de côté, et la lumière éclaire soudain notre bout de trottoir. Elle passe environ cinq minutes au téléphone, puis nous ouvre la porte de l'agence. On s'engouffre. Elle s'adresse à la vingtaine de personnes qui lui fait face de l'autre côté du comptoir : « J'ai pas manœuvre ce matin. Ce qu'il me faut, c'est un ferrailleur. » Cinq ou six mains se lèvent : tous les Maghrébins. Dominique demande les certificats de travail et les papiers, pour les vérifier. Avec une pointe d'agacement, elle réitère son annonce qui était restée sans effet : « J'ai pas manœuvre ce matin. » Une dizaine de personnes finissent par partir. Dominique me donne mon ordre de mission – juste une adresse et le papier à remettre à l'entreprise, mon contrat peut bien attendre – pour un chantier de construction neuve au cœur de Paris. Un homme d'une quarantaine d'années me dit : « C'est toi qui as eu de la chance, ce matin. Bonne journée. »

À situation précaire, humiliation stable

Le chantier est dirigé par l'entreprise Martin, une des majors de la construction. On m'y envoie simplement pour faire du nettoyage durant deux jours, mais je ne le saurai que lorsqu'on m'aura remercié. Quand j'arrive sur le chantier, je ne rencontre presque personne. Je finis par croiser un ouvrier qui m'indique les bureaux du chantier dans le préfabriqué. À son accent on peut deviner qu'il est portugais, à son marteau qu'il est coffreur (ouvrier qualifié), à sa tenue (ordinaire, et non un bleu d'entreprise) qu'il est intérimaire. Tout cela, je ne le comprendrai qu'après coup, une fois les hiérarchies de chantier et leurs traductions intégrées.

Dans les bureaux, il n'y a personne : tous les embauchés de Martin élisent leurs représentants du personnel. Je croise un autre ouvrier, noir et sans marteau, cigarette à la bouche, qui me demande qui je suis. Comme je lui réponds que je suis un manœuvre intérimaire, il me dit d'aller me changer puis de le suivre, faisant l'économie des présentations. Dans les vestiaires se trouvent deux intérimaires portugais, je leur dis que quelqu'un, un Noir, m'a dit de le suivre. « Un Noir ? Il n'y a pas de Noir. C'est un intérimaire, lui aussi. L'enfoiré, il s'est dit que tu allais faire son travail. »

Je le rejoins quand même. Lui et un collègue abattent des murs à coups de masse et de marteau-piqueur, puis ramassent les gravats pour les mettre dans une benne. Pendant que je les aide, j'apprends qu'ils s'appellent Mamadou et Drame, et qu'ils se connaissent depuis un an, c'est-à-dire depuis qu'ils travaillent sur ce chantier. Initialement, on leur a dit qu'ils venaient pour quelques jours. Un an plus tard, les choses ne sont toujours pas plus claires : chaque semaine, ils rapportent leur feuille d'heures à l'agence et perçoivent leurs acomptes, sans jamais connaître l'échéance de leur mission ici. Mamadou et Drame sont tout le temps fourrés ensemble, à l'écart des autres ouvriers, notamment pendant le repas. Quand on en voit un tout seul, on lui demande systématiquement où est son acolyte.

Je remplis des brouettes avec les gravats des murs abattus par mes deux collègues, et je vais les vider, sous la pluie, dans la benne. L'un des coffreurs portugais du vestiaire, nommé Amadeo, nous rejoint et me désigne Mamadou, apparemment le moins costaud des deux manœuvres : « Lui, c'est pas ton chef, il ne faut pas le croire. » Puis il tâte le biceps de Drame : « Regarde ça, c'est lui le chef. »

C'est à onze heures seulement qu'une conductrice de travaux vient me trouver, après qu'elle a téléphoné à Forcintérim pour prévenir l'agence que je n'étais pas au rendez-vous. À ma vue, elle comprend que je suis le manœuvre attendu. Elle s'explique, amusée : « Je pensais trouver un grand Noir. » Amadeo acquiesce : « Oui, moi aussi ce matin, j'étais étonné de voir un Blanc. » La conductrice me désigne une tâche solitaire en sous-sol (passer l'aspirateur pour éponger une légère inondation), et je ne vois plus personne de la journée. Le lendemain, je travaille également seul. On me fait déblayer un bout de rue, débarrasser toute la terre rendue compacte par l'humidité, ainsi que des pierres et des bouts de trottoir défoncé. Chaque fois qu'un chef passe, il me répète la même chose : « Dépêche-toi. »

Le midi, dans le réfectoire, Mamadou et Drame mangent, sur une table à part, un copieux poulet-frites qu'ils se partagent. Je m'assois près d'eux. Quand Amadeo entre dans la salle, il apostrophe Mamadou sur un ton jovial : « Eh, cafard ! » Dans l'après-midi, il répétera plusieurs fois cette scène, assortie parfois d'un bras d'honneur. Mamadou n'est pas en reste ; gardant le sourire, il retourne les insultes, se montre insolent.

En fin d'après-midi, je travaille à dégager la rue avec Mamadou et Drame. Il y a des morceaux de bitume énormes à déplacer, c'est exténuant. Drame répète souvent : « Té ! C'est dur, hein ! » Il traverse un long passage à vide, pendant lequel il se tient debout immobile, tenant sa pelle sans la manier, le regard perdu. Mais quand le chef passe, il se remet au travail. À nouveau Amadeo interpelle Mamadou : « Eh ! Cafard ! », puis lui fait un bras d'honneur auquel Mamadou répond par un doigt. Amadeo me prend par l'épaule et lance à Mamadou : « C'est lui ton chef ! C'est pas toi le chef ! C'est lui ! »

Un peu plus tard, le chef de chantier, énervé par les erreurs de l'entreprise sous-traitante, ce qui ne concerne en rien Mamadou et Drame, répète en se tenant à leurs côtés : « Je suis énervé, là, je vais me faire un Noir ! » Puis c'est au tour de Brice, un conducteur de travaux, de venir haranguer Mamadou et de nous presser. Il reste à nous surveiller, mettant parfois la main à la pâte. Alors que Mamadou suit d'un regard appuyé une femme marchant sur le trottoir d'en face, Brice l'interpelle :

– Eh ! Mamadou, elle est pas pour toi, la femme blanche ! Avec le Ramadan, c'est bientôt, il ne faut plus regarder les femmes. Ou alors, il faut les regarder de nuit.

– Ouais, la nuit, je nique.

– Ouais, mais le jour, c'est boulot. Le jour, c'est le Blanc qui te nique. Hein, le Blanc, il te nique, Mamadou.

Rires. Brice s'adresse alors à Drame : « Rigole pas, Drame, parce que le Blanc, il te nique aussi. » Il continue sur le même ton, Mamadou répond, Brice conclut : « Au fond, je suis sûr que tu as une petite queue. » Jusque-là, les invectives sont lancées et reçues, au moins en apparence, sur un ton jovial.

Mais en fin de journée la musique des injures subit une inflexion. Laurent, un ouvrier qualifié, français, nerveux, excédé par une série de contretemps, finit toutes les phrases destinées à Mamadou par un « macaque » agressif. Mamadou répond par des vannes, des gestes obscènes, mais jamais il ne profère une insulte équivalente à « macaque » ou « cafard ». Peut-être parce que le vocabulaire ne lui permet pas de renvoyer des injures symétriques ; ou parce qu'il sait qu'il outrepasserait ses « droits ». Dans les vestiaires, en se rhabillant, Mamadou recommande à Amadeo de « niquer pour moi ce week-end ». « Quoi ? Mais si je nique pour toi, je nique rien du tout. » « Mais si, tu niques deux fois pour toi et deux fois pour moi. » Amadeo répond une nouvelle vanne que malheureusement je n'entends pas et cette fois, le visage de Mamadou s'assombrit. Il commente : « C'est pas sympa, ça. »

Quelque temps plus tard, j'ai pu interviewer Mamadou. C'était dans l'atelier de couture, près de la station Château-Rouge, où, après les chantiers, il travaille durant les soirées et les week-ends, et auquel il aimerait définitivement se consacrer si cela rapportait assez. Je lui ai posé des questions sur ces plaisanteries qui risquent toujours de virer à l'humiliation, sur cette asymétrie dans l'injure. « Ça, ça ne fait rien. Moi aussi je leur dis des gros mots. On rigole, ça fait passer le temps pendant le travail. »

Est-ce lui qui refoule une réalité douloureuse, ou l'observateur extérieur qui, décontenancé par la crudité des échanges, exagère leur caractère oppressif ? Nul doute que ces joutes font partie de l'humour, donc de la sociabilité en chantier. Mais la « sociabilité », ce n'est pas forcément le partage et la réciprocité ; c'est le reflet, dans les relations de tous les jours, de rapports de pouvoir. C'est le moyen de rappeler les statuts inégaux engendrés par l'organisation du travail : même dans la plaisanterie, on ne peut y échapper.

Les humiliations ne sont rendues possibles, et efficaces, que par l'infériorité et la précarité de leurs cibles – ici des manœuvres intérimaires, qui peuvent être renvoyés à tout moment. En retour, puisque son statut impose l'humilité à la personne humiliée, l'humiliation fonctionne comme un rappel à l'ordre du statut [2]. Sur ce chantier comme sur les autres que j'ai observés, les relations les plus agressives verbalement, la répétition des insultes ne s'établissaient pas entre les personnels les plus stables, ni entre les personnels stables et les personnels les plus instables (intérimaires d'un ou quelques jours), mais plutôt entre les personnels stables et ces intérimaires qui deviennent stables de fait – rappelons que Mamadou et Drame travaillaient depuis déjà un an sur le chantier – tout en risquant d'être renvoyés du jour au lendemain. Autrement dit, lorsqu'on est noir et manœuvre intérimaire, on n'a pas moins de chances d'être appelé « macaque » si on travaille depuis long emps sur un chantier, au contraire. La soumission est encore plus totale, car l'intérimaire, pour précaire qu'il soit, a l'espoir de conserver sa place – celui qui sait qu'il va bientôt être renvoyé n'a pas grand-chose à perdre. Il est fréquemment rappelé à l'ordre, pour qu'il ne croie pas sa place acquise.

Mais l'humiliation répétée revêt alors une signification ambiguë, puisqu'elle est aussi un indice d'« intégration ». À condition d'« encaisser » sans rechigner, on peut prendre l'humiliation comme la promesse d'une (très relative) stabilité. Il faut alors accepter d'entrer dans une relation où la pérennité se paie d'une infériorisation symbolique continue, jusqu'à l'insupportable. Ainsi, on peut comprendre que Mamadou, comme nombre de ses collègues, relativise à un moment donné les insultes reçues. Il sait que c'est un prix à payer pour conserver sa place. On pourrait aussi comprendre qu'un jour il « craque » et s'en prenne violemment aux auteurs des insultes,

2. *Cf.* Nicolas Jounin, « Humiliations ordinaires et contestations silencieuses. La situation des travailleurs précaires des chantiers », *Sociétés contemporaines*, n° 70, 2008.

et que ces derniers se trouvent alors sincèrement surpris. C'est ce que raconte Touré, rencontré sur un autre chantier (*cf.* chapitre 4), qui relève du racisme là où (pour une fois) il n'apparaît pas explicitement, en jugeant le comportement de son collègue discriminatoire :

> Au réfectoire, je propose des cigarettes, un ferrailleur me dit : « Reste avec tes cigarettes ! On n'a pas le droit de fumer ici. » Je lui demande : « Mais qu'est-ce que t'as, toi ? Moi je suis arrivé, tu me dis : non, tu fumes pas. Et les autres qui fument à côté ? T'es raciste ou quoi ? Dis-moi c'est quoi ! À partir d'aujourd'hui, tu me dis plus rien, ou sinon je te casse la gueule, tu vas voir. [...] C'est parce que je suis un Black ? Ça veut dire ça ? Respecte-moi, d'accord ? » [...] Il a dit : « Mais pourquoi t'es fâché Touré ? », tout ça. J'ai dit : « Mais c'est normal. C'est la politesse. Si tu voulais me faire la rigolade, pas comme ça. »

Se rebeller ainsi n'est pas sans risque de sanction, car les entreprises sont davantage concernées par la répression de l'insoumission que par celle du racisme, ce qu'explique un chef de chantier :

> En gros, il faut que les manœuvres fassent le larbin des Portugais. Si ça fait pas le larbin des Portugais, s'ils ont un peu de caractère, ils ont très peu de chances que ça marche entre eux. [...] Il y avait un manœuvre que je trouvais très très bien, mais ça marchait pas avec les Portugais là-haut, donc j'ai préféré pas le garder.

Comme les ouvriers stablisés des chantiers sont ceux sur lesquels l'entreprise compte le plus, elle prend acte de leurs éventuelles attitudes racistes : elle ne peut se permettre de les brimer soudainement, alors qu'elle les a favorisés afin d'en reléguer d'autres. La possibilité de l'humiliation raciste se trouve ainsi inscrite dans la situation et déborde les opinions que les acteurs peuvent exprimer à son sujet.

« Mamadou » : entre classe et race

Quelques missions plus tard, je suis enfin envoyé pour une longue période sur un chantier. Il semble que Dominique ait confiance en mon assiduité, et elle a remisé l'idée de m'épargner le marteau-piqueur. C'est un gros chantier de rénovation d'un immeuble prestigieux en plein cœur de Paris, à nouveau dirigé par l'entreprise Martin. Le gros de la structure est conservé, si bien que le chantier se présente comme un vaste labyrinthe, rendant impossible un recensement des ouvriers y travaillant. Dans un communiqué de presse de Martin, on apprend qu'une centaine d'entreprises sous-traitantes y ont œuvré. Mais ce chiffre sous-estime la sous-traitance « en cascade », et le communiqué ne dit pas combien d'ouvriers ont travaillé à la réfection de ce bâtiment, sans doute parce qu'il est impossible à Martin de le déterminer avec précision. Au quotidien, dans les pièces où je travaille, je croise peu de gens. Il faudra un incendie, ravageant le dernier étage et contraignant l'ensemble des ouvriers à l'évacuation (et n'occasionnant heureusement que de légères intoxications), pour que je puisse enfin estimer notre effectif : entre cent et cent cinquante personnes.

Ici, on trouve beaucoup de manœuvres et, corrélativement, beaucoup d'immigrés maliens. Car même si des coffreurs et des maçons interviennent déjà en certains endroits, le chantier est encore en démolition. Et la démolition réclame surtout de la main-d'œuvre non qualifiée : cinquante des cinquante-cinq salariés déclarés à l'inspection du travail par le sous-traitant en démolition sont des manœuvres. Il est cependant fort possible que cette déclaration soit fausse : les manœuvres en démolition avec qui j'ai discuté ignorent qui les emploie vraiment, avançant confusément qu'il y a plusieurs rangs de sous-traitants sous le sous-traitant officiel, celui qui est en contact direct avec Martin. Ils n'ont pas de contrat de travail (ce qui n'est pas forcément illégal) et savent qu'ils peuvent être renvoyés à tout moment (cela, en revanche, est contraire au droit). Sur d'autres chantiers, tous les manœuvres en démolition étaient intérimaires ; ici ce n'est pas le cas de tous, mais j'ai du mal à en savoir plus. Les manœuvres en démolition, davantage que les ouvriers de Martin, font de nombreuses heures supplémentaires, pas toujours payées. C'est pour cette raison que certains ont fait grève sur un précédent chantier, me raconte Cissoko, l'un d'entre eux. Ils ont d'ailleurs obtenu gain de cause mais, depuis, la plupart des grévistes ont été licenciés.

On me place avec un coffreur qualifié, embauché. Christophe, proche de la quarantaine, est originaire du Pas-de-Calais ; il a émigré vers Paris il y a quinze ans, pour trouver du travail. Nos relations sont vite tendues : il me trouve maladroit, je le trouve irascible. Il est vrai que je n'ai aucune expérience. Je suis contraint d'attendre ses consignes et prends peu d'initiatives. Mais après tout, n'est-ce pas là le rôle d'un manœuvre ? Oui et non : car pendant que les politiques des entreprises maintiennent les manœuvres des années durant au plus bas niveau des classifications professionnelles, ces derniers n'en acquièrent pas moins de l'expérience et deviennent, quoi qu'on en dise, des « professionnels ». Tomber sur un manœuvre inexpérimenté, c'est normal, pourrait-on penser ; mais c'est jouer de malchance, songe Christophe, qui voit certains de ses collègues bien mieux secondés.

Nos journées consistent à réaliser des petits coffrages en traditionnel, c'est-à-dire avec des étais et du bois. L'après-midi, nous coulons le béton dans les moules que nous avons fabriqués le matin. Christophe et moi ne nous quittons que le midi, car nous déjeunons dans les mêmes préfabriqués, mais à des étages différents. Au premier on trouve les ouvriers embauchés de Martin : presque que des Blancs, dont des Français et beaucoup de Portugais. Au deuxième, les intérimaires de Martin, qualifiés ou non qualifiés : quelques Portugais, des Maghrébins et des Africains. Au troisième, les manœuvres en démolition : uniquement des Africains. Bien que manœuvre intérimaire de Martin, je déjeune au troisième étage, car à mon arrivée on manquait de place dans les étages inférieurs. Un jour, Christophe passe devant ce vestiaire et rigole : « Oh ! Il y a que des Blacks, là ! » « Oui. Et moi. » Il est incrédule : « Non, tu manges avec ces gars ? »

Dans les vestiaires, on observe donc une ségrégation qui prend une coloration ethnique, mais qui reste cependant principalement fondée sur des barrières de statut professionnel [3]. Les manœuvres en démolition ont constitué leur réfectoire en un lieu de repos où, pour le temps d'une heure, les relations hiérarchiques sont bannies. Ainsi deux ouvriers qualifiés blancs sont-ils rejetés par les convives. L'un d'entre eux, approuvé par le reste du groupe, affirme à cette occasion : « Ici c'est chez nous, ça fait depuis toujours qu'on mange ici, il ne faut pas venir ici ! » Le même jour, il accueille un gardien de sécurité du chantier, noir, que les manœuvres ne connaissent pas, en disant : « Viens mon frère, il y a des chaises. » Faut-il l'interpréter comme une recherche d'un entre-soi ethnique, ou plutôt

3. *Cf.* Nicolas JOUNIN, « L'ethnicisation du travail en chantier. Reconstructions des statuts par l'ethnique en milieu de travail », *Revue européenne des migrations internationales*, (20) 3, 2004.

racial (car le gardien n'est pas malien, et l'on trouve également un Sénégalais et un Congolais, si bien que seule la couleur de peau unit les personnes présentes) ? Non, si l'on se souvient que c'est moi qui rapporte la scène, que je suis blanc et que, bien qu'ayant intrigué les autres manœuvres au début, ma présence dans ce vestiaire n'a jamais été remise en cause dès qu'on a su mon niveau de qualification. Il s'agit donc plutôt d'un entre-soi hiérarchique, qui ne prend une forme ethnique que parce que, en amont, les logiques du bâtiment ont conduit à confondre origine et poste.

Les discussions du midi (du moins celles que je comprends, en français) portent principalement sur les femmes et la politique. Pour les femmes, elles consistent souvent en une comparaison des « Françaises » et des « Africaines », soutenue en particulier par le manœuvre congolais, qui amuse la galerie en relatant ses relations, qu'il dit nombreuses. Pour la politique, en ce mois d'avril 2002, on alterne entre des débats sur les élections présidentielles au Mali, et des pronostics sur celles qui se déroulent en France. Un jour, Traoré, qui a une trentaine d'années, réclame : « On parle de politique maintenant ! » Comme il n'est pas entendu, il répète : « On parle de politique ! De politique française. » « Ah bon, tu es français, toi ? » « Oui, je ne suis pas marié, moi, j'en ai rien à foutre du Mali, je reste ici. » Puis il rigole, les autres restent silencieux. Sincère ou non, Traoré sait que son discours est provocateur : les manœuvres maliens que j'ai interrogés envisageaient presque tous un retour au pays, même s'ils admettaient qu'ils resteraient longtemps – plus longtemps que prévu – en France. L'accession de Jean-Marie Le Pen au second tour suscite dans le réfectoire un certain effroi, recyclé dans des échanges humoristiques autour du thème : « Qui va être expulsé s'il gagne ? » Pourtant, les convives doutent d'être véritablement et collectivement expulsés, se sachant indispensables, car ils ne prennent, selon une formule courante, « que la merde ». En quatre semaines dans ce réfectoire, je n'entendrai parler qu'une fois du travail : un jour de grande fatigue, et avant que l'ensemble des présents ne sombrent dans la somnolence, quelques-uns échangent sur les douleurs articulaires que leur laisse le marteau-piqueur, puis pestent contre le système de l'intérim.

En journée, avant d'être confiné jusqu'à la fin de ma période sur ce chantier dans un poste marteau-piqueur, je continue de travailler pendant deux semaines avec Christophe. Une seconde équipe, dirigée par Frédéric, fait le même travail, et nous coulons le béton tous ensemble l'après-midi. Je découvre le piège que représente le fait de travailler avec ce matériau. Pas un piège technique, mais un piège psychologique et organisationnel. Dans l'après-midi, on nous livre du béton, un certain volume. Il faut tout couler, disent les chefs, sinon il y aura du gâchis. Devant l'ampleur de la tâche, nous nous pressons, de peur d'avoir à faire des heures supplémentaires, qui ne sont pas toujours payées. Et, généralement, nous finissons tout juste dans les temps, à 16 h 30, fourbus, le dos en compote après avoir poussé des dizaines de brouettes de béton remplies à ras bord. Et les chefs de se demander pourquoi ils ne nous en livreraient pas plus la prochaine fois, puisqu'on se débrouille pour tout couler…

L'organisation du travail offre donc peu de répit. Et quand par hasard l'attente de nouvelles consignes, d'une livraison de béton en retard, ou de la grue occupée par une autre équipe libère quelques minutes, on ne peut pas prendre de pause. Pas ostensiblement. Ainsi, lorsque je profite de l'un de ces moments pour m'adosser au mur et croiser mes bras endoloris par le transport de brouettes, Christophe m'arrête : « Ne fais pas ça, si un chef te voit ! » Quelques jours plus tard, en attendant la benne de béton, je m'accroupis pour m'assouplir les muscles. Cette fois, c'est Frédéric qui me fait la leçon : « Ne te mets pas comme ça, s'il y a un chef qui passe, c'est pas bon. » Toujours rester mobilisés. Ou, du moins, présenter le visage de la mobilisation.

Selon les jours, Frédéric est secondé par un autre coffreur, Fernando, ou par Amadou, un manœuvre. L'un comme l'autre sont la cible des blagues racistes de Christophe et Frédéric. Mais seul Amadou, comme tous les manœuvres noirs, est victime du surnom « Mamadou ». Exemple : un matin en arrivant, tous les ouvriers se réunissent devant le « magasin », la pièce où sont rangés les outils. Frédéric bouscule un manœuvre et lui lance : « Tu dis pas bonjour ? » Amadou arrive, serre la main à Frédéric. Ce dernier commente, à la cantonade : « Voilà, ce Mamadou-là, il est bien. » Plus tard, en fin d'après-midi, on manque de béton. Christophe : « C'est tout ce qui reste ? Qu'est-ce que tu as fait du béton, Mamadou ? » Frédéric : « Les Mamadou, c'est tous des voleurs. » Amadou, souriant vaguement : « Non, ça c'est pas vrai. » Frédéric : « Si, si, les Mamadou c'est tous des voleurs, il n'y a que la prison pour eux. » Un autre jour, Amadou fait une suggestion à Christophe concernant l'installation d'une benne sur un échafaudage. « Mais non, répond Christophe, tu n'y connais rien, toi ! » Frédéric arrive, Amadou répète sa suggestion.

– Tu n'y connais rien, toi !

– Mais si, il faut la mettre dans ce sens-là...

– Qui c'est le chef ?

– Mais...

– Qui c'est le chef ?

– Il n'y a pas de chef !

– Qui c'est le chef ? Un Mamadou, c'est jamais un chef. Les Mamadou, ils sont cons, alors Mamadou je vais lui prendre la tête, et je vais lui mettre dans la benne, dans l'eau, et je vais faire couler le béton ! Tu paries ? Tu n'as aucune chance : tu vois, on est un Blanc, deux Blancs [avec moi], tu es foutu.

Tout l'échange se déroule sous couvert de rigolade.

Quelques jours plus tard, Amadou est appelé à d'autres tâches par le chef d'équipe. Un nouveau manœuvre accompagne Frédéric. Jean, c'est son nom, est en France depuis trois ans. Il était chauffeur routier en Haïti ; il espère y retourner définitivement dans trois ans. Mais auparavant il entend épargner 10 000 dollars, et pour l'instant il n'a rien. Il occupe des emplois dans le bâtiment depuis une année. En regardant Jean travailler, je me revois quelques semaines auparavant : empressé et maladroit, ne faisant jamais ce qu'il faut, du moins au goût de Christophe et Frédéric. Une différence quand même : les reproches à mon encontre n'étaient jamais exprimés dans des termes racistes.

« Où il est mon Noir ? » C'est toujours de cette manière que Frédéric demande si l'on n'a pas croisé Jean. Un « Mamadou » comme les autres. Jean le sait, et en souffre. Un jour, il s'emporte : « Je suis pas africain, moi ! Tu me parles pas comme ça ! Je suis pas africain ! Je sais ce que je fais. » À part, il me dit ensuite : « C'est les Africains qui sont des cons, moi je suis pas africain. Les chefs, ils croient que tous les Noirs c'est des cons. » Stratégie de distinction compréhensible, mais illusoire : dans la logique raciste en cours sur les chantiers, l'origine géographique importe peu, seule compte la couleur de peau.

Seule ? Pas complètement : « Mamadou » ne désigne réellement que des Noirs qui sont manœuvres. Non seulement un Noir qualifié aura peu de chances de se voir surnommer « Mamadou », mais il s'autorisera parfois à appeler des manœuvres noirs « Mamadou ». Il s'expose cependant à ce qu'on lui renvoie le sens raciste de la dénomination. C'est ce qu'illustre Touré sur un autre chantier :

> C'est l'autre, là, Max, je crois qu'il est guadeloupéen, qui m'a appelé comme ça la première fois. Après ils m'ont tous appelé comme ça. Tous les Africains, il les appelle Mamadou. Mais moi, je ne m'appelle pas Mamadou. Mais je réponds quand ils m'appellent comme ça.

Touré semble alors s'en accommoder, comme bien d'autres de ses collègues. Néanmoins, les manœuvres n'acceptent la réduction de leur identité… que jusqu'au moment où ils craquent et la rejettent, revendiquant une dignité au prix peut-être de leur place. Lors d'une seconde discussion, quelques semaines plus tard, Touré raconte :

> La semaine dernière, j'avais plein de problèmes dans la tête, j'étais énervé, je me suis énervé, j'ai engueulé Max : « Toi-même tu es noir, est-ce que je t'ai appelé Mamadou ? Je t'ai demandé ton prénom quand on est arrivé sur le chantier, et je t'appelle par ton prénom. » Maintenant ils m'appellent tous Touré au chantier.

Derrière les « Mamadou » : des émigrés et des (dés)illusions

Si ces manœuvres endurent les souffrances matérielles et les humiliations, c'est que leur emploi est précaire. C'est que la régularité de leur séjour en France, c'est-à-dire leur droit à être là, est elle-même précaire. Mais c'est aussi qu'ils ont accompli un acte fort, celui d'émigrer, qui implique des obligations, des espoirs, et des illusions. Nul besoin de s'étendre ici sur les mécanismes et les implications de l'émigration-immigration, car d'autres s'y sont consacrés[4]. Je voudrais simplement souligner la brutale désillusion qui traverse la majorité des témoignages quant aux conditions de vie et de travail en France. Ils

---

4. Par exemple Catherine QUIMINAL, *Gens d'ici, gens d'ailleurs. Migrations soninké et transformations villageoises*, Christian Bourgois, Paris, 1991 ; ou Abdelmalek SAYAD, *La Double Absence. Des illusions de l'émigré aux souffrances de l'immigré*, Seuil, Paris, 1999.

rappellent ainsi l'analyse d'Abdelmalek Sayad pour qui la méconnaissance préalable de ces conditions « est entretenue par tout le groupe, les émigrés qui sélectionnent les informations qu'ils rapportent quand ils séjournent au pays, les anciens émigrés qui "enchantent" les souvenirs qu'ils ont gardés de la France, les candidats à l'émigration qui projettent sur "la France" leurs aspirations les plus irréalistes[5] ». Ainsi Fofana, un ancien manœuvre :

> Au début, tu te dis : « Peut-être je viens que pour quelques années, je vais rentrer chez moi. » Mais à la fin du compte... jusqu'à la fin de ta vie, quoi. On dit : « Moi j'aime mon pays, je reste pas là, je reste un peu et je vais rentrer. » Mais en fait, tu vas rester jusqu'à la mort. Moi, même, il y a ma famille maintenant. Il y a mes enfants et ma femme. Ils sont nés en France. Moi je ne peux pas y aller, si mes enfants ne connaissent pas là-bas, pourquoi ils vivraient là-bas ? Donc je suis obligé de rester avec eux. [...] Quand je suis venu en France, j'ai été déçu, ouais. Parce que dans le temps où j'étais au Mali, je pensais que la France, c'était vraiment quelque chose. Mais quand je suis venu, bon, j'ai vu des choses, tous les Africains qui habitent un immeuble, l'immeuble il était pas... il était pas supportable, quoi. Je suis arrivé à la fin 79, j'ai dit : « Bah ça, c'est pas la France. » On voit les gens [les émigrés] là-bas au Mali, ils ont des vêtements tout neufs, ou ils ont des... On disait que la France c'était bien, bien, bien. C'est un bon pays. Mais quand tu viens...

Trente ans après, et alors que les immigrés du gros œuvre sont souvent issus de régions (nord du Portugal, région d'Oujda au Maroc, région de Kayes au Mali...) où l'émigration est déjà une pratique ancienne, on pourrait penser que les langues se délient davantage, que les émigrés racontent plus souvent leurs déboires. Les retours d'individus abîmés moralement et physiquement (par le travail notamment), les commentaires critiques ont pu semer des doutes dans l'esprit des candidats à l'émigration. Fofana poursuit :

> Mais quand ils sont là-bas, c'est pas la peine de leur dire... Parce que la plupart là-bas, ils veulent sortir, soit venir en France, soit en Europe, pour travailler, pour gagner sa vie. Mais si toi tu vas là-bas, tu dis que la France, c'est comme ça, c'est comme ça, ils te répondent : « Pourquoi toi t'es là ? » ou bien : « Pourquoi toi tu y es retourné encore ? » L'idée, là, elle rentre pas.

5. Abdelmalek SAYAD, *La Double Absence*, *op. cit.*, p. 51.

Il semble que les candidats à l'émigration aspirent trop à partir pour écouter les mises en garde d'émigrés qui, quoi qu'ils puissent dire, ont accompli ce qu'ils dénigrent. Si l'on en croit les autres entretiens, les immigrés n'entrevoient la vérité que progressivement, une fois arrivés en France : il s'avère alors que la migration n'est ni douce ni temporaire. Ainsi, Touré, manœuvre depuis six ans :

> En vacances, au pays, ils [les émigrés] vont nous en parler, ils vont nous dire que, ouais, c'est dur en fait, ici en France. Pour gagner de l'argent, il faut se lever de bonne heure, tout ça. Nous, on le croyait pas. Nous, on croyait que dès que tu arrives ici, tu vas gagner. Tu vas pas te fatiguer non plus. Ils nous en ont déjà parlé, mais on le croyait pas. Et nous-mêmes on est arrivés, on sait maintenant. Parce que tu rêvais bonheur, tout ça… et voilà. C'est la merde. On gagne, mais de toute façon on fatigue. Les gens qui vont commencer le matin à 8 heures, t'es obligé de te réveiller à 6 heures, tu vois. Bah voilà. Bon, nous les Africains, on dort en foyer, tout ça, et on n'est pas très tranquilles. Même si toi tu voulais dormir, les gens ils discutent autour de toi, bon… C'est la merde, quoi.

Keïta, prisonnier de son statut

Rencontré sur le chantier Ilovu 1 (*cf.* chapitre 2), puis interviewé dans le foyer où il vit, Keïta témoigne, à un moment où il s'inquiète pour son emploi immédiat comme pour son avenir, de la nasse que peut représenter le statut de manœuvre. Âgé de trente ans, il travaille comme manœuvre depuis six ans. Il détaille tout d'abord les épreuves que doit surmonter l'aspirant intérimaire pour obtenir des missions ponctuelles puis régulières.

> – *Quand tu es arrivé en France, il y avait déjà de la famille ou des amis qui pouvaient t'aider ?*
>
> – Oui. J'ai une famille qui m'aide, beaucoup. C'est comme ça que j'ai fait. Parce que je suis resté au chômage trois mois, quatre mois. Je faisais rien, je restais là, comme ça. J'avais pas de papiers, je suis resté dans le foyer comme ça trois mois, quatre mois. […] Je suis parti à gare du Nord un jour, j'ai cherché le boulot, on m'a donné un boulot, on m'a dit : « C'est un vendredi, c'est un seul jour. » Je suis parti là-bas. J'ai travaillé le matin jusqu'au soir, on m'a dit : « Bon, c'est fin de mission. » Putain, ça, c'est quel travail ? Je viens, on me donne encore une adresse : « Lundi, tu vas à un autre

chantier. » Un chantier Bouygues, je suis allé là-bas. Une seule journée encore. Et puis fin de mission. J'ai fait une semaine à la maison, je suis pas sorti. Après je suis parti à la gare du Nord, on m'a donné un boulot de cinq jours. J'ai fait une semaine, on m'a dit fin de mission encore. J'ai dit : « Mais je viens encore, vous me donnez un boulot de deux jours… » Rien, ça se passe. J'ai dit : « Ça va pas, ça. » Après je suis parti dans une autre agence, à Intérim BTP. On m'a donné un boulot de deux mois. Là, j'ai dit : « Quand même, c'est mieux. » Mais ils payaient mal. Mal, mal. Tu travailles quarante et une heures par semaine. Neuf heures par jour, pendant quatre jours et le vendredi, tu travailles cinq heures. Il faut que tu partes d'ici [le foyer] à 5 heures, 5 h 30 le matin. Mais si tu n'as pas le courage… J'étais pressé que le boulot soit fini. Quand le boulot s'est fini, j'ai dit : « Dieu merci. » […]

– *Et tu avais des papiers à ce moment-là ?*

– Ouais, j'avais trouvé les papiers d'un frère, je travaillais avec ça. Après je lui ai rendu, comme j'ai obtenu des papiers, je lui ai rendu. Donc j'ai fait deux mois, après ça s'est fini. Après, j'ai fait deux mois sans travail. Je suis resté dans le foyer, comme ça. Et puis je suis parti à Forcintérim, j'ai demandé du boulot. Et Dominique, elle m'a dit : « J'ai du boulot, mais je ne te connais pas, je peux pas te donner. Je sais pas quelles conséquences… » Après, il y a un Malien qui était là-bas, il lui a répondu : « Mais pourquoi tu lui donnes pas ? Même si tu le connais pas, tu lui donnes, tu essaies, et c'est bon, ou c'est pas bon. » C'est là où elle m'a pris pour le travail, j'ai commencé là-bas. J'ai fait trois mois, je bosse. Je travaille, je travaille, je travaille. Après, c'est fini. Elle m'a dit : « Tu reviens demain. Je te donnerai un autre chantier. » Je suis venu le lendemain, j'ai pas trouvé de boulot. Je suis resté sans travailler trois jours, quatre jours. Et elle m'a dit : « Viens, j'ai un boulot pour toi. » J'ai pris le boulot. J'ai fait six mois. Comme ça, la confiance s'est révélée comme ça. En tout cas, maintenant je sais que Dominique, s'il y a du boulot, elle me le donne. Et elle a dit aux autres [commerciaux de l'agence] : « Si tu as du boulot, tu le donnes à Keïta. » Comme ça, j'ai démarré avec elle… voilà. Maintenant, Dieu merci, je travaille dur. C'est un peu dur quand même. Je voudrais m'embaucher quand même parce que l'intérim, c'est bon quand tu es jeune. Mais si tu es vieux, ils ne veulent plus de toi. Même s'il y a du boulot, on ne veut pas te le donner parce que tu es déjà fatigué.

On voit dans ce récit l'intégration de Keïta parmi les fidèles d'une agence, intégration qui s'étale sur des années. Il faut garder à l'esprit qu'il n'a formellement jamais changé de statut : il est toujours, depuis le début, manœuvre intérimaire. Il n'a vécu aucun changement de qualification ni même de salaire. Il n'a gagné qu'une intégration et une stabilisation relatives (« Dieu merci ») dans un poste qui demeure précaire et relégué – mais il a aussi été régularisé. Keïta est lucide sur la fragilité de sa situation : à trente ans, il sait l'urgence d'être embauché, au risque d'être mis sur la touche lorsque son corps commencera à faiblir. Mais comment être embauché, alors que tous les manœuvres sont intérimaires ? Au préalable, il faudrait obtenir une qualification. À force de seconder des coffreurs, Keïta s'estime tout à fait capable d'accéder à leur niveau de qualification. D'ailleurs, ni Forcintérim ni l'entreprise qui l'utilise ne remettent en cause ses capacités. Mais on ne veut pas de lui en tant qu'ouvrier qualifié.

– J'apprends, mais eux, ils veulent pas. J'ai même proposé, j'ai dit : « Maintenant je peux être coffreur. » Ils m'ont dit : « Non, non, on t'a pris manœuvre, donc on te laisse comme ça. »

– *Qui c'est qui t'a dit ça ?*

– Da Silva [le chef de chantier]. J'avais proposé, j'ai dit ça à Forcintérim, à Stéphanie [la commerciale qui s'occupe de Keïta]. Stéphanie, elle m'a dit : « Normalement, ça fait treize mois et deux semaines que tu travailles là-bas. Treize mois et deux semaines sur le chantier. Tu dois avoir appris quelque chose. » Elle est partie le voir [le chef de chantier], elle lui a dit que même si je deviens pas directement un boiseur[6], au moins quand même un demi-boiseur. Ils ont refusé. Ils ont dit : « Non, on l'a pris comme un manœuvre. Même s'il connaît quelque chose, c'est comme ça. S'il ne veut pas, il arrête le boulot. » J'ai dit : d'abord, je vais continuer. Si je vois que je connais bien ensuite, si je parle avec Stéphanie, j'arrête là-bas et elle m'envoie sur un autre chantier comme un boiseur. Mais le problème c'est quoi ? Même si tu connais, il faut avoir les papiers, les certificats de travail. Comment tu vas aller... Si tu laisses Forcintérim pour une autre intérim ? Qu'on te demande le certificat de travail ? Les bulletins de salaire ? Tu donnes les bulletins de salaire de manœuvre. Tu ne peux pas devenir un boiseur. Si tu dis que tu es un boiseur, on va te dire : « Montre-moi les preuves. » C'est ça qui m'empêche maintenant d'être boiseur. J'ai tenté avec Stéphanie pour qu'elle me change. Jusqu'à présent j'ai pas encore réussi. [...] Diawara [un autre manœuvre du chantier] aussi était comme moi. Il travaillait avec un Portugais. Le gros, là. Il travaillait avec Diawara. Après le gros est parti voir Da Silva pour lui dire que Diawara connaît le coffrage, qu'il faut lui changer

6. Ici boiseur et coffreur sont équivalents.

sa qualification. Da Silva l'a jamais fait. Il a refusé de le changer. Ils profitent sur les gens. Toi, tu es un manœuvre, on te paie comme un manœuvre, et tu travailles comme un boiseur. Et c'est eux qui gagnent. C'est eux qui gagnent. C'est comme ça. Les Portugais, c'est comme ça, toujours. Ils ont laissé Diawara comme ça. Et Diawara est parti.

– *Il est parti ? C'est lui qui est parti ?*

– Oui. Il est parti parce qu'il a demandé à être boiseur. Ils ont refusé. Da Silva a dit que « non non, lui, on le laisse ». Il a pris son sac, tout le matériel et il est parti. [...]

– *Tu as l'impression que c'est du racisme ?*

– Pour moi c'est ça. Parce que si j'étais portugais ou arabe, là j'aurais une qualification. Il y a des gens qui me disent : « Tu attends quoi ? Tu laisses le boulot, si on ne veut pas te donner les qualifications, tu vas aller tenter ailleurs. » Tu as des gens qui me conseillent ça. Mais je dis : « Mais attends, si je laisse maintenant, comment je vais avoir la qualification ? Je peux pas laisser ça comme ça. »

– *À propos de racisme, une fois un chef t'avait appelé « Mamadou ». Et moi je t'avais demandé pourquoi et tu m'avais dit...*

– Eh, c'est un con. C'est un raciste aussi. Mais c'est comme ça. Et les Noirs, jamais ils peuvent avoir une qualification. Les Noirs, c'est comme ça, toujours, tu travailles comme manœuvre.

Keïta a deux référents : un employeur, Forcintérim, et un utilisateur, l'entreprise Ilovu sur le chantier. Cette dualité permet à chacun de renvoyer à l'autre la responsabilité du blocage : l'entreprise ne veut pas revoir la qualification sans un certificat de travail fourni par l'agence d'intérim ; inversement, l'agence ne modifie rien sans garantie de l'entreprise. On perçoit ici, et malgré les protestations de bonne volonté de Stéphanie, l'intérêt qu'il y a pour Forcintérim à conserver Keïta, qu'elle considère comme un bon manœuvre, et à le lier en lui faisant miroiter une qualification supérieure, toujours reportée. Keïta est prisonnier de cette promesse, du moins tant qu'il y croit et compte dessus. L'intérêt de l'agence est d'entretenir cette croyance sans la concrétiser. Car dès l'instant où il n'y croira plus, Keïta pourra tout aussi bien aller voir ailleurs. Et de même, comme il l'explique, l'obtention du certificat de coffreur lui permettrait d'aller frapper à d'autres portes. En attendant, il faut encaisser les cadences et les humiliations, et lutter pied à pied pour faire valoir un minimum sa santé et sa dignité.

> – Un jour, j'avais mal aux yeux. Il y avait un gravats qui était tombé dedans. Je l'ai montré à Fernando [un chef d'équipe], il m'a dit : « Va mettre les gouttes, tu reviens travailler. » Il y avait du boulot, et lui, il voulait seulement continuer le boulot. J'ai dit : « Tu es malade ou quoi ? » Direct, je suis parti pour aller voir le médecin. Quand je suis parti là-bas, Fernando, il voulait se fâcher, je lui ai dit : « Mais tu es malade ? Tu es vraiment malade. Toi tu veux seulement le travail. Tu t'en fous de la personne. » Faut aller travailler, faut aller travailler, jusqu'à quand ?
>
> – *Et c'est bon ? T'as pas...*
>
> – Oui. Ils m'ont enlevé le gravats de l'œil. J'ai fait une semaine sans aller au travail, j'ai été arrêté. J'ai fait une semaine et puis je suis allé au contrôle, ils ont dit que c'était bon, « tu peux retourner travailler ». Si j'étais resté travailler, j'aurais mis les gouttes et après deux jours, trois jours... [...] Ils te font forcer : « Vite, vite, vite ! » Comme par exemple, il y avait un manœuvre, Cissoko, il faisait le marteau-piqueur. Depuis le matin, il fait le marteau-piqueur. Da Silva, il vient et il dit : « Faut y aller ! Faut y aller ! » Après il est reparti et il est revenu encore au bout de cinq minutes : « Faut y aller ! Faut y aller ! » Cissoko a dit : « Mais tu es malade ou quoi ? Depuis ce matin je suis avec le marteau-piqueur et tu es là, toutes les cinq minutes à me dire qu'il faut y aller. » Direct, Da Silva lui a dit : « Tu peux y aller. » Il lui a fait « fin de mission » comme ça. Alors que c'est pas normal. L'autre, il fait le boulot depuis le matin, jusqu'à 3 heures, 4 heures de l'après-midi, et il lui dit : « Faut y aller ! Faut y aller ! » Et comme il dit quelque chose, il lui donne fin de mission direct. Mais tu es malade ?
>
> – *Oui, c'est insupportable.*
>
> – C'est insupportable, mais on n'a pas le choix.

Pris au piège de son statut, Keïta se sent isolé et méprisé des ouvriers qualifiés. Sur le chantier où je l'ai connu, il était discret, presque taciturne. Habitué à le voir silencieux, j'ai été surpris le jour où il m'a lâché :

> Les gens, c'est des connards, ils ne te laissent pas apprendre. Quand ils voient que tu regardes, ils te disent : « Va faire du marteau-piqueur. »

Pourtant, Keïta n'a pas bronché le jour où un coffreur français, martiniquais, affirmait à table :

– Aux Antilles, tu commences comme manœuvre, et en cinq ans tu deviens ouvrier. Tu connais le coffrage, la maçonnerie, tout. Mais en France, tu peux rester manœuvre pendant des années. J'ai vu dans une entreprise un manœuvre, depuis douze ans, il était toujours manœuvre, il savait à peine se servir d'un marteau.

– [Un stagiaire :] Ça dépend des chefs. Il y en a qui t'apprennent parce qu'ils t'aiment bien, d'autres ils s'en foutent et ils ne te laissent pas apprendre.

– Non, ça ne dépend pas des chefs. Je vais te dire, les Africains qui viennent, j'ai discuté avec eux, ils ne pensent qu'à prendre l'argent, ils ne pensent pas à l'évolution.

Moussa, un coffreur malien, m'a tenu le même discours, la généralisation raciste en moins, en prenant justement Keïta en exemple :

Ils ne veulent pas avancer. Il y en a un ici, ça fait presque six ans qu'il est manœuvre. Ils restent au marteau-piqueur, ils ne cherchent pas à apprendre.

On pourrait croire que tout est bloqué : les manœuvres restent des manœuvres, et par la même occasion des « Mamadou ». C'est ce qui incite certains à « ne pas chercher à apprendre » : autant rester cantonnés à des tâches dures, mais balisées et solitaires, que de se risquer à un apprentissage qui ne mènera à aucune amélioration. En défendant cette position, sur le chantier Ilovu 2, le manœuvre Dembele reste incompris de ses convives du réfectoire, des ouvriers qualifiés :

– Je fais du travail de coffreur et je suis payé comme manœuvre. Ça fait un mois que je porte des panneaux, des étais, et j'ai toujours une paie de manœuvre !

– Tu es con, il faut en profiter. Tu apprends. On serait content à ta place.

– Mais ça fait un mois que je porte des panneaux, et j'ai toujours une paie de manœuvre.

– Tu ne connais pas le métier.

– Toujours porter, « fais ci, fais ça », je préfère rester tranquille au marteau-piqueur.

– Tranquille au marteau-piqueur ? Tu sais, on est tous passés par là.

Quant à Keïta, coincé entre l'espoir ténu d'être qualifié ou embauché et la contrainte de gagner de l'argent, il se doit de tenir.

– Là, pour l'instant, je ne peux pas amener ma femme et mes enfants. Si je me fais embaucher, quand même, je peux chercher une maison, je quitte le foyer. Parce que c'est la merde. Le foyer, c'est la merde. C'est la merde. C'est vrai. C'est la merde. Si tu n'as pas de femme, tu vas supporter comme ça. Mais si j'étais embauché, j'amènerais ma femme, tranquille. [...]

– Tu penses abandonner le bâtiment si t'y arrives pas [à obtenir une embauche ou une qualification] ?

– Je ne pense pas. Pour l'instant, je ne pense pas que je vais abandonner. Pour l'instant, non. Il y a un moment, je voulais faire un stage pour avoir une qualification directe. Mais bon, j'ai beaucoup de problèmes aussi... Je peux pas abandonner le travail tant que j'ai beaucoup de problèmes. Si j'avais laissé le travail, là, j'aurais déjà trouvé. Mais je peux pas, parce que j'ai trop de problèmes. Payer à manger, chaque mois il faut envoyer l'argent. Chaque mois il faut envoyer l'argent au pays. Et puis tu es là, tout seul à la maison, tu paies la carte orange et tout, tout, tout. Une femme là-bas, des gosses, c'est toi qui nourris. Tu ne peux pas abandonner le travail pour aller faire le stage. C'est là le problème aussi. Tu paies la carte orange, tu paies la maison, tu paies tout, moi la maison aussi là-bas, chaque mois ils téléphonent, un enfant malade... Tu paies la maison. Et si tu n'as pas construit là-bas, tu paies le loyer là-bas aussi. Tu paies tout. Tu peux pas abandonner le travail. T'as pas le choix, tu dois rester comme manœuvre.

Cependant, il arrive parfois que la dualité employeur/utilisateur soit bénéfique à l'intérimaire, lorsque l'agence, face à un besoin pressant de main-d'œuvre, envoie quelqu'un sans vérifier son certificat de travail ; ou lorsque les responsables de chantier utilisent quelqu'un qui n'a pas la qualification requise, à un salaire inférieur au taux normal, et récompensent l'ouvrier, une fois le chantier achevé, par une revalorisation de sa qualification ; ou bien encore lorsque l'intérimaire arrive à se jouer de ses employeurs. Si Keïta garde espoir, c'est aussi parce qu'il a en exemple la roublardise de son frère.

J'ai un frère, là ici, lui aussi il travaillait dans le bâtiment. On l'a pris comme manœuvre, il a fait du coffrage avec les gens. Il a demandé au chef, il a été embauché. Il a été embauché comme manœuvre seulement, mais il a dit : « Maintenant que je suis embauché, je suis un coffreur, boiseur », il a demandé la qualification, ils ont refusé. Il est resté avec eux. Et puis le chantier et la société ont fermé pendant un mois pour les vacances, et il est parti à la gare du Nord. Il a demandé à l'intérim une mission de boiseur. L'intérim avait besoin de trois personnes, il y avait deux personnes. Il est venu, il a dit : « Moi je suis un boiseur », ils lui ont dit qu'il faut un papier qui prouve sa qualification. Il a dit : « J'ai oublié ça à la maison. » Il en avait pas. « Comment ça, tu as oublié ça ? Tu es sûr que tu es un boiseur ? » « Bien sûr que je suis un boiseur. » À ce moment-là, ils cherchaient quelqu'un et il n'y en avait pas. Ils ont besoin de toi parce qu'ils n'ont pas le choix. Et donc il a travaillé dans le chantier, le mois s'est fini, il a arrêté le boulot. Il est parti, on lui a donné les fiches de paie, comme un boiseur. L'intérim a marqué « boiseur » dans les bulletins de salaire. Et il est parti au chantier de la société [où il était embauché], il est parti voir le chef, il a sorti les bulletins de salaire de l'intérim, comme ça, et il a dit : « Voilà. Toi tu me paies combien ? » Le chef regarde, il dit : « C'est trop. Bon, on peut te changer de qualification, mais nous, on peut pas te donner ce que l'intérim te donne. » Il a dit : « Il n'y a pas de problème. De toute façon je ne refuse pas, mais je veux seulement qu'on me change de qualification. »

Le cas de manœuvres embauchés, comme le frère de Keïta, est rarissime. Néanmoins, on voit dans cet exemple s'ouvrir des possibilités de jeu dans les formes d'emploi, témoignant d'autres logiques que le seul apartheid professionnel décrit jusqu'ici.

Un apartheid professionnel ?

À la fin de ces six premières semaines sur les chantiers, j'en suis arrivé à la conclusion que la classe (la place des manœuvres dans l'organisation du travail) servait de support à la race (la construction symbolique des « Noirs », des « Mamadou »). Rendus pratiquement interchangeables par l'intérim, les manœuvres deviennent identiques dans l'imaginaire. Aussi le racisme n'est-il pas un préjugé sorti de nulle part, un archaïsme, mais plutôt une manière d'exprimer et de maintenir une situation tout à fait actuelle : la position subalterne des immigrés africains manœuvres. Les « Mamadou » sont des manœuvres, et les manœuvres sont des « Mamadou » :

l'un ne peut pas aller sans l'autre[7]. C'est la correspondance entre poste et origine qui fabrique cette figure spécifique au bâtiment. Correspondance qui construit, avais-je envie de dire à l'époque, un apartheid professionnel.

Mais l'idée d'apartheid apparaît un peu trop systématique. Il a fallu refaire de la place à des éléments qui, obstinément, n'entraient pas dans ce schéma (les Africains à d'autres postes que manœuvres par exemple), sans leur donner la forme fastidieuse d'une série d'exceptions – car à partir de quand cesseraient-elles de confirmer la règle ? Les cas qui échappent au modèle d'« apartheid professionnel » ne sont pas des anomalies incompréhensibles, mais les témoignages de contradictions, d'autres tendances à l'œuvre.

Comme on va le voir, mes observations suivantes sur la répartition des postes, comme l'écoute des échanges routiniers entre les participants des chantiers, ont confirmé qu'il serait coupable de ne pas voir de correspondances entre hiérarchies professionnelles et classements ethniques. Mais il serait tout autant erroné de conclure qu'à un poste ou une qualification professionnelle correspond de manière automatique une identité ethnique. Pour une raison au moins : c'est que l'éclatement des statuts et des qualifications est tel qu'il segmente quasiment à l'infini les collectifs de travail, rendant illusoire l'idée d'une stricte égalité de condition entre ouvriers ou même des catégories spécifiques d'ouvriers. La répartition ethnique et hiérarchique des tâches suit un dégradé, et non une échelle rigide faite de catégories homogènes et étanches : il n'y a pas, au sens strict, d'apartheid. En bref, la gestion de la main-d'œuvre peut se faire de manière raciste, mais pas seulement.

D'une certaine manière, en infligeant un traitement particulier, infériorisant, à une partie des travailleurs (ce qui suppose un traitement relativement privilégié pour une autre partie), le racisme apparaît même en contradiction avec un autre mode de dévalorisation de la main-d'œuvre : la mise en concurrence de chacun avec tous. Et pourtant, il semble que l'on retrouve bien les deux tendances (division raciste et mise en concurrence

7. Selon un raisonnement proche de celui de Frantz FANON (*Les Damnés de la terre*, Gallimard, Paris, 2001, p. 70) à propos de la colonisation : « Aux colonies, l'infrastructure économique est également une superstructure. La cause est conséquence : on est riche parce que blanc, on est blanc parce que riche », ou de cet adage du sud des États-Unis rapporté par Angela DAVIS (*Femmes, race et classe*, Éditions des femmes, Paris, 1983, p. 117) : « Les nègres sont des serviteurs, les serviteurs des nègres. »

universelle des travailleurs) simultanément à l'œuvre dans le bâtiment. Les choses se compliquaient donc, et il m'a semblé utile de délaisser un moment la recherche immédiate de racisme et de discriminations pour reprendre l'enquête par le bout d'une étude du travail des chantiers en lui-même. C'est-à-dire passer d'une analyse des discriminations racistes dans le bâtiment à une analyse du travail dans le bâtiment qui intègre l'éventualité, la réalité non systématique de discriminations. C'est pourquoi les chapitres suivants se consacrent davantage à l'organisation du travail et des emplois sur les chantiers.

2

Des « bétonneurs » sans ouvriers ? L'externalisation

L'exemple d'un chantier : sept travailleurs sur huit externalisés

En 2003, je choisis de revenir sur des chantiers par un autre biais, celui d'une formation professionnalisante en coffrage et ferraillage. Elle dure dix-huit semaines, dont six de stage, et se déroule dans un GRETA de la banlieue parisienne. Ce « groupement d'établissements publics locaux d'enseignement » est implanté en lycée professionnel, mais reste autonome. Il délivre une formation spéciale, non diplômante, supposée répondre aux besoins en main-d'œuvre des employeurs du cru.

Il y a peu de choses à dire sur cette formation, sinon qu'elle est comme une parenthèse, un dépaysement dans mon enquête. Tout d'abord parce que nous y apprenons le métier tel qu'il se pratiquait il y a cinquante ans : le coffrage de piliers, de poutres, de murs ou de planchers avec du bois, tandis qu'on utilise sur les chantiers des panneaux et des étais métalliques [1],

1. L'étai « désigne toute pièce longue servant à reporter vers un appui stable, et en général provisoirement, la charge verticale d'une partie de construction telle que poutre ou plancher » (Jean DE VIGAN, *Dicobat 2003*, *op. cit.*). Dans le gros œuvre actuel, les étais métalliques, télescopiques, dont on règle la hauteur avec un système de trous et de goupille, ont remplacé les étais en bois.

des banches[2], des pré-dalles[3] ; le ferraillage avec des barres droites, tandis que la préfabrication domine, que nombre d'aciers sont livrés au chantier façonnés et étiquetés, et que les barres sont soudées à l'usine. Ensuite parce que les tests de sélection, comprenant des exercices de français et maths de niveau collège, bien qu'inutiles à cette formation centrée sur la production, excluent principalement les immigrés peu scolarisés, donc la majorité des manœuvres décrits au premier chapitre. Enfin, parce que les autres stagiaires sont pour beaucoup des chômeurs déjà qualifiés dans un métier de la construction, mais qui ont accepté cette formation pour continuer de percevoir leurs allocations, et qu'aucun à ma connaissance n'a pu par la suite se faire embaucher dans le bâtiment. Le recrutement de stagiaires se révélant difficile, le GRETA a enjolivé les débouchés offerts, sinon promis à certains un emploi. Mais la formation n'est pas véritablement qualifiante, et l'examen *ad hoc* annoncé au début ne sera jamais réalisé. Si bien que, en définitive, je suis le seul stagiaire à tenir la distance de manière assidue.

Mais cette formation comprend une période en entreprise. Nous devons chercher nous-mêmes le lieu de notre stage. Je contacte le chantier d'un grand magasin parisien, dirigé par l'entreprise Ilovu, qui m'accepte tout de suite : difficile de refuser une main-d'œuvre gratuite. Pour autant, cette gratuité ne suscitera aucun traitement de faveur, ni pour moi ni pour Jean-Paul, mon collègue congolais, autre stagiaire affecté des journées entières au marteau-piqueur.

Le premier jour, nous sommes accueillis par le conducteur de travaux, qui consacre quelques minutes à nous décrire le chantier. On apprend ainsi que cent vingt ouvriers travaillent au gros œuvre en ce moment. Parmi eux, quatre-vingts dépendent de

---

2. Nom raccourci des banches métalliques, panneaux de plusieurs mètres de hauteur et de largeur portés uniquement par la grue, éventuellement assemblables entre eux. Les banches disposent d'un système d'échelles, de plates-formes, d'étais et de vérins intégrés qui permettent de régler l'aplomb en serrant ou desserrant des éléments. Cependant, le maniement des banches reste dangereux (il arrive qu'elles tombent) et pénible (pour les disposer au plus juste, il faut les déplacer en faisant levier avec une barre à mine).

3. Une pré-dalle est une « dalle mince préfabriquée en béton armé à chapeaux raidisseurs, ou en béton précontraint, servant à la fois de table de coffrage incorporé et d'armature d'un plancher de béton armé » (Jean DE VIGAN, *Dicobat 2003*, *op. cit.*). Posée à l'aide de la grue, elle repose d'une poutre ou d'un mur à un autre, éventuellement soutenue par quelques étais ou tours. On ferraille par-dessus et une nouvelle couche de béton vient recouvrir et lier les pré-dalles ensemble.

trois entreprises sous-traitantes en démolition, sous-œuvre et ferraillage. Sur les quarante chefs d'équipe, coffreurs, maçons et manœuvres (dont Keïta) dépendant d'Ilovu, vingt-cinq sont intérimaires, salariés de quatre ou cinq agences différentes. Les hommes d'Ilovu ne représentent donc qu'un ouvrier sur huit ; les sept autres sont « externalisés [4] ».

Sur les chantiers précédents, j'ai cru parfois abandonner faute de force physique. À présent, je sais que je peux tenir, même si je me fatigue comme tout un chacun. En revanche, ce qui m'effraie à mon arrivée, c'est le bruit. Envahissant et incessant. C'est qu'il s'agit d'un chantier de réhabilitation lourde, où seules les façades sont conservées. Le chantier n'est qu'un grand trou dans la terre entre deux façades haussmaniennes, où œuvrent côte à côte tous les métiers. Bien que la construction ait déjà commencé, la démolition n'est pas encore finie, et les marteaux-piqueurs rugissent à longueur de journée. Pas les marteaux-piqueurs manuels, mais les engins conduits depuis une cabine par des spécialistes, et dont le poinçon fait au moins quinze centimètres de diamètre. Si les conducteurs des engins sont équipés de gros casques, nous n'avons pour nos oreilles que des petits bouchons de mousse qui tombent souvent. Encore faut-il les réclamer, et éventuellement s'exposer au regard réprobateur du chef à qui l'on a fait la demande. C'est que ces bouchons sont contre-productifs : si les démolisseurs travaillent seuls, en revanche les coffreurs et ferrailleurs travaillent en équipe et doivent donc se parler (ou plutôt se hurler dans les oreilles). Un coffreur intérimaire, dès notre première discussion, me recommande : « Ne reste pas dans le bâtiment. Va faire conducteur de bus, ou de RER, ça c'est des boulots propres. »

Ce chantier de réhabilitation a cependant ses avantages, que je découvrirai au fur et à mesure : des cachettes multiples, car deux bâtiments sur trois sont déjà finis, offrant dans leurs étages des recoins tranquilles. Lorsque la cadence me pèse trop, et lorsqu'on m'envoie chercher du matériel dans ces étages, j'en profiterai pour « tourner », selon l'expression consacrée. J'y croiserai d'autres « tourneurs », en particulier des jeunes, comme moi. Ainsi Youssef, jeune aide-coffreur embauché, à

4. Il faut insister ici sur le fait que je ne compte que les ouvriers du gros œuvre. Interviennent ensuite différents métiers du second œuvre qui, quoique dirigés par Ilovu, sont également tous sous-traités.

qui un chef a demandé de lui apporter le vibreur[5]. C'est très lourd et pas du tout pratique à porter. Youssef ne refuse pas, mais se cache en espérant qu'on l'oublie :

> Si un vieux veut mourir, il fait ça. Mais moi je suis jeune, j'ai vingt-trois ans, je ne veux pas me niquer le dos.

C'est une préservation de soi, mais c'est aussi un jeu d'où peuvent naître des complicités, comme lorsque Mohammed, un coffreur intérimaire, remarque que je tourne en feignant d'être occupé :

> Qu'est-ce que tu cherches encore ? Tu cherches quatre heures et demie [la fin de la journée] ? Je les ai croisées par là [...] mais elles sont un peu plus loin.

Il y a aussi des formes d'évitement plus radicales, comme l'explique un maçon proche de la retraite :

> J'ai eu des jeunes en formation, quand ils allaient aux toilettes, on ne les revoyait jamais.

On me place avec Jorge, un coffreur très qualifié d'Ilovu, dont je serai l'aide pendant six semaines. Il accueille mon inexpérience avec bienveillance et taquinerie, et me protège contre les velléités du chef d'équipe de me placer aux travaux les plus pénibles ou de m'imposer des heures supplémentaires. Le chef d'équipe, surnommé « Lobo » (« loup » en portugais), est unanimement détesté en raison de ses ordres brutaux et de son goût pour l'humiliation publique, mais il semble respecter Jorge, avec qui il travaille depuis des années.

Cette omniprésence de Lobo pèse sur le quotidien. À découvert, lorsqu'on est dans son champ de vision, il est impossible de prendre une pause, même quand on est obligé de patienter, parce que la grue est indisponible par exemple. Ainsi, un jour que j'attends la grue, je m'accoude au garde-corps (rambarde amovible destinée à la sécurité des ouvriers) ; Jorge me dit qu'il ne faut pas ; je crois que c'est une question de sécurité, pas du tout : « On est surveillé en permanence », m'explique-t-il. Le lendemain, un chef me demande de maintenir un « tube » (grand cylindre permettant le coffrage de poteaux) qui risque de rouler, en attendant que la grue vienne le chercher. Je choisis

5. Le vibreur est l'instrument qui sert à compresser et égaliser le béton coulé en le faisant vibrer ; il s'agit d'un grand tuyau qui se termine par un long capuchon en métal, et relié à un générateur.

de m'asseoir dessus, ce qui permet de le bloquer tout en me reposant un peu. Jorge me réprimande : « Jamais assis ! Sinon tu vas te faire engueuler et moi aussi. » Du coup, je dois tenir le tube à bout de bras, effort strictement inutile – sauf dans l'objectif, pas si dérisoire, d'éviter l'« engueulade ».

Au fur et à mesure que les étages montent, se créent cependant des cachettes que nous exploitons. Au sous-sol, dont le plafond est soutenu par une forêt d'étais, sans éclairage, il est possible de souffler. Je m'y retrouve parfois avec quelques coffreurs intérimaires. Mais il faut toujours être sur ses gardes. Lorsqu'un chef apparaît, c'est le signal de la dispersion : il faut « tourner », ou « faire semblant » (de travailler), autre expression consacrée. Généralement, on dit qu'on fait semblant, mais on travaille vraiment. Cependant, c'est une activité que nous nous désignons nous-mêmes (par exemple ranger du matériel, ce que peuvent difficilement contester les chefs quoiqu'ils le commandent rarement), si bien que nous sommes plus tranquilles.

Le midi, nous mangeons dans un seul et immense réfectoire, aménagé dans une portion du chantier déjà achevée. C'est l'occasion de constater l'éparpillement des employeurs, lié à la sous-traitance, qui se traduit par autant de groupes différents autour du repas. Les chefs d'équipe et ouvriers qualifiés d'Ilovu, ainsi que des chefs d'équipe d'entreprises sous-traitantes, déjeunent ensemble de manière stable et régulière. Ils mettent en commun une cafetière et des bouteilles d'alcool, et parfois organisent des barbecues pour l'ensemble de la table. Au début, en tant qu'aide de Jorge, je suis admis à cette table. Les convives sont presque tous portugais. Mais il y a aussi Charlie, le seul Noir embauché à Ilovu, et Nordine, un jeune ferrailleur de l'entreprise Bâtarmat'. Lobo se met à table et se dispute avec Charlie au sujet d'une demi-baguette de pain que ce dernier aurait dû lui amener (il n'y a pas de buvette sur ce chantier, uniquement les chauffe-gamelles qui permettent à chacun de réchauffer la nourriture qu'il a apportée, mais les chefs demandent parfois au gardien du chantier de leur acheter quelques denrées). Tout le monde prend le parti de Lobo et se moque de Charlie, qui rigole quand même. Lobo lui donne l'ordre d'aller chercher la demi-baguette, Charlie refuse et ne bouge pas. « Je m'en fous, je vais niquer un Noir », lance Lobo en rigolant. « Dans la cave », répond un autre. « T'as qu'à envoyer le jeune », suggère un troisième. « Nicolas, va me chercher la demi-baguette chez le gardien, s'il te plaît. » J'obtempère.

Les discussions se déroulent dans un mélange de français et de portugais. Ce jour-là, elles tournent autour des accidents, car il paraît qu'un chef, pressé, a prétendu qu'un certain crochet de grue n'était pas nécessaire pour une opération particulière, ce qui énerve Jorge : « Après ils pleurent : oh, on a des accidents. » Puis on se moque des mesures approximatives d'un des convives : « Lui, quand il demande deux brouettes de béton [environ 150 litres], tu es sûr qu'il faut un mètre cube. » Ensuite, on anticipe sur le travail de l'après-midi, tout en plaisantant : « Tu as besoin du marteau-piqueur cet après-midi ? » demande Jorge à un autre ouvrier. « Oh, moi, j'ai besoin de rien, rien du tout. Le chèque à la fin du mois, c'est tout. »

De nouveaux convives nous rejoignent mais on manque de chaises. Lobo dit à Nordine, resté silencieux comme moi : « T'as pas vu que c'est Ilovu ici ? » Comme je crois que cette sortie m'est aussi adressée, je fais mine de ranger mes affaires, mais Nordine m'arrête : « Reste ici. » Il regarde Lobo avec défi. Nordine est de Bâtarmat' et, justement, parmi les nouveaux convives joyeusement acceptés, il y a le chef de Bâtarmat', par ailleurs portugais. L'argument « c'est Ilovu ici » ne vaut donc rien. Lobo n'insiste pas. Néanmoins, après cet épisode, je décide de déjeuner ailleurs dans le réfectoire.

Aux autres tables, certains groupes se forment, autour d'une équipe, d'une entreprise, d'un statut d'emploi, mais aucun collectif n'apparaît aussi soudé que celui des embauchés d'Ilovu. Les conducteurs d'engins de démolition, majoritairement maghrébins, se retrouvent réunis, de même que les ferrailleurs. Les nombreux intérimaires d'Ilovu, portugais, maghrébins, maliens, parfois capverdiens, angolais ou congolais, sont dispersés dans la salle, sans logique apparente. Certains, même, restent à l'écart, mangent un sandwich à l'extérieur ou bien dans les vestiaires, assis sur un banc. Tandis que la table des embauchés d'Ilovu ressemble à une bande de compères, les autres sont plutôt des collections hétéroclites d'individus isolés.

Je me place cependant à une table où les convives restent à peu près stables durant quelques semaines, ce qui permet des discussions. Il y a Keïta, manœuvre (*cf.* chapitre 1), qui reste d'ordinaire silencieux. Il y a Jean-Paul, stagiaire congolais issu de la même formation que moi, mais qui lui a déjà travaillé comme coffreur ; s'étant retrouvé au chômage, il a dû accepter cette formation pour conserver ses allocations. Il y a Paulo, coffreur intérimaire portugais, vétéran des guerres coloniales du Portugal. Et, en face, il y a Étienne, angolais (ce qui lui permet d'échanger des souvenirs sans animosité avec Paulo), longtemps résident de l'ex-Zaïre (ce qui lui fournit des sujets de conversation avec Jean-Paul). Étienne a également travaillé dans le bâtiment au Portugal, avant de revenir en France car, dit-il, le travail était trop dur, quoiqu'il ait obtenu un titre de chef. Mais le bâtiment français ne l'épargne pas non plus, et il songe à le quitter. Cela fait trois ans, explique-t-il, qu'il essaie d'arrêter, en cherchant un emploi ailleurs, non qualifié, bien qu'il soit un coffreur intérimaire rémunéré près de 2 000 euros par mois. Il guigne un emploi dans la sécurité, comme certains de ses cousins qui d'après lui sont tranquilles, acceptant volontiers d'y gagner moins. Il ne supporte plus le bâtiment, l'usure physique – il a mal aux poumons et l'attribue à la poussière ingurgitée –, « les chefs qui te pressent derrière tout le temps ».

Les travailleurs externalisés : étrangers au cœur de la production

« Oh, les Arabes ! » C'est ainsi que Jorge interpelle joyeusement les salariés du sous-traitant en sous-œuvre[6], SO. Un peu plus tard, il se fait plus sérieux lorsqu'il croit que ceux-ci nous ont dérobé un outil : « Cons d'Arabes », avant de redire plus fort et sur un ton enjoué, à leur intention : « J'aime pas les Arabes ! » Comme en écho, Moussa, un coffreur intérimaire, lui dit quelques jours plus tard : « Moi je suis en guerre contre les Portugais. » « Tous les Portugais ? » « Tous les Portugais, tous pareils. » Est-ce une plaisanterie ? Le visage de Moussa reste indéchiffrable. Ainsi va l'humour ethnicisant au travail : assez plaisant pour être objet de rires, assez ambigu pour être porteur de sens.

Si Jorge et moi travaillons le plus souvent tous les deux, coffrant ici un poteau, là un plancher, guidant une poutre préfabriquée portée par la grue, nous croisons en permanence les sous-traitants et les intérimaires. Nous travaillons parfois à leurs côtés, toujours en étroite collaboration. Les ferrailleurs doivent

6. Ceux-ci s'occupent de la partie du gros œuvre qui doit « coller » aux restes de l'ancien bâtiment (puisqu'il s'agit d'une réhabilitation lourde).

poser leurs aciers là où nous avons coffré le matin et où nous coulerons le soir. Les sous-traitants du sous-œuvre renforcent un mur porteur tout près de là où nous édifions une nouvelle fondation. Les chefs comme les outils sont parfois les mêmes. Pourtant, Bâtarmat' et SO, les deux principaux sous-traitants, ont leurs propres responsables, qui reçoivent même le titre de « chefs de chantier ». Mais, dans la pratique, les chefs d'équipe d'Ilovu sont leurs supérieurs. Lorsqu'une logique de délégation prévaut – les chefs d'équipe d'Ilovu donnent des instructions aux chefs sous-traitants qui dirigent leurs hommes –, tout va bien. Mais souvent, dans la précipitation, sous le prétexte récurrent du retard, les chefs d'équipe d'Ilovu vont jusqu'à commander directement les salariés sous-traitants. Lobo cherche souvent à diriger les ouvriers de SO. Karim, un chef d'équipe ferrailleur de SO, s'en plaint à part : « Tout le monde commande ici. Mais il y a combien de chefs ? » De même Fernando, un coffreur de SO, critique les méthodes brutales de Lobo : « Il est con. C'est un raciste. Même avec nous [les Portugais], c'est un connard. » Lobo s'en prend également aux ferrailleurs de Bâtarmat', leur donnant directement des consignes, réclamant qu'ils se dépêchent, jusqu'à ce que le chef de Bâtarmat' cesse de tolérer cet empiétement : « Laisse-les travailler ! » Mais Lobo, comme les autres chefs d'Ilovu, recommencera très vite, car c'est au prix de sa soumission immédiate et permanente que la sous-traitance s'avère payante.

Être un travailleur « extérieur », sous-traitant ou intérimaire, sur un site de travail, c'est un peu comme être étranger : bien qu'indispensable, on n'est jamais que toléré. Un salarié extérieur de l'industrie nucléaire, interrogé par Annie Thébaud-Mony[7], disait ainsi : « Il faut dire qu'on fait le travail que les agents d'EDF ne veulent pas faire. » Par un raccourci troublant qu'on utilise ordinairement pour caractériser le rapport des étrangers aux Français, il exprimait la relégation et l'illégitimité qui s'attachent à sa condition. Pour l'instant, sur ce chantier où je suis stagiaire rattaché à l'entreprise générale, je ne peux que le constater, avant de le subir plus tard.

Le chantier est exigu. Les outils, et plus encore les matériaux, sont rares. Contrairement à la consigne de l'encadrement, il faut partager le matériel entre équipes, voire entre entreprises. Au fil

7. Annie THÉBAUD-MONY, *L'Industrie nucléaire. Sous-traitance et servitude*, Éditions de l'Inserm, Paris, 2000, p. 73.

des jours, Jorge m'apprend comment se procurer du matériel. Au début, je suis timide, et mon statut de stagiaire me pénalise. Pour obtenir d'une équipe de coffreurs d'Ilovu son échelle, je dois négocier, argumenter (« c'est parce qu'il n'y en a pas d'autres »), promettre de la ramener dans les deux minutes qui suivent, etc. On manque de bois, on va en chercher dans les autres bâtiments. Jorge me fait piquer un bastaing à des coffreurs, avec qui il plaisante souvent, pendant qu'ils ont le dos tourné. Plus tard, je reviens prendre deux bouts de contreplaqué. Un des coffreurs, jeune et très costaud, m'interpelle et me fait signe de les ramener, pendant que Jorge qui est près de lui me dit de les emporter. J'hésite, finalement je les emporte, ils rigolent. Mais quand je repasse près du coffreur costaud, il me fait signe que je ne perds rien pour attendre. De loin, j'ai l'impression que c'est pour rire, mais je n'en suis pas si sûr. En fait, aux lavabos en fin de journée, il rigole, dit de moi à ses collègues qu'« il a bien appris à voler ». Lorsque les voleurs et les volés sont tous embauchés d'Ilovu, le vol reste source de jeu et d'amusement partagé.

Mais les choses sont différentes avec les travailleurs sous-traitants ou intérimaires. Un jour, je dois chercher une scie circulaire. Deux étages plus haut, Mohammed et Amine, coffreurs intérimaires, en ont une mais ne veulent pas me la laisser car ils en ont besoin et nous reprochent d'avoir égaré la nôtre. Je reviens bredouille auprès de Jorge. Ce dernier s'énerve en disant que la scie que gardent Mohammed et Amine, « c'est pas personnel ». D'autorité, il va la leur prendre ; Mohammed proteste, Jorge rétorque que la scie ne lui appartient pas et qu'il la lui rendra. En réalité, après usage, il la garde, se justifiant avec un sourire : « Il viendra la chercher, comme nous. » Heureusement, Mohammed ne m'en tient pas rigueur même s'il râle un peu. Plus tard, il me faut une rallonge. L'une d'entre elles est disponible, près d'un nouveau coffreur intérimaire, mais ce dernier me prévient que son collègue va revenir et doit s'en servir. Or son collègue est un jeune d'Ilovu qui m'interdit souvent de lui prendre du matériel, sans la dose d'humour que d'autres y mettent. Aussi je comprends le coffreur intérimaire quand il se défend : « Je vais me faire engueuler si je te la donne. » Mais Jorge, qui me suit, ne l'entend pas de cette oreille, saisit la rallonge en arguant qu'il faut bien qu'elle serve, et me sermonne : « Si tu parles gentiment, tu n'auras jamais rien ! » Quelques jours plus tard, un ouvrier intérimaire fait monter une planche par un trou jusqu'à notre étage, afin de s'en servir par la suite. Jorge me fait chiper la planche. L'autre se met à crier qu'on la lui rende, sans succès. Jorge théorise la chose un jour où je laisse traîner une tenaille : « Si tu laisses un outil traîner, quelqu'un passe, il te le prend, et tu ne le retrouves plus. C'est la loi. La loi du bâtiment. »

Présentée ainsi, cette loi semble universelle. En fait, dans la recherche de matériel, les chances des uns et des autres ne sont pas égales. Il faut être un embauché d'Ilovu, c'est-à-dire à peu près stable et légitime sur le chantier, pour goûter la plaisanterie du vol. La « politique du fait accompli » – prendre le matériel sans demander – est davantage le fait des embauchés, et elle est davantage tolérée quand elle vient d'eux. Les ouvriers des entreprises sous-traitantes, et plus encore les intérimaires dépendant d'Ilovu, doivent s'attendre à des ponctions dans leurs réserves sans qu'ils soient autorisés à faire de même. Qu'ils veuillent emprunter ou qu'on veuille leur emprunter du matériel, les intérimaires se situent souvent dans le registre de la négociation. Pour eux, la perte de matériel est à la fois plus grave (car ils auront plus de mal à s'en procurer d'autre) et plus dure à empêcher. C'est pourquoi des frictions peuvent naître entre intérimaires plus qu'entre embauchés, mais surtout entre des membres de ces deux groupes, frictions par lesquelles s'éprouve implicitement, et parfois explicitement, le statut de chacun.

C'est ainsi que dégénère une nouvelle altercation entre Jorge et Mohammed. Ce dernier veut notre niveau, Jorge refuse, irritant Mohammed qui met en cause son travail : « Pourquoi tu ne me le donnes pas ? J'ai vu tout à l'heure que tu t'es trompé dans le réglage des niveaux, mais je n'ai rien dit et je m'en fiche ! » Jorge cherche à crier plus fort en disant que Mohammed peut bien emporter le niveau s'il le veut, et finalement lâche :

– Moi, de toute façon, je reste, et toi tu pars !

– Ça veut dire quoi ça ? Ça veut dire que je suis intérimaire ? Mais j'ai déjà été embauché, plusieurs fois ! J'ai quatre métiers, moi.

– Moi je te dis qu'à Ilovu, ils ne t'embauchent pas.

Ils continuent de s'accrocher tout au long de la journée, et Mohammed lance notamment à Jorge :

Va te faire enculer ! Par un Noir, pas par un Arabe !

Tout comme le partage du matériel, la question de l'entraide est souvent l'occasion de quelques mises au point. Saïd est un coffreur intérimaire, arrivé après moi sur le chantier. Les chefs d'Ilovu le font travailler seul, mais il a parfois besoin d'un coup de main, me demandant de l'aide pour déplacer un échafaudage ou lui passer un outil alors qu'il se trouve en hauteur. Jorge n'est pas d'accord : « Ça fait déjà trois fois qu'il te demande un service. Il faut que tu t'habitues à dire non. » Puis, alors que j'aide encore un coffreur qui m'en a fait la demande : « Tu les habitues mal. » Lorsque Saïd me sollicite à nouveau, Jorge m'interdit de l'aider. Il me refait la leçon : on m'en demandera toujours plus si l'on sait que je réponds à ces demandes. « Mais je ne suis que stagiaire, je sais pas si je dois ou pas… » « Lui, il est moins que toi. Parce que lui, il peut partir du jour au lendemain, tandis que toi, tu as un contrat. » On ne saurait rappeler plus clairement que « travailleur extérieur » n'est pas un statut parmi d'autres, mais une cause d'infériorité.

Comment contourner de nouvelles lois en profitant de nouvelles lois : petite histoire de l'externalisation

Dans le passé, les chantiers n'ont pas toujours ressemblé à celui-là. Et même ceux que j'ai observés n'en étaient pas tous à ce niveau de sous-traitance (cependant, certains allaient plus loin, aucun ouvrier n'appartenant à l'entreprise générale). Mais la dynamique des trente dernières années est bien à l'« extériorisation » de la main-d'œuvre par les grandes entreprises.

Cela ne signifie pas que les emplois du bâtiment étaient plus stables il y a cinquante ans ou que les entreprises étaient davantage intégrées. La construction, contrairement à d'autres secteurs comme l'automobile, n'a pas vraiment eu le souci de stabiliser sa main-d'œuvre. Durant les Trente Glorieuses, les entreprises ne recrutaient souvent des ouvriers que pour le temps d'un chantier, puis les renvoyaient, avant d'en recruter d'autres. Elles cherchaient surtout à réduire le coût du travail, et le salaire à la tâche était encore répandu. De leur côté, les ouvriers, souvent organisés en équipes, quittaient leur employeur « pour quelques centimes de plus », comme disent les anciens, offerts chez un autre. C'est qu'en cette période d'après guerre la reconstruction puis la croissance de la France étaient les nouveaux principes d'un État qui assurait une demande de bâtiment presque inconditionnelle (logements, équipements collectifs, etc.). La population active du bâtiment doubla presque entre 1949 et 1970, pour atteindre près de 1,7 million de personnes. Ce qui fut conçu comme une modernisation de l'économie française passait nécessairement par le secteur de la construction qui, parce qu'on avait besoin de lui, fit paradoxalement l'économie de cette modernisation.

À l'époque, les entreprises du bâtiment étaient nombreuses, pas très grandes, mais les profits demeuraient importants. Ils étaient obtenus non pas en améliorant l'appareil de production et en cherchant à conquérir de nouveaux marchés, puisque la demande était abondante, mais en accaparant la plus grande part possible de la valeur ajoutée, au détriment des salariés. Voilà pourquoi ces derniers ne furent que peu valorisés. Pourtant, la pénurie de main-d'œuvre poussa les salaires à une forte hausse dans les années 1962 et 1963, détériorant les marges des entreprises. Ces dernières, afin de freiner la hausse, eurent massivement recours à la main-d'œuvre étrangère. Mais la nouvelle augmentation de salaires imposée par les accords de Grenelle de 1968 et la limitation de la durée du travail menacèrent à nouveau les marges des entreprises. La demande commença par ailleurs à se raréfier : la « période euphorique [8] » de l'après-guerre se terminait.

Les premiers signes d'essoufflement de la demande surgirent donc en même temps que les premières transformations des formes d'emploi. Déjà, les ouvriers contestaient de plus en plus le travail à la tâche et la mensualisation gagnait du terrain. Une ordonnance du 13 juillet 1967 imposait des indemnités de licenciement pour le salarié ayant deux ans d'ancienneté. Au début des années 1970, un ensemble de transformations économiques, techniques, productives, commerciales, financières et législatives changea le monde du bâtiment.

Économiques : la baisse brutale de la demande eut pour conséquence la faillite de nombreuses entreprises et la perte de nombreux emplois. On passa de 1,7 à 1,2 million de salariés dans le BTP entre 1973 et 1986. Néanmoins, cette baisse ne signifie pas uniquement que des actifs furent exclus du

8. Myriam CAMPINOS-DUBERNET, *Emploi et gestion de la main-d'œuvre dans le BTP. Mutations de l'après-guerre à la crise*, La Documentation française, Paris, 1984. Cet ouvrage reste une référence pour comprendre le secteur du BTP avant et juste après les chocs pétroliers.

bâtiment, mais aussi que de nombreux salariés furent convertis en indépendants : on comptait 220 000 artisans en 1973 et 310 000 en 1986 [9]. Beaucoup de ces artisans restaient aux ordres d'entreprises qui leur fournissaient le matériel : c'est ce que certains auteurs appelèrent la « désalarisation formelle [10] ».

Techniques : les marges étant désormais plus serrées, voire nulles, les entreprises « rationalisèrent » l'appareil de production. Elles cherchèrent à approfondir la standardisation des chantiers : non pas la standardisation des produits – la préfabrication lourde avait échoué et les immeubles étaient de plus en plus différenciés –, mais celle des processus. Cela impliquait l'utilisation de nouveaux outils permettant de construire plus en moins de temps, mais sur le site même. Ces outils sont les banches, qui permettent de réaliser le coffrage d'un mur et de le couler dans la même journée, les tours [11], les étais et les panneaux métalliques ou encore les pré-dalles pour le coffrage des planchers.

Productives : il fallut aux entreprises se débarrasser de la variabilité, cette plaie des chantiers. Or les changements techniques, le recours à l'informatique ne pouvaient complètement éliminer le caractère aléatoire de l'activité, à la fois parce que chaque bâtiment est différent et parce que la demande fluctue rapidement. Dans les années 1970, de nombreuses entreprises succombèrent aux retournements de conjoncture. Pour l'éviter, les survivantes cherchèrent à éliminer la variabilité en transférant sa charge vers des sous-traitants (*cf.* graphique 2 en annexe) : avec ces derniers, on traite à prix fixe, et ce sont eux qui supportent les éventuelles variations dans la production.

Commerciales : les plus grandes entreprises continuèrent de se développer en prenant le détour des marchés extérieurs. Si le choc pétrolier avait fait mal, celles qui s'implantèrent dans les pays du Moyen-Orient récupérèrent une part du gâteau. L'entreprise Bouygues est ainsi connue pour avoir constitué son « trésor de guerre » financier lors de la construction de l'université de Riyad, mais elle n'est pas la seule à avoir bénéficié

9. Ces chiffres et les suivants sont issus des plaquettes annuelles *Formation, qualification, emploi dans la construction* éditées par la Direction des affaires économiques et internationales (DAEI) du ministère de l'Équipement.

10. Jean-Pierre GARSON et El Mouhoub MOUHOUD, « Sous-traitance et désalarisation formelle de la main-d'œuvre dans le BTP », *Colloque européen sur le travail non salarié*, 10 et 11 décembre 1987, tome VI, p. 135-171.

11. Une tour est un petit échafaudage métallique, sans roues, démontable. Il permet d'étayer des coffrages, notamment pour les balcons, les poutres ou les planchers.

des marchés moyen-orientaux. Aujourd'hui encore, Vinci et Bouygues (les deux leaders français mais aussi mondiaux) réalisent environ 40 % de leur chiffre d'affaires à l'export [12].

Financières : les années de crises périodiques qui suivirent le premier choc pétrolier furent marquées par une concentration sans précédent du capital. Les restructurations, fusions et acquisitions débouchèrent sur la constitution de trois grands groupes à la fin des années 1990 : Vinci, Bouygues et Eiffage, pour les citer dans leur ordre d'importance [13]. Non seulement les grosses entreprises réunirent leurs forces en quelques majors, mais ces dernières achetèrent de nombreuses PME. Les moyennes entreprises sont celles qui ont le moins résisté à la crise, tandis que se développaient les grandes et les petites, d'où l'idée d'un tissu productif « en sablier ».

Législatives, pour finir. On observe là deux tendances antagonistes : tandis que le licenciement fut rendu plus difficile, l'usage d'intermédiaires de main-d'œuvre fut légalisé ou facilité. La loi du 13 juillet 1973 allait dans le sens de la première tendance. Elle bouleversa le droit du travail en restreignant la possibilité de licencier, car elle imposa notamment que le licenciement ait une « cause réelle et sérieuse », tenant au comportement du salarié (faute, perte de confiance, etc.) ou à la situation difficile de l'entreprise (licenciement économique). Les entreprises du bâtiment, qui pratiquaient largement le licenciement en fin de chantier, furent directement visées par cette nouvelle loi. Par l'intermédiaire des organisations patronales, elles réclamèrent un contrat de travail spécifique pour le bâtiment, qu'elles n'obtinrent qu'en 1978. Par ailleurs, la loi du 2 janvier 1973 réaffirma l'interdiction du marchandage, c'est-à-dire la sous-traitance de main-d'œuvre à but lucratif (sous-traitance non spécialisée), cent vingt-cinq ans après sa première interdiction (souvent modulée dans la pratique). Encore une fois, le bâtiment était visé.

---

12. Source : *Le Moniteur*, numéro spécial « Entreprises 2004 », décembre 2004.

13. Pour avoir une idée de la vitesse de cette concentration, on peut se reporter à l'histoire récente de la plus puissante des majors, Vinci : « Durant la période 1997-2002, le Groupe s'est transformé plus radicalement que durant toute son expérience passée : la SGE [Société générale d'entreprises] est devenue indépendante ; elle a changé de nom pour s'appeler Vinci et a fusionné avec GTM [Grands travaux de Marseille] ; son chiffre d'affaires a doublé ; son résultat d'exploitation a été multiplié par trente-cinq, son résultat net par dix, sa capitalisation boursière par cinq. » Dominique BARJOT, *La Trace des bâtisseurs. Histoire du groupe Vinci*, Vinci, Rueil-Malmaison, 2003, p. 559.

Si ces lois-là tendaient à intégrer et stabiliser les salariés dans l'entreprise, d'autres eurent des effets inverses. La loi du 31 décembre 1975, en donnant un cadre juridique à la sous-traitance, lui donna également une légitimité. Plus encore, la loi du 3 janvier 1972, un an avant celle sur le marchandage, autorisait et donnait l'exclusivité de la fourniture de main-d'œuvre à but lucratif à des entreprises spécialisées dites de « travail temporaire », couramment nommées agences d'intérim [14].

Contraintes par la nouvelle réglementation sur les licenciements de conserver le personnel qu'elles employaient, les entreprises du bâtiment avaient trouvé leur riposte : elles emploieraient de moins en moins les travailleurs qu'elles utiliseraient, aidées en cela par les lois sur l'intérim et la sous-traitance. Même la « désalarisation formelle » par le biais de l'artisanat semble aujourd'hui moins intéressante : le BTP a perdu 42 000 artisans entre 1990 et 2005, mais a gagné 52 000 emplois intérimaires (*cf.* tableau 1 et graphique 1 en annexe). Depuis lors, le cap est maintenu. Lorsqu'en 1978 le contrat de chantier, réclamé par les organisations patronales, fut spécifiquement institué pour le bâtiment, il était trop tard : les entreprises s'étaient déjà engagées dans la sous-traitance et l'intérim et se trouvaient moins embarrassées par leurs propres salariés en contrat à durée indéterminée (CDI). En neuf mois sur des chantiers j'ai pu rencontrer des centaines de sous-traitants et d'intérimaires, ainsi que quelques dizaines de salariés embauchés en CDI, mais jamais personne en contrat de chantier, devenu inutile.

Les grandes entreprises ont-elles encore besoin d'employer les ouvriers qu'elles utilisent ? On peut se le demander. Dans

14. On se demandera peut-être par quel tour de passe-passe l'interdiction du marchandage amène à en confier l'exclusivité à certains agents. C'est que le marchandage est défini par le code du travail (article L. 125-1) comme une « opération à but lucratif de fourniture de main-d'œuvre qui a pour effet de causer un préjudice au salarié qu'elle concerne ou d'éluder l'application des dispositions de la loi ». La seconde partie de la définition a son importance : tout en légalisant l'intérim, le législateur a posé quelques règles à cette activité (on verra comment elles sont transgressées dans le chapitre 4), qui sont censées garantir que cette fourniture de main-d'œuvre ne cause aucun préjudice aux salariés. C'est en vertu de ce principe qu'une entreprise de travail temporaire peut être malgré tout condamnée pour délit de marchandage, s'il est prouvé qu'elle transgresse systématiquement les règles qui encadrent son activité (sur la signature de contrats, le paiement des primes, etc.). Voir Alain MORICE, « Quand la lutte contre l'emploi illégal cache les progrès de la précarité légale », *in* Didier FASSIN, Alain MORICE et Catherine QUIMINAL (dir.), *Les Lois de l'inhospitalité. Les politiques de l'immigration à l'épreuve des sans-papiers*, La Découverte, Paris, 1997.

une autre industrie, Serge Tchuruk, P-DG d'Alcatel, avait fait sensation en prônant une « entreprise sans usines ». Ce n'était pas à prendre au premier degré, mais ce n'était pas non plus une provocation. Qu'il subsiste des usines dans son métier, ce n'est pas ce que contestait Serge Tchuruk. Il disait simplement que son entreprise ne s'en occuperait pas et les déléguerait à des sous-traitants. C'est ainsi qu'Alcatel s'est séparé de la moitié de son effectif (100 000 personnes) entre 1995 et 2001. Une entreprise sans chantiers est-elle envisageable au même titre qu'une entreprise sans usines ? En fait, pas plus qu'Alcatel ne songe pour l'instant à abandonner toutes ses activités de production, notamment celles mobilisant les systèmes techniques les plus avancés, les entreprises du bâtiment n'envisagent de se désengager entièrement des chantiers. Il leur faut garder suffisamment d'hommes à elles pour maîtriser le processus de production.

La coordination est essentielle, explique le directeur des ressources humaines d'un grand groupe. C'est là où on fait notre marge, c'est pas sur le gros œuvre, ou peu. C'est sur les sous-traitants qu'on fait la marge. Une entreprise sans compagnons [ouvriers], ce n'est plus une entreprise. On pense que c'est notre cœur de métier. Avec vos compagnons vous avez la maîtrise, vous avez la coordination.

Pourtant, dans son entreprise, les ouvriers représentent un peu moins d'un salarié sur deux, alors qu'à l'échelle du secteur (sans compter les intérimaires) ils représentent trois salariés sur quatre. Entre 1990 et 2000, si le secteur a perdu près de 10 % de ses salariés, les grandes entreprises (plus de 500 salariés) ont quant à elles abandonné plus de la moitié de leur effectif (ce qui, au passage, relativise grandement leur discours sur la pénurie de main-d'œuvre). La question que se posent les grands groupes du bâtiment n'est donc pas « faut-il sous-traiter ? » mais « jusqu'où sous-traiter ? ». C'est le DRH d'une autre entreprise qui répond :

– *En fonction de quoi se prend ce choix de sous-traiter ou non ?*

– Alors ça, c'est purement économique. À un moment donné, on a une activité relativement forte, on n'a pas la main-d'œuvre suffisante, on peut pas recruter aujourd'hui cent personnes alors que demain on ne sait pas… On a un métier qui est lié, il faut le dire, à la conjoncture. On veut pas prendre le risque de se retrouver à un moment donné avec cent personnes en trop. Un plan social, c'est traumatisant. Donc c'est une variable d'ajustement de main-d'œuvre. Et quelquefois économique, car on se dit : là, finalement, en sous-traitant, on gagne mieux sa vie qu'en faisant soi-même. Et notamment en sous-traitant des choses relativement simples. Mais sous-traiter, c'est aussi se dire : plus je sous-traite, plus j'ai tendance à laisser partir mon savoir-faire. Il faut une bonne dose de sous-traitance, mais il en faut pas trop. Il faut toujours garder la maîtrise de ce qu'on fait, c'est pas parce qu'on sous-traite qu'il faut pas maîtriser.

– *Donc c'est pas encore envisageable des chantiers où il n'y aurait pas d'ouvriers salariés de votre entreprise ?*

– Si, c'est déjà arrivé. Mais maintenant on a 50 % de production propre, c'est plutôt important, parce qu'une entreprise générale aujourd'hui c'est plutôt 70-30 : 70 % d'activité sous-traitée, 30 % de production propre [15].

– *Le ferraillage est désormais sous-traité ? [cf. chapitre 3]*

– Les ferrailleurs, c'est sous-traité. On s'est posé la question, mais pour l'instant c'est toujours sous-traité à 100 %.

– *Ça s'est fait quand et comment ?*

– Je dirais que ça s'est fait pendant les années de récession, 94-99. Avec l'industrialisation de ce métier, il n'y a plus forcément de haute valeur ajoutée dans le compagnon qui fait ce métier-là. Donc maintenant, ce sont des entreprises spécialisées qui font ça, je dirais, quasiment à la chaîne. Là, économiquement, si on employait nous-mêmes nos ferrailleurs, il n'y aurait aucune plus-value en termes de compétences.

– *Comment vous expliquez que des entreprises arrivent à faire moins cher ?*

– Déjà, je dirais que le métier de ferrailleur, malheureusement, est pas très compliqué. Donc c'est des gens qui sont payés à bas prix, enfin au Smic, et puis dans les PME ils sont pas non plus aux 35 heures. Donc tout ça mis bout à bout, ça fait qu'ils sont plus compétitifs que si on les employait.

– *Pourquoi vous avez hésité éventuellement à le reprendre ?*

– On a hésité un moment parce qu'on a eu certaines pathologies dues à des erreurs de ferraillage. Des pathologies de bâtiments, après le coulage ou des fois quelques années après. C'est comme toute sous-traitance, on s'est posé la question : mais pourquoi on

15. Pour l'ensemble des entreprises de gros œuvre de plus de 200 salariés, le taux de sous-traitance en 2004 est de 41 % (*cf.* graphique 2 en annexe). Mais le phénomène est peut-être plus accentué en Île-de-France.

sous-traite ? On perd aussi du savoir-faire. Mais on s'est dit plutôt qu'il fallait reformer nos chefs d'équipe, nos chefs de chantier. C'est pas parce qu'ils faisaient plus de ferraillage qu'ils ne devaient pas être formés pour le faire, pour qu'ils sachent le contrôler. Donc savoir lire un plan de ferraillage, savoir contrôler le ferraillage avant coulage, c'est ça qui manquait.

On est bien loin ici du vocabulaire managérial sur la flexibilité qui, à coups de « partenariats », de « réseaux » ou de « synergies », présente l'éclatement productif comme un système d'associations égalitaires. Dans cet entretien, il apparaît que la sous-traitance n'a de justification que son moindre coût, et qu'elle n'a d'existence que soumise. Elle ne vient pas répondre à un besoin de haute technicité : il s'agit de tâches déqualifiées que les entreprises assuraient elles-mêmes, mais qu'elles souhaitent abandonner. Ce n'est même pas une question d'économies d'échelle : les grandes entreprises opèrent sur davantage de chantiers que leurs sous-traitants, elles seraient donc plus à même d'en réaliser. Si la sous-traitance est économique, c'est non seulement, comme le note ce DRH, que le droit du travail est plus souple pour les PME, mais c'est aussi que ces dernières, ainsi que les agences d'intérim, sont contraintes de transgresser la loi plus souvent afin de survivre, leurs commanditaires procédant ainsi à une externalisation des illégalités [16]. Et c'est enfin que le contrat commercial qui lie les unes aux autres se traduit sur le chantier par une domination plus dure que ce que produit la hiérarchie interne à l'entreprise. Comme on va le voir dans les chapitres suivants, consacrés à un métier récemment externalisé (le ferraillage) puis à l'intérim, l'intermédiaire de main-d'œuvre (entreprise sous-traitante ou agence d'intérim) ne constitue pas, pour ses salariés, un écran protecteur vis-à-vis des directives venues de l'entreprise générale, mais, au contraire, une incitation permanente à s'y plier, au nom de la bonne volonté commerciale.

Si les grandes entreprises du bâtiment n'ont plus forcément besoin d'employer les ouvriers qu'elles utilisent, c'est une autre image qu'elles veulent donner. Autrefois peu soucieuses de publicité sur leurs réalisations, elles arborent désormais leurs logos sur les panneaux de chantier et peignent les grues à leurs couleurs : affichage qui constraste avec leur désengagement

16. *Cf.* Nicolas JOUNIN, « L'illégalité sous-traitée ? Les conséquences du recours à des employeurs intermédiaires dans le secteur du bâtiment », *Droit social*, 2007, n° 1.

vis-à-vis des travailleurs. Le chantier Ilovu 1, prestigieux, fait partie de ceux qui ont été ouverts au public durant la journée des « Coulisses du bâtiment » organisée par le syndicat patronal (Fédération française du bâtiment). Ce samedi-là, quelques ouvriers travaillent, à un rythme bien plus lent que d'ordinaire. Parmi eux, une majorité d'intérimaires, habillés pour l'occasion d'un pantalon et d'un tee-shirt aux couleurs d'Ilovu. Pour l'occasion seulement : d'habitude, on ne donne de bleu de travail qu'aux embauchés, pas aux intérimaires. Le lundi, tee-shirt et pantalon seront remisés, les intérimaires reviendront aux combinaisons ordinaires qu'ils achètent eux-mêmes. Les symboles d'intégration des équipes se limitent aux journées promotionnelles.

3

« Toujours à la bourre, les ferrailleurs »

Les éternels fautifs

Après le stage comme aide-coffreur dans l'entreprise générale Ilovu, j'ai décidé de m'intéresser plutôt aux sous-traitants. Et, parmi eux, aux ferrailleurs. Ayant repéré l'entreprise de ferraillage d'Ilovu 1, Bâtarmat', j'ai pris contact avec elle. C'est une PME, comme beaucoup de sous-traitants en armatures, qui compte deux actionnaires (dont un, M. Dauby, est le P-DG), une secrétaire, un conducteur de travaux, une vingtaine de salariés sur des chantiers (principalement des chefs) et trois fois plus d'intérimaires. Après avoir interviewé la secrétaire, je sollicite un stage de trois mois, que Bâtarmat' m'accorde. Cette fois, j'ai clairement expliqué ma volonté de réaliser une enquête sur le bâtiment, mais M. Dauby en fait peu de cas. Seulement, Bâtarmat', déjà habituée à se servir de dispositifs réduisant ses charges (contrats de qualification, contrats spécifiques pour les « seniors »), ne refuse pas une main-d'œuvre gratuite.

Je démarre au tout début du mois de janvier 2004 sur un chantier de banlieue parisienne, qui compte trois bâtiments et deux grues. Cette fois, c'est de la construction neuve : on bâtit sur un terrain vierge. En revanche, l'entreprise qui dirige le chantier ne change pas : c'est Ilovu (j'appelle donc ce chantier Ilovu 2). Arrivé vers 7 h 45, dans la nuit noire de l'hiver, alors qu'aucune lumière n'éclaire le chantier, je mets un peu de temps à trouver le chef de chantier de Bâtarmat', Amadeo. Je me présente : je suis le stagiaire. Stagiaire ? Il n'est pas au courant. Pour faire une étude sur le bâtiment ? Non décidément, on ne lui a rien dit. Et il n'a pas trop le temps d'en discuter, déjà interpellé par les chefs d'équipe d'Ilovu qui lui désignent le programme de travail de la journée. Amadeo m'indique les vestiaires et me laisse entre les mains de Saïd, chef d'équipe intérimaire, qui me confie à Khaled, ferrailleur intérimaire. À 8 heures, je fais mes premiers gestes de ferrailleur, liant les barres d'une poutre à l'aide de fil de fer et d'une tenaille, devinant dans le noir la silhouette de Khaled à qui j'ai à peine eu le temps de serrer la main.

Je passerai huit semaines sur ce chantier. Cette durée n'est pas de trop pour mesurer les effectifs et identifier les statuts des autres ouvriers, d'autant que les changements sont continuels. Impossible de se référer à un fichier bien établi, tant les employeurs sont dispersés. Même Ilovu, l'entreprise générale qui chapeaute le chantier, ne donne à voir qu'une image grossière de celui-ci. Une photo du chantier est ainsi affichée dans le « mousse », la petite cafétéria où un ouvrier, estropié par un accident, se trouve reclassé à servir des cafés et quelques sandwiches. Comme une photo de classe, elle semble réunir tous les salariés (chefs et ouvriers), une quarantaine, vêtus de la tenue Ilovu. Tous, vraiment ? Non : en réalité, uniquement les embauchés d'Ilovu. Tous les autres, intérimaires, sous-traitants, intérimaires de sous-traitants, c'est-à-dire plus de soixante personnes environ, restent hors champ.

Ce foisonnement de statuts rend un dénombrement difficile et, quand on discute avec d'autres ouvriers, on n'est guère plus avancé, car leurs estimations des effectifs varient dans des proportions considérables. Les miennes sont donc à prendre avec des pincettes même si, contrairement à d'autres, j'avais un intérêt particulier à faire un recensement correct. J'ai compté environ une trentaine d'ouvriers embauchés par Ilovu pour trente intérimaires dépendant également d'Ilovu ; et, du côté des sous-traitants, une quarantaine d'ouvriers affectés à la préfabrication, la pose de pré-dalles, au coulage de béton et au ferraillage.

Parmi les sous-traitants, il y a l'équipe de Bâtarmat', qui compte une quinzaine d'hommes. Hormis Amadeo, le chef, tous sont intérimaires, y compris Saïd, Cunha et Abdel, les trois chefs d'équipe. Les ferrailleurs de base n'ont pas plus de trente-cinq ans ; originaires du Maghreb, ils sont presque tous en France depuis moins de dix ans. Par exemple, Khaled, le premier avec qui je travaille, est marocain et se trouve en France depuis deux ans. Il est ferrailleur depuis quinze mois, toujours en intérim. Il a commencé comme manœuvre en ferraillage, suivant un chef qui au bout de deux mois lui a permis d'être ferrailleur qualifié. Depuis six mois sur le chantier, il a vécu les moments les plus durs, à savoir les fondations, mais il a tenu parce qu'il aimerait être embauché. Pourtant, il dit aussi vouloir changer de secteur : « C'est pas un métier, c'est trop difficile. » Il sort d'un arrêt maladie d'un mois à cause de son dos ; à vingt-huit ans, il est désormais obligé de porter une ceinture. Il vit dans un studio sans douche ni toilettes, qu'il aimerait également quitter. Sans femme ni enfants (quoiqu'il ait dû contracter un mariage blanc, d'un coût de 9 000 euros environ, pour obtenir des papiers), il n'envisage pas de retourner au Maroc, et pourtant :

> Avant, quand je travaillais là-bas, je faisais mon business, pas besoin de chef, j'étais mon patron, j'étais propre… Avant d'arriver ici, j'ai jamais vu une telle merde.

Que font les ferrailleurs ? Théoriquement, trois choses : ils façonnent, ils assemblent et ils posent les armatures qui vont soutenir le béton des fondations, des poutres, des piliers, des murs porteurs ou des planchers. En réalité, sur les chantiers, ils façonnent et assemblent de moins en moins. Les aciers, pour la plus grande part, arrivent au chantier préfabriqués par l'usine et il ne reste plus qu'à les poser. Ce qui ne fait pas forcément l'affaire des ferrailleurs : le façonnage et l'assemblage, souvent réalisés dans un coin réservé du chantier, quoique répétitifs, sont des activités moins pénibles et surtout moins stressantes que la pose. Car poser une armature sur le lieu même où une pièce doit être coulée, c'est travailler au milieu de tous les autres personnels, et notamment sous le feu croisé des ordres des chefs de Bâtarmat' et d'Ilovu. C'est porter le matériel d'un endroit à un autre et parfois être contraint de négocier son emprunt (*cf.* chapitre 2). C'est réclamer la grue ou se la voir réclamer quand on l'utilise. Toutes choses ordinaires dans l'activité d'un chantier mais qui prennent, pour des sous-traitants, une tonalité particulière.

La plupart du temps, je travaille sous les ordres de Saïd, un chef d'équipe intérimaire de Bâtarmat'. Philippe et Paulo, en dépit d'un label identique – ce sont des chefs d'équipe, mais d'Ilovu –, font de Saïd leur subordonné. Il n'y a pas de lien hiérarchique formel, mais c'est à eux que Saïd demande les consignes du jour, davantage qu'à Amadeo, son supérieur direct. En sens inverse, c'est sur Saïd que Philippe et Paulo font pression pour que le travail avance plus vite ou pour qu'Amadeo affecte davantage de ferrailleurs à telle ou telle tâche.

L'un des premiers jours, je ferraille un « voile » (un mur) avec Khaled et Saïd. On commence à le faire au sol, liant avec le fil de fer les chaînages [1] et le treillis soudé [2]. Nous sommes pressés par Philippe, qui nous envoie la grue avant même que nous ayons terminé. Pendant que Saïd suspend la pièce au crochet de la grue, nous continuons avec Khaled à fixer sur les barres des cales à béton [3], et finissons alors que le voile est déjà dans les airs, emmené par la grue. Puis nous montons les escaliers en courant pour rejoindre le voile au quatrième étage, où il doit être posé. Mais, réalisée trop vite, notre pièce a des loupés, et l'on doit la retaper sur place, sous l'œil ostensiblement agacé de Philippe. Ce dernier nous commande de nous dépêcher, et ajoute à l'intention de Saïd : « On a vingt mètres cubes de béton à couler aujourd'hui, il faut que ton chef fasse venir d'autres gars. » Une fois le voile fixé au panneau, debout, il nous faut encore y loger de lourdes barres de plus de deux centimètres de diamètre, et longues de plusieurs mètres : on les fait glisser en se coinçant les doigts dans les mailles du treillis soudé, juchés sur un échafaudage ou sur une échelle (car il n'y a pas assez d'échafaudages ni de place pour tout le monde). Le chantier est vaste, mais nous sommes contraints de travailler à cinq ou six sur une toute petite portion d'espace, car il y a aussi les électriciens qui s'échinent à faire passer leurs gaines. Ces derniers, deux Français blancs dont l'un revendique souvent le titre de « feignant », sont plutôt détendus et se moquent de notre précipitation.

Cette longue séquence, qui a commencé à 8 heures, s'achève enfin à 11 h 30. Aucune pause n'est venue l'interrompre, en dépit des averses qui nous sont tombées dessus. Je crois alors que nous allons réaliser une ou deux bricoles en attendant midi.

---

1. Les chaînages sont des ensembles d'armatures renforcés venant « fermer » un voile ou un plancher, horizontalement ou verticalement (lorsque le voile ou le plancher ne se poursuit pas), ou bien venant consolider le béton à proximité des ouvertures (portes, fenêtres). Généralement assemblés en atelier (préfabrication en usine ou foraine) avant d'être posés, ils sont souvent lourds.

2. Grillage d'armatures de diamètre fin, livré par plaques de plusieurs dizaines de mètres carrés.

3. Petites rondelles de plastique empêchant la ferraille de toucher les panneaux.

Erreur : la moitié des ferrailleurs sont réquisitionnés pour l'heure du déjeuner, car Ilovu veut couler de nombreuses pièces cet après-midi. Si nous ferraillons ce midi, les coffreurs auront le temps de faire leur travail et de couler le béton avant la fin de la journée. Saïd, Khaled et moi réalisons des voiles sans l'aide de la grue. Saïd monte sur la banche et, sans sécurité, se penche pour attraper les plaques de treillis soudé que Khaled et moi lui présentons. Khaled est furieux de ne pas pouvoir déjeuner et d'enchaîner ainsi cinq heures de travail sans s'arrêter. Saïd, lui, est plus fataliste, mais nous avons tous encore accru notre productivité dans le but d'aller manger plus vite. Cependant, mon inexpérience ralentit les opérations : Saïd me fait couper des plaques de treillis soudé, je ne pense pas à les sectionner au plus près des mailles, si bien que des pointes d'acier dépassent. Quoique pressé, Saïd me fait recommencer, pour la sécurité (il raconte avoir vu mourir un collègue tombé sur des fers et transpercé par quatre d'entre eux ; il a fallu couper les fers et transporter tel quel l'ouvrier à l'hôpital, qui y est décédé).

À 13 heures, nous déjeunons. Pas plus d'une demi-heure : Abdel, un chef d'équipe intérimaire de Bâtarmat', vient nous chercher, mandaté par Amadeo. Cet après-midi encore, il y a beaucoup de travail. Saïd doit négocier pour avoir la grue, afin de porter un lourd ferraillage de poutre. Il doit ensuite mentir plusieurs fois à Philippe qui l'appelle sur le talkie-walkie : « Oui, Philippe, je te rends la grue tout de suite ! » À 16 heures enfin, le rythme ralentit. À tel point que Saïd nous autorise, Khaled et moi, à partir. Il aimerait également rentrer chez lui, mais :

> Si je vous laisse partir et que j'y vais aussi, ça va faire trop. Je vais aller discuter un peu sur le chantier en attendant la fin.

Normalement, nous devrions finir à 17 heures, car Bâtarmat' est aux 39 heures Mais comme les ouvriers d'Ilovu s'arrêtent à 16 h 30, nous quittons généralement le chantier un quart d'heure après eux.

Saïd s'est très tôt intéressé à moi. Il est sans doute celui qui comprend le mieux le but de ma présence sur le chantier tandis que, souvent, les autres ferrailleurs me conseillent de fuir et de chercher un autre métier que ferrailleur. Habituellement, ma nationalité française intrigue plus que mon enquête. Selon Omar :

Normalement, les Français, ils ne sont pas ferrailleurs.

Complété par Mohammed :

Les Français disent que les Arabes prennent leur travail, mais tout ce qu'on prend c'est la merde.

Les coffreurs du chantier n'en pensent pas moins, ainsi Chabane :

Il n'y en a pas beaucoup des Français dans le bâtiment. À l'époque, dans les années 1960, il y en avait. Mais les Français ne veulent plus faire le bâtiment. Moi, mes enfants font des études, je leur interdis d'entrer dans le bâtiment, je leur interdis même de toucher le bâtiment.

Et Messaoud :

Ça fait vingt ans que je suis dans le bâtiment. Tous les jours tu es à courir. On dit les immigrés, les immigrés, mais tu connais des Français qui viendraient faire ça ? Même toi, tu fais un tour et puis…

Dès lors que j'explique à Saïd que je réalise une enquête, il se met à parler abondamment.

Tu vois le film *Les Dix Commandements* ? C'est ça dans le bâtiment, les esclaves et l'oppression.

À trente-cinq ans, amer, il subit douloureusement la dégradation d'un métier qu'il pratique depuis ses dix-huit ans. De l'équipe de Bâtarmat', c'est le seul qui a grandi en France, dans le Nord. Il est arrivé du Maroc à l'âge de cinq ans avec sa famille. Après une expérience en usine qui lui a particulièrement déplu, il s'est tourné vers le bâtiment. Depuis dix ans, il est en intérim, par choix dit-il :

J'impose mes conditions. Les autres par contre sont sans papiers, ils ne peuvent pas.

Pourtant, cinq ans auparavant, il a dû venir à Paris pour continuer à trouver du travail. Il touche plus de 500 euros par semaine, mais il ne compte sur aucune évolution : « Je suis au même salaire depuis cinq ans, je n'ai vu ça qu'à Paris. » Dans les années 1990, il a constitué une épargne grâce à de longs chantiers en déplacement : à condition de rester loin de chez soi, de dormir dans des logements précaires, d'effectuer de nombreuses heures supplémentaires, il était possible de bien gagner sa vie. Saïd aimerait quitter le bâtiment, dans un mois, pour s'installer définitivement dans la restauration, car, associé à son frère, il possède trois restaurants en région parisienne. De crêpes bretonnes : « Je suis un modèle d'intégration », ironise-t-il. Pourtant, deux ans plus tard, lorsque je le recroise, il est toujours dans la ferraille, et même embauché par Bâtarmat', précisant à nouveau que, « dans deux mois, j'arrête le bâtiment ».

Selon Saïd, tous les ferrailleurs du chantier sont sans papiers. « Bâtarmat' ils le savent bien, ils se font un fric fou. Les ferrailleurs ne gagnent même pas 1 800 francs [270 euros] par semaine. Et pendant ce temps, ceux qui ont des papiers n'ont pas de travail. » En fait, il exagère sans doute, même s'il est difficile de savoir qui est sans-papiers et qui ne l'est pas, car cela ne se crie pas sur les toits (*cf.* chapitre 8). Seul Ahmed m'a confié qu'il est en France de manière irrégulière. Un jour, Saïd me dit qu'il a appris que Khaled était sans papiers : « Je ne pensais pas, j'ai été déçu. » Pourtant Khaled m'a assuré le contraire. Certes, il peut vouloir le cacher, mais pourquoi m'aurait-il raconté qu'il a obtenu ses papiers grâce à un mariage blanc, ce qui n'est pas beaucoup moins risqué ? Quoi qu'il en soit, Saïd a vis-à-vis des ferrailleurs une attitude ambivalente : jeunes immigrés, souvent sans papiers, mal payés, peu regardants par obligation, ils sont pour lui tout à la fois la cause, le signe et les victimes de la dégradation du métier. Lors d'une de nos nombreuses discussions, Saïd prétend avoir voté Le Pen en 2002. Pourtant, il se montre souvent prévenant. Un jour où plusieurs ferrailleurs sont envoyés par Bâtarmat' sur un autre chantier, à Roissy, il les met en garde : « Faites attention, c'est près d'un aéroport, ils risquent de vérifier les cartes [de séjour]. » Mais il ne cherche pas forcément à nouer des liens : pendant plusieurs semaines, il appelle Khaled « Mister », ou « Mohammed », avant de finir par le nommer par son vrai prénom. Il reproduit ainsi les pratiques d'Amadeo, le chef, qui appelle plusieurs ferrailleurs « Mohammed » mais qui, lui aussi, avec le temps, se met à user des vrais prénoms.

Lorsque nous avons été contraints de travailler à l'heure du déjeuner pour la première fois, j'ai trop vite cru que cela constituerait l'exception. Cela va vite devenir la règle. Dès le lendemain, on subit la même pression. Philippe poursuit Saïd : « Dans combien de temps vous aurez fini ? » Saïd, pour calmer le jeu du côté d'Ilovu, fait des réponses que nous savons fantaisistes : « Dans vingt minutes. » Puis, il nous met la pression à son tour : « Allez les gars, il faut y aller ! » La grue soulève le voile alors que Khaled est encore en train d'y réaliser une attache. Puis on le pose, mais on peine à le fixer à la banche. Ce genre de moments est propice à la dispute, quand nous mobilisons la grue tandis que d'autres la veulent, que certains tiennent le voile à bout de bras pendant que d'autres cherchent à le fixer, et que plusieurs sont en équilibre précaire sur une échelle ou la banche. Khaled et moi encaissons sans broncher quand Saïd nous lance, énervé dans le feu de l'action : « C'est quand même pas la première fois que vous travaillez ! » Amadeo me place ensuite avec Aïssa et Kaïs, pour les aider à faire un voile qui nous retient jusqu'à 13 h 30. Quoique quelques noyaux d'équipes soient constitués, plusieurs ferrailleurs sont ainsi fréquemment déplacés d'un poste à un autre en fonction des besoins ou des récriminations d'Ilovu. Ce sont les moins expérimentés, comme moi ou Kaïs, tandis qu'Abdel, Ahmed, Aïssa, Cunha et Saïd sont les centres indispensables autour desquels gravitent les équipes. Pendant l'heure du déjeuner, nous ne sommes pas les seuls à travailler : les ouvriers du sous-traitant posant les pré-dalles profitent de ce que la grue est libre.

À 13 h 30, Aïssa, Kaïs et moi déjeunons, savourant la quiétude du réfectoire presque désert. Comme hier, la nourriture a un goût de brûlé, restée trop longtemps dans le chauffe-gamelles. On discute un peu. Aïssa, depuis dix ans dans la ferraille, est taciturne. Il se contente de lâcher, en connaisseur : « C'est pas bon, la ferraille. » Kaïs est plus bavard. Né en France en 1980, il est pourtant tunisien, parti « au bled » en 1986. Il est revenu en France en 1998. C'est son cousin Youssef, présent également sur le chantier, qui l'a fait entrer dans le ferraillage, il y a seulement deux mois. Mais Kaïs ne veut pas s'éterniser ; ayant demandé la nationalité française, il dit attendre cette dernière pour quitter le métier. La discussion ne va pas plus loin, interrompue par Amadeo : trente minutes après le début de notre pause déjeuner, il nous envoie déjà à la confection d'un autre voile. Kaïs demande une compensation : « Je pourrai partir plus tôt, chef ? » « Oui. » Mais le voile est long, très long, et nous ne voyons pas le temps passer. Lorsque nous entendons les autres ouvriers rhabillés nous souhaiter un bon week-end, nous comprenons non seulement que nous n'avons pas récupéré la demi-heure concédée au déjeuner, mais aussi que nous venons même de travailler dix minutes de trop. Kaïs s'en veut, et en veut à Amadeo.

Il est cependant parfois possible d'arracher à ces cadences un peu de temps de récupération. Il faut simplement savoir simuler. Un jour, je travaille avec Saïd et Ziane. Comme Saïd doit partir plus tôt pour un rendez-vous, vers 15 heures, il nous donne pour instruction de ferrailler un palier en son absence. Une fois Saïd parti, Ziane et moi prenons d'abord une pause d'un quart d'heure, cachés. Puis Ziane me fait signe de le suivre. Au lieu de nous mener au palier à ferrailler, il nous conduit au plancher que nous avons réalisé dans la matinée, où s'affairent à présent les coffreurs. Ziane va à droite et à gauche comme s'il cherchait quelque chose, pose une main sur le parapet et jette un regard scrutateur sur l'ensemble du chantier. Je demande naïvement : « Tu cherches quelqu'un ? » C'est par un sourire entendu qu'il me répond, je comprends sa consigne implicite : on tourne. On fait quelques attaches inutiles sur le plancher puis on redescend, méprisant le palier dont parlait Saïd, avant d'être appelés par Amadeo, le chef de chantier. En tout, une bonne demi-heure de « volée ». Nous avons su jouer des quelques marges dans le contrôle. Les chefs sont nombreux, et tout chef peut rappeler à l'ordre un ouvrier qui manifestement ne fait rien. Mais lorsqu'un ouvrier mime une activité, ou se consacre à une activité relativement reposante mais inutile, il n'y a guère que le chef qui le commande habituellement qui puisse apercevoir la supercherie.

Quelques jours plus tard, nous traversons un après-midi particulièrement pénible. À un stress croissant lié au délai s'ajoutent des averses régulières, le vent et le froid. Même si nous continuons de travailler sous la pluie, nous finissons pourtant par nous abriter pendant deux averses particulièrement violentes. Je crois que le travail va devoir s'arrêter, car non seulement il pleut, mais les rafales de vent me paraissent dangereuses pour les grues. En tout cas, il n'a pas fait plus moche les deux jours précédents, quand le chantier a été fermé pour intempéries. Mais nous sommes les seuls à nous arrêter. Les hommes d'Ilovu continuent de s'agiter. Abdel commente : « Quand ils ont commencé le matin, ils ne s'arrêtent pas l'après-midi. » Philippe et Paulo nous haranguent de temps à autre : « Le béton arrive tout à l'heure ! »

Mais nous n'avons pas besoin de leur surveillance pour aller vite, l'organisation du travail suffit. Pendant que nous ferraillons un plancher, les sous-traitants chargés du coulage sont déjà sur nos talons, tirant la corde de la benne suspendue à la grue pour lâcher des gerbes de béton, vibrant et lissant le résultat, gagnant du terrain sur nous autres qui restons penchés à multiplier les attaches. Les gestes sont brefs et automatiques : une main passe le fil de fer sous les barres à lier, l'autre, celle qui tient la tenaille, attrape le fil, ferme la boucle, coupe, et ainsi de suite. Tout se passe au sol, mais nous n'avons pas le temps de nous accroupir. Nous demeurons debout et courbés, jusqu'à cette sensation étrange au moment de relever le buste, cette inquiétude : ne suis-je pas coincé ? Sans doute Khaled n'est pas près de quitter sa ceinture dorsale.

En dépit du temps comme du mal de dos, le travail continue, au milieu d'échanges rapides dominés par un thème : « C'est la merde. » Amadeo bataille en permanence pour avoir la grue. Les échanges entre lui et Paulo, par le biais des talkies-walkies, s'enveniment, car Paulo veut aussi la grue, et c'est à lui que le grutier obéit en dernière instance. Amadeo s'énerve : « La grue, c'est pas pour moi ! On travaille à plusieurs sur le chantier[4] ! »

Pour satisfaire ses besoins naturels dans une telle précipitation, ce n'est jamais facile. Si l'on quitte l'endroit où l'on travaille pour aller dans les toilettes des baraquements, on risque de rencontrer un chef, Paulo ou Philippe en particulier, et d'être moqué : « Tu vas te cacher ? » Il est vrai que, comme on ne travaille pas à la chaîne sur un poste fixe, il est possible de s'éclipser sans que cela soit remarqué tout de suite. Même si le « petit pipi d'une heure » que vante un des électriciens du chantier est un mythe, les chefs craignent ce genre d'esquive. C'est pourquoi ils se signalent par une vanne ou un rappel à l'ordre à l'ouvrier qui se dirige vers les vestiaires. Mais quelle solution quand on est pris par une envie pressante ? Abdel, au milieu de la frénésie de l'après-midi, urine sur un coin du chantier, s'attirant les foudres de Paulo : « Mais c'est incroyable ! En plus, vous êtes sales. C'est interdit de pisser sur le chantier ! » Aller aux toilettes est déconseillé, uriner sur le chantier est prohibé :

4. Précisons tout de même que la bataille pour la grue dépasse la relation entre une entreprise générale et des sous-traitants. Tout le monde se bat contre tout le monde pour avoir la grue mais, dans cette lutte, l'appartenance à telle ou telle entreprise n'est pas indifférente.

petite bataille, ridicule en apparence, qui contribue à pourrir le quotidien des chantiers[5].

Après le premier plancher, un second, et la même annonce : « Le béton est là tout à l'heure ! » Paulo commande à Saïd : « Tu prends tes deux meilleurs et… » Saïd le coupe : « Il n'y en a pas de meilleurs. Ça n'existe plus. » Entre les planchers, il y a des poutres, séparées dans leur longueur par des piliers. Mais avant le coulage, il faut relier toutes les ferrailles des poutres entre elles, en ajoutant des barres de renfort. Pour la sécurité, il est théoriquement nécessaire de glisser ces barres à l'intérieur du quadrillage formé par les armatures déjà en place, ce qui est long et pénible. En fin d'après-midi, Saïd, lassé, suggère à Abdel qu'on se contente d'attacher les deux dernières barres à l'extérieur des poutres. Abdel est contre – question de sécurité – mais, ce dernier parti pour une autre tâche, Saïd décide de faire ce qu'il a proposé. « On ne va pas rester jusqu'à ce soir. »

Même en trichant avec les règles de sécurité, la course contre la montre semble perdue. Il devient manifeste que nous n'aurons pas fini le plancher pour l'arrivée du béton. À 16 h 45, l'agitation retombe brusquement. Philippe et Paulo nous font comprendre qu'on peut arrêter. Saïd fait ranger un peu de matériel, et on s'en va. C'est fini : les délais, le béton qui « arrive tout à l'heure », tout ce qui justifiait la précipitation s'est soudain évanoui. Le béton attendra. J'ai été pris dans la frénésie de l'après-midi et à présent je me sens floué. Le « béton qui arrive » n'est pas ce Dieu vengeur que j'ai appris à craindre. Il n'est qu'une construction sociale, planifiée, organisée dans les bureaux des conducteurs de travaux. Lorsque l'encadrement s'avise que le délai ne pourra décidément pas être tenu, le béton est décommandé. Novice sur les chantiers, je commence seulement à en prendre conscience, mais mes collègues plus expérimentés ne sont pas dupes. L'image du « béton qui arrive » sert pourtant d'exhortation principale au travail, à laquelle on est toujours susceptible de se laisser prendre.

5. Ce genre de constat n'est pas propre aux chantiers et rejoint ceux faits par Annie THÉBAUD-MONY (*L'Industrie nucléaire*, *op. cit.*) ou encore Christophe DEJOURS qui écrit dans *Souffrance en France* (Seuil, Paris, 1998, p. 132) : « Ces travailleurs [sous-traitants], que rencontre le personnel statutaire de l'entreprise chargé de la surveillance des travaux et du contrôle, provoquent à leur tour la méfiance, le dégoût, voire la condamnation morale. En effet, à cause de leur état, il arrive fréquemment que le travail soit grevé d'erreurs, mais aussi et surtout de fraudes, tant du fait de l'incompétence et du manque de qualification qu'il faut dissimuler, que du fait de la pression et des abus incontrôlables des chefs et des dirigeants des entreprises sous-traitantes. »

Amadeo, le chef, commente l'après-midi en oscillant entre énervement et amusement :

> Le plancher que Paulo voulait couler aujourd'hui, il nous a fait chier et tout et, en fait, il ne l'a pas coulé aujourd'hui. Ils te disent qu'ils vont couler et puis… Ils me cassent les couilles.

On se « fait avoir » et pourtant on sait, malgré tout, que l'annonce du béton n'est que le déguisement technique de la cadence que veulent imposer les directions. C'est pourquoi cette contrainte faussement « technique » ne peut qu'imparfaitement assujettir les ouvriers ; elle a besoin du soutien d'un contrôle disciplinaire plus direct. En l'occurrence le contrôle de Philippe et Paulo, relayés par Amadeo et Saïd.

Les relations entre ces quatre-là sont rarement au beau fixe. Amadeo, le chef de Bâtarmat', est souvent dans son bureau, traduisant les plans en croquis pour les ferrailleurs, donnant les instructions aux trois chefs d'équipe, voire à des ferrailleurs expérimentés en qui il a confiance, comme Aïssa. Les chefs d'équipe de Bâtarmat' en revanche sont toujours sur le chantier, au contact avec les chefs d'équipe d'Ilovu. Peu à peu, Saïd se lasse de défendre Bâtarmat' (qui n'est même pas son employeur direct) contre les réprimandes de Philippe et Paulo. Il finit par acquiescer quand ces derniers s'en prennent à l'incompétence supposée d'Amadeo (« il ferait mieux d'aller vendre des légumes sur les marchés »), et s'amuse avec eux lorsque ce dernier prend un savon par le chef de chantier.

Pourtant, Saïd reconnaît que le principal problème n'est pas la compétence d'Amadeo, mais le manque de personnel, surtout qu'Ilovu a augmenté son effectif sur le chantier, tandis que celui de Bâtarmat' ne bouge pas. Un midi, il interpelle Cunha et Abdel :

> Il faut qu'on fasse une réunion avec le chef. Il faut plus de personnel. Et surtout du bon, sinon on va crever.

À part, Saïd me dit qu'il y a parmi les ferrailleurs « quatre gars qui ne travaillent pas. Ça met une mauvaise ambiance dans l'équipe. »

> – *Peut-être qu'ils ne sont pas expérimentés ?*
>
> – Oui, mais dans ces cas-là, il faut qu'ils aillent faire leur expérience ailleurs. Quand tu as un gars comme ça dans une équipe ça va, mais là…

Pour Saïd, c'est pour faire des économies que le chef de chantier ne prend personne en plus. « Il a vu baisser ses tarifs. » Lorsqu'il demande un ferrailleur supplémentaire dans son équipe, Saïd n'obtient pas toujours satisfaction, si bien que c'est directement Philippe qui va le réclamer à Amadeo. Ce dernier le reproche à Saïd :

> – Ça veut dire quoi ? C'est Philippe qui vient me demander quelqu'un pour travailler avec toi ? Tu ne peux pas me demander ?
> – Moi, j'ai déjà demandé...

Quand il se dit que Ziane, un bon ferrailleur, est envoyé sur un autre chantier, Saïd est stupéfait :

> S'ils continuent comme ça, ils [Bâtarmat'] vont se faire virer du chantier. Moi je m'en fous, tant qu'ils ne touchent pas à ma paie...

Mais, quelques jours plus tard, on apprend que Ziane ne s'est jamais rendu à l'autre chantier, estimant que c'était trop loin de chez lui (environ deux heures de transport aller). Il est finalement réintégré à l'équipe d'Amadeo.

Fuites et absences

Il est intéressant de s'arrêter sur la dérobade de Ziane. Son attitude, alors qu'il semble obtempérer mais qu'en fait il ne se rend pas au chantier indiqué, peut sembler curieuse. Pourtant, elle est caractéristique de la résistance sourde, dispersée, sans revendication explicite, qui traverse toute l'équipe de ferrailleurs. L'effectif n'est pas seulement victime d'un manque de personnel, mais aussi des départs, des absences ou des retards. Le phénomène n'épargne pas Saïd, qui au fil du temps multiplie lui-même les retards, exprimant une fatigue chronique : « Je ne me suis encore pas réveillé, j'en ai marre, ça devient désespérant. »

Sur la base de mes notes de terrain, j'ai reconstitué un graphique (*cf.* graphique 3 en annexe) indiquant la variation des effectifs réels (présents sur le chantier) et virtuels (ferrailleurs prévus par Amadeo). On y voit que les effectifs virtuels comme réels varient sensiblement au cours de la période, en fonction de la production, des embauches, des renvois et des départs. On y voit aussi qu'il y a peu de journées sans absent. Khaled et Youssef, en particulier, ont souvent des absences. Si Amadeo ne les renvoie pas, c'est qu'ils connaissent le métier et travaillent avec lui depuis un an et demi pour Youssef et quelques mois pour Khaled. Pour Amadeo, en dépit de leurs absences, ils sont plus expérimentés et plus fiables que les nombreux ferrailleurs récemment détachés par les agences d'intérim.

La première fois que j'ai discuté avec Youssef, je lui ai expliqué mon statut de stagiaire-enquêteur en concluant : « Du coup, j'apprends un peu le métier. » « Ça c'est pas un métier », a-t-il répondu du tac au tac.

> C'est pas un boulot. C'est dur, ça ne paie pas. Pour les gens comme nous, c'est juste pendant quelque temps pour gagner du pognon. Et après on fait autre chose si on peut.

Depuis un an et demi dans la ferraille, il rêve de quitter le bâtiment, pour faire chauffeur de taxi. En quinze jours, il connaît deux accidents, à chaque fois en se donnant un coup de pince dans l'arcade sourcilière. La première fois, il s'arrête une semaine. La seconde, il revient dès le lendemain, mais deux semaines plus tard disparaît à nouveau. Aïssa, qui est proche de Youssef, m'explique : « Il se repose un chouïa. Deux semaines peut-être. Il a dit : "Je ne peux plus." » Lors du deuxième accident de Youssef, Saïd fait ce commentaire : « Si ça se trouve, il l'a fait exprès. » Soupçon qui peut paraître choquant, mais Saïd dit à propos de ses propres accidents : « C'est moi qui les ai provoqués. » Il aurait fait exprès de se blesser – des accidents bénins – afin de pouvoir échapper un moment au travail, quand la pression devenait trop forte.

Khaled a, quant à lui, des absences ponctuelles, toujours imprévues, parfois deux ou trois jours d'affilée. Une fatigue grandissante semble l'accabler. Au début, après une absence impromptue un vendredi, il me dit le lundi qu'il était « trop fatigué ». Amadeo lui reproche de « nous avoir laissés dans la merde ». La semaine d'après, la plus froide du mois de janvier, il ne vient que le lundi. Ce jour-là, nous avons travaillé sous la neige. Dégoûté par le temps, dit-il, il est resté chez lui, n'ayant même pas l'occasion d'apprendre que le chantier était arrêté pour intempéries. Dix jours après, il manque encore deux jours d'affilée. À nouveau, c'est le ras-le-bol qui l'a empêché de venir ; c'est chaque fois au dernier moment, au moment de partir pour le chantier, qu'il décide de manquer. C'est la nécessité financière qui le fait revenir. « Si j'ai de l'argent, tout de suite je quitte le bâtiment. »

Les ferrailleurs ne sont pas seuls à exprimer l'usure et la fatigue, difficilement évitables dans le bâtiment. De nombreuses discussions de vestiaire soulignent non seulement la fatigue ressentie pendant le travail, mais surtout la contamination qu'elle opère sur la vie hors du travail. La sexualité, en particulier, est présentée comme une victime du bâtiment, par exemple par ce manœuvre intérimaire d'Ilovu qui me recommande un jour de quitter le secteur :

> Le bâtiment ça ne vaut rien. Même si tu gagnes beaucoup, ça ne vaut rien. À quarante ans, tu es fatigué, tu ne peux plus que regarder ta femme. Mon père me l'a dit : « À quarante ans, j'étais tout le temps fatigué, je ne faisais que regarder ma femme. »

Il y a les retards et les absences, mais aussi les démissions soudaines. Celle de Cunha, l'un des chefs d'équipe, est particulièrement remarquée. Cunha est un personnage à part sur le chantier, suscitant chez ses collègues aussi bien la répulsion que l'admiration. Chef d'équipe intérimaire, il travaille dans le bâtiment depuis 1966, année de son émigration du Portugal, et depuis 1991 en intérim. Entre ces deux dates, il a été sur beaucoup de chantiers à l'étranger : Arabie saoudite, Maroc… Doyen des ferrailleurs, c'est un ouvrier apparemment infatigable, qui reprend le travail de lui-même avant la fin de la pause-déjeuner. Ses mains sont noircies par la rouille incrustée jusque sous ses ongles, et parsemées de coupure probablement dues au fil de fer : nous ne l'avons jamais vu travailler avec des gants. Comme ne nous l'avons jamais vu sans sa bouteille d'alcool au déjeuner, qu'il partage généreusement. Célibataire, il vit dans une chambre d'hôtel qu'il paie 262 euros la semaine. Un jour, il affirme n'avoir jamais, de toute sa vie, sollicité d'allocations logement, ni d'indemnités de chômage ou de remboursements maladie. Abasourdis, Khaled, Abdel et Saïd répliquent : « Tu es con, c'est tes droits. » « Je n'aime pas profiter. » Sur le chantier, Cunha est solitaire mais apprécié de tous. Il joue souvent le rôle du bouffon, poursuivant certains de fausses avances sexuelles. Amadeo apprécie son savoir-faire mais le cantonne à l'atelier – le façonnage et l'assemblage forains dans un coin du chantier, de plain-pied – car il craint son alcoolisme. Chef d'équipe, Cunha n'a rien d'autoritaire : il ressent les subordonnés comme une gêne, donne peu de consignes, mais aussi peu de conseils. Son savoir-faire semble lui permettre de continuer à trouver des missions d'intérim sans nouer de liens privilégiés avec telle ou telle entreprise. C'est ce qui le rend apprécié. Il est d'ailleurs souvent montré en exemple comme quelqu'un qui « ne passe pas la brosse », qui n'est pas un « suceur ».

Forme d'incarnation contemporaine du « sublime[6] », (l'ouvrier sûr de son savoir-faire, hostile au patron, indépendant et frondeur), Cunha n'a jamais fait part publiquement de revendications à l'égard de Bâtarmat'. Mais, un matin où Saïd et Amadeo arrivent tous deux en retard, Cunha, devenu la cible principale des ordres et de la pression des chefs d'Ilovu, quitte le chantier, à la surprise générale, sans prévenir Amadeo, se contentant de lancer à la cantonade qu'il ne travaillerait plus jamais avec Bâtarmat'. Autant dire que, ce jour-là encore, nous n'avons pas tenu les délais réclamés par Ilovu. Comme dit Paulo :

> C'est toujours pareil avec vous, les ferrailleurs. Vous êtes toujours à la bourre.

Dans un ouvrage récent, *Le Travail en chantier*, Marcelle Duc relève également « la situation des ferrailleurs que l'on dit “toujours à la bourre”[7] ». Mais elle y voit seulement l'occasion d'une entraide : « L'entraide permet, dans ce cas, de gérer cette contrainte et révèle des situations où les bancheurs [coffreurs] mettent en œuvre une certaine polyvalence informelle. » Ce qu'elle ne dit pas, c'est que s'il y a bien aide, coopération, il n'y a pas de solidarité réciproque. Il n'y a pas le « entre » de « entraide » : l'aide vient toujours des coffreurs, car ce sont les ferrailleurs qui sont « toujours à la bourre ». Cela se comprend par leur statut de sous-traitant, qui implique deux choses : d'une part, les entreprises de ferraillage traitent à des prix bas qui conduisent à un manque chronique de matériel et de personnel (en particulier qualifié) ; d'autre part, leur statut influe sur les possibilités d'accéder aux ressources du chantier (par exemple la grue) et donc sur leurs capacités d'agir. Ce qui confirme le verdict : décidément, les ferrailleurs sont « toujours à la bourre ». Les chefs d'équipe de l'entreprise générale, au nom des carences répétées, quotidiennes, de Bâtarmat', n'hésitent pas à mordre sur l'autonomie des chefs sous-traitants et à commander directement à leurs ouvriers. La combinaison des

6. Denis Poulot, *Le Sublime*, Maspero, Paris, 1980.
7. Marcelle Duc, *Le Travail en chantier*, Octares, Toulouse, 2002, p. 154-155.

difficultés matérielles et de l'infériorité hiérarchique engendre une précipitation qui pousse les sous-traitants, en particulier les ferrailleurs, à l'erreur, à la malfaçon, au retard. Et, par suite, au mensonge, à la falsification, à tout un ensemble de stratagèmes qui, s'ils permettent d'éviter provisoirement les ennuis, les transforment en éternels fautifs. Pour Amadeo :

> C'est un métier à la con parce qu'ils nous prennent pour des manœuvres. Les coffreurs gagnent plus que nous. Même en intérim, tu regardes combien gagnent les ferrailleurs, 2 000 francs [300 euros] par semaine, c'est moins que les coffreurs. Ils nous prennent pour des cons. Ils nous prennent pour moins qu'eux.

Comme Saïd, mais depuis plus longtemps, Amadeo a progressé dans un métier qui s'est dévalorisé. Il raconte son parcours comme une succession de moments fastes et de trous d'air, avant la résignation qui accompagne la stabilisation finale. Arrivé en France en 1966, il n'avait encore jamais travaillé dans le bâtiment :

> Au Portugal, j'étais employé dans un magasin. Mais à cette époque-là, c'était la crise, si tu veux, pas du boulot, mais de tout, on vivait mal, avec la dictature. Et ils envoyaient tous les jeunes à la guerre dans les colonies. J'avais un frangin à la guerre, déjà. Tout le monde se cassait. C'était mieux de partir que Salazar.

Un autre de ses frères était déjà en France, ferrailleur ; c'est lui qui introduisit Amadeo.

> Le taulier nous filait l'hébergement, la nourriture… On était célibataires, c'était impeccable. Ça a duré deux ans. J'ai gravi les échelons. Au bout de deux ans environ, j'étais OHQ [ouvrier hautement qualifié]. Là, mon frère est parti de cette boîte-là et nous a emmenés. Avec cinq gars, on s'est embauchés dans une boîte de Rueil-Malmaison. On se démerdait bien, on fonçait. On est restés pas mal de temps dans cette boîte. En 1972, je passais devant un gros chantier de l'entreprise Mudez, près de chez moi. J'ai demandé s'ils n'embauchaient pas à un vieil Espagnol, chef de chantier ferrailleur. Il m'a pris, et au bout d'une semaine ils m'ont mis chef d'équipe. Et au bout de six mois, le vieux est parti à la retraite, je me suis tapé le chantier tout seul. Et puis, ils ont commencé à demander s'il y avait des volontaires pour aller en Arabie saoudite. J'ai été en Arabie pendant six mois. Pas plus longtemps, parce que c'était infernal. La chaleur, la chiasse, on n'est pas habitués… À la fin du contrat de six mois, j'ai pas voulu recommencer. Mais en France, il n'y avait pas beaucoup de boulot. Mudez voulait m'envoyer au Nigéria, j'ai refusé : plus jamais à

> l'étranger. J'ai quitté Mudez. À partir de là, j'ai travaillé en intérim pour plein de boîtes. J'ai connu un peu de chômage aussi, on avait du mal à trouver du boulot. Mais avec l'intérim, ça marchait bien, on gagnait bien : jusqu'à 5 000 balles [750 euros] par semaine, comme chef de chantier. On cherchait même pas à se faire embaucher. En plus, pour les vacances, tu es libre, tandis que si tu es dans une boîte t'as pas droit à plus de quatre semaines. Et puis après je me suis fait embaucher à Bâtarmat', ça fait presque dix ans. C'est parce qu'il y avait encore une crise du boulot. Et puis, au bout d'un moment, l'intérim, tu n'as pas de congés payés, tu es deux-trois mois ici, deux-trois mois là, t'es pas stable…

Amadeo conclut son parcours en analysant la situation actuelle :

> Avant, les entreprises générales avaient leurs ferrailleurs. Maintenant, ils sous-traitent la ferraille, mais aussi tout le reste : les planchers, les préfas, les pré-dalles. Ils ne font que le coffrage des voiles, mais tu vas voir qu'ils vont les sous-traiter aussi. Il y a des chantiers qui perdent, car Dauby [le patron de Bâtarmat'] doit traiter bas à cause de la concurrence. Il faut ramer davantage. Tu vois le truc : eux [les entreprises générales] ils prennent l'argent, ils deviennent de plus en plus gros, et ils font jouer la concurrence entre les sous-traitants qui s'étranglent.

Mais il n'en a pas toujours été ainsi. L'externalisation du ferraillage est récente. Bien qu'elle ait fait disparaître ses principaux témoins, avec les ouvriers les plus âgés remplacés par de jeunes immigrés, il faut tenter d'en faire l'histoire.

Une externalisation sous le contrôle des donneurs d'ordres

Le 23 mai 2004, le terminal 2E de l'aéroport de Roissy s'effondre, tuant six personnes. Le secteur du BTP retrouve la une des médias, et le mot « ferraillage » est popularisé, car l'activité qu'il désigne est mise en cause dans la catastrophe. Autre mise en cause : celle de la sous-traitance. Quelques semaines avant l'accident, l'architecte du terminal déclarait : « En général, je constate que la qualité de mise en œuvre risque à tout moment de se dissoudre dans la mauvaise qualité des méthodes et le renouvellement permanent des équipes [8]. » Mais

8. *Cybertbtp*, 26 mai 2004, citant un article du *Moniteur du bâtiment et des travaux publics* d'avril 2004.

un reportage du journal télévisé de France 2 entend rassurer le public en présentant l'un des chantiers modèles de l'heure, le viaduc de Millau : « En cas d'accident, c'est le constructeur qui sera responsable. Aussi a-t-il choisi de diminuer au maximum le nombre de sous-traitants », commente le journaliste, avant de laisser la parole au « directeur compagnie Eiffage », qui explique : « La multiplicité des sous-traitants donne évidemment des exigences supplémentaires en termes de coordination, de surveillance. Là, ce sont au maximum les entreprises d'Eiffage qui réalisent le chantier et par conséquent nous avons une bien meilleure maîtrise de la qualité et de la sécurité [9]. » En recourant à des sous-traitants, on perdrait donc en qualité comme en sécurité. Mais pourquoi alors, hormis sur les ouvrages d'art comme le viaduc, cette tendance générale à l'externalisation ? Sans doute certains avantages compensent-ils les carences relevées, avantages qui tiendraient au coût du travail et à la discipline des travailleurs. L'étude de l'histoire de la mise en sous-traitance du ferraillage confirme cette hypothèse.

Cette histoire, je vais tenter de l'écrire [10], de manière parcellaire, à travers les témoignages de responsables des deux entreprises de ferraillage pour lesquelles j'ai travaillé, Bâtarmat' (entretiens avec la secrétaire, des chefs de chantier et le P-DG, M. Dauby) et Construfer [11] (entretiens avec des chefs de chantier et le conducteur de travaux, M. Renoir).

La prise en charge du ferraillage se trouvait, au début des années 1980, partagée entre deux types d'entreprises : sidérurgiques et de construction. Les grandes entreprises sidérurgiques assuraient la pose des armatures sur les gros chantiers, tandis que les entreprises générales de bâtiment s'en chargeaient sur les plus petits. D'après tous les témoignages, l'apparition de petites entreprises de ferraillage résulte des projets d'externalisation des grands groupes (et non l'inverse : les projets qui découleraient de l'opportunité soudaine de confier le travail à de nouveaux opérateurs). Les petits patrons du ferraillage sont d'anciens cadres du métier ; ils obtiennent leurs premiers marchés par ces mêmes groupes qu'ils quittent ou grâce

9. Journal télévisé de 20 heures, France 2, 24 mai 2004.

10. *Cf.* Nicolas Jounin, « Les travailleurs immigrés du bâtiment entre discrimination et précarité. L'exemple d'une activité externalisée : le ferraillage », *La Revue de l'IRES*, 2006, n° 50.

11. Le chapitre 8 revient sur cette entreprise avec laquelle j'ai fini mon travail d'observation participante.

aux relations qu'ils y ont tissées. Ainsi, Bâtarmat' s'est montée dans la seconde moitié des années 1980 avec deux associés qui se sont connus sur des gros chantiers en Arabie saoudite. C'est M. Dauby, le plus jeune des deux, aujourd'hui seul patron de Bâtarmat', qui raconte :

– Moi, j'ai fait que deux boîtes. J'ai fait dix ans chez Usinor-Sacilor, dans leurs différentes filiales. Et puis après j'ai fait dix-sept, dix-huit ans dans ma société. [...] C'est le patron que j'avais en Arabie qui m'a proposé de m'associer à lui.

– *Et comment ça s'est passé ?*

– Il est venu me voir, il m'a proposé de m'associer avec lui et de monter une société en Île-de-France. [...] Lui, il apportait son expérience, son relationnel. Et puis moi j'apportais ma jeunesse, mon dynamisme... [...]

– *Vous avez eu des clients tout de suite, grâce à son relationnel ?*

– Oui, on a travaillé... On n'est pas partis, vraiment, de notre société, mal. On est partis en travaillant, un peu, en partenariat avec eux. Donc en définitive, on est partis, et on était en même temps sous-traitants de notre ancienne société.

– *Parce que eux-mêmes, c'était une période où ils commençaient à sous-traiter le ferraillage ?*

– [...] Ils étaient quand même intéressés de travailler avec des sociétés qui avaient des charges réduites, qu'ils vendent leurs aciers, et que nous, on exécute la pose en sous-traitance. [...] On a été quand même beaucoup appuyés par les commerciaux d'une des sociétés de notre ancien groupe, où on avait trois commerciaux. [...] Je veux dire, on n'aurait jamais pu se payer ça.

Tandis que, pour M. Dauby, monter cette entreprise représente un envol, la création de Construfer est plus tortueuse. Son fondateur, M. Harmann, est l'ancien dirigeant d'une grande entreprise de ferraillage, Unifer, filiale d'Usinor, qui a dû fermer. Mais une ancienne relation lui propose de prendre en charge le ferraillage d'un énorme chantier à la Défense, en sous-traitance. M. Harmann accepte et monte son entreprise en même temps que les travaux se lancent : dans les premiers mois, les baraquements de chantier sont ses seuls bureaux. Dans la foulée, une autre entreprise qu'il connaît bien lui propose d'autres chantiers. Patrick Renoir, conducteur de travaux de Construfer depuis les débuts de l'entreprise (et gendre de

M. Harmann), conclut : « Et Construfer, pendant dix ans, n'a pas fait de commercial. Jamais. »

À l'origine, ni les patrons de Bâtarmat' ni ceux de Construfer n'ont eu à prospecter et démarcher des entreprises. Les clients étaient déjà là : c'étaient les anciens patrons ou clients, ceux d'avant l'externalisation. Dans un premier temps, les hommes, les acteurs du ferraillage ne changèrent pas ; seules les structures évoluaient. Le développement de la préfabrication en usine raréfia les emplois de ferrailleurs, tandis que le recours croissant à l'intérim accentuait la concurrence entre ceux qui restaient. Les ferrailleurs, qui avaient jusque-là un profil similaire aux autres ouvriers des entreprises du gros œuvre (majoritairement des immigrés arrivés pendant les Trente Glorieuses), sont devenus de jeunes immigrés précaires. Qu'est-il advenu des anciens ferrailleurs qui ont perdu leur emploi ou fui les bas salaires qui s'imposaient ? C'est difficile à dire.

Sur la région parisienne, les entreprises moyennes de pose, du gabarit de Bâtarmat' ou Construfer, sont une dizaine. Leurs effectifs d'embauchés sont ceux de petites entreprises : Bâtarmat' avait vingt-quatre embauchés en 2004, Construfer en avait quarante. Mais toutes deux faisaient travailler au moins cent personnes, ce qui veut dire 60 % à 75 % d'intérimaires. La mise en sous-traitance a fait éclater les acteurs du ferraillage en petites structures en concurrence les unes avec les autres. Pour M. Dauby, le P-DG de Bâtarmat' :

– Il est certain que c'est un métier qui est moins porteur financièrement qu'il l'a été il y a dix ans. […]

– *Ça s'explique comment ?*

– Ça s'explique, c'est parce qu'on a une concurrence… C'est devenu un métier de PME. Avant, on était à l'ombre des grands groupes. Donc les grands groupes faisaient des marges plus importantes, nous on vivait très bien de marges un peu plus faibles à l'ombre de ces grosses sociétés-là. Aujourd'hui qu'on n'est que des PME, on s'est quand même beaucoup tapé dans la gueule. […] Donc quelque part, pour essayer de s'en sortir, on a commencé à tirer un peu sur tout, et sur un petit peu la rémunération. Quand t'es en situation où tu commences à développer qu'un point ou un demi point de marge sur des chiffres d'affaires qui sont quand même pas négligeables, t'es regardant à tout.

À entendre M. Renoir, conducteur de travaux de Construfer, l'avenir de sa société est assez sombre. Il évoque un chantier, déficitaire comme beaucoup d'autres, en l'occurrence de 200 000 francs [30 000 euros] :

> T'en fais cinq comme ça dans l'année, t'as perdu un million de francs [150 000 euros], boum. Un million de francs dans l'année, t'as trois millions de francs de réserve, dans trois ans t'es mort. C'est aussi simple que ça. C'est malheureux, mais c'est la vérité. [...] Sur dix entreprises de pose parisiennes... dignes de ce nom : qui sont capables de faire des chantiers avec deux, trois grues. [...] Sur les dix, t'en as trois, allez quatre, qui sont en train de mourir.

Lorsqu'elles étaient dans le giron des groupes, les entreprises de ferraillage n'étaient pas aussi brutalement soumises à la loi du marché. Leurs commandes étaient garanties par les grandes sociétés dont elles dépendaient, ou bien leurs résultats entraient dans une stratégie d'ensemble, où les coûts immédiats n'étaient qu'une variable parmi d'autres. Une fois indépendantes, ces entreprises se voient contraintes de se plier au seul critère qui règle désormais l'attitude de leurs clients : le prix le plus bas possible. Elles répercutent sur leurs salariés la minimisation des tarifs et l'incertitude sur la pérennité des commandes, en cherchant à faire baisser les salaires et accroître la précarité.

Lors de mes débuts en chantier, en tant que manœuvre intérimaire ou stagiaire, je regardais les ferrailleurs avec un œil naïf, en pensant : l'externalisation, c'est soit la sous-traitance, soit l'intérim. Les manœuvres, que j'étudiais alors plus particulièrement, seraient intérimaires, et les ferrailleurs, sous-traitants. Je n'imaginais pas que les ferrailleurs puissent être sous-traitants *et* intérimaires. Or entre 60 % et 75 % des effectifs des entreprises sous-traitantes de ferraillage sont intérimaires, et davantage encore pendant les périodes de pointe, tandis que dans les effectifs de l'entreprise générale la proportion varie plutôt entre 25 % et 60 %. Non seulement la sous-traitance n'est pas une alternative à l'intérim, mais, dans le cas du ferraillage, la sous-traitance *appelle* l'intérim. Pour des raisons somme toute logiques.

Premièrement, en dépit des indemnités de congés payés et de précarité, en dépit également de la marge de l'agence d'intérim, les intérimaires coûteraient moins cher que les embauchés, d'après certains responsables. Il est difficile de le prouver, précisément parce que les ferrailleurs embauchés sont devenus l'exception [12]. Historiquement, en tout cas, l'intérim a été l'agent de la baisse des rémunérations, ainsi que de leur écrasement, c'est-à-dire qu'il y a peu de différence entre les bons et les mauvais ferrailleurs (ce qui a tendance à miner les premiers). Aujourd'hui néanmoins, la baisse des tarifs étant acquise, un ferrailleur embauché coûterait-il moins cher ? Ce n'est pas sûr, mais l'intérim a d'autres avantages, le premier d'entre eux étant le pouvoir de renvoyer les ouvriers du jour au lendemain (*cf.* chapitre 4). Cela permet également à l'entreprise de ne pas dépasser le seuil fatidique des cinquante salariés, au-delà duquel diverses obligations légales s'imposent.

Deuxièmement, les entreprises de ferraillage doivent faire face au problème de fluctuation de l'activité dont se sont débarrassés leurs commanditaires, en sous-traitant. Avec de moindres outils : alors que les entreprises générales pouvaient favoriser la polyvalence de leurs ferrailleurs afin de les occuper à d'autres tâches (maçonnerie, coffrage) en cas de creux, cela est impossible pour les entreprises spécialisées dans le ferraillage. De plus, la faiblesse des prix qui leur sont imposés les pousse à recourir toujours davantage à la préfabrication en usine, ce qui accroît le problème d'occupation du personnel. Davantage confrontées à la variabilité que les entreprises générales, les entreprises sous-traitantes recourent logiquement en priorité au travail « temporaire ». En période de crise, l'intérim est un amortisseur de choix, comme l'explique M. Renoir :

– Il y a eu un premier grand clash en 94-95. Pas de boulot. Pas de boulot, donc les entreprises se cassent la gueule. [...] L'effectif de Construfer était descendu à trente.

– *Trente embauchés ou... ?*

– En tout. C'est-à-dire qu'avant on faisait bosser environ cent mecs : les soixante-dix intérimaires, dehors, et sur les quarante embauchés, il y en avait dix que j'avais placés à droite à gauche dans d'autres entreprises, en prêt de personnel.

---

12. Légalement, les intérimaires doivent être payés autant que les embauchés. Mais une comparaison entre les deux catégories est impossible dans le ferraillage, puisqu'il n'y a pratiquement que des intérimaires. Si les cotisations sociales sont les mêmes dans l'entreprise de travail temporaire et dans l'entreprise de bâtiment, les cotisations au régime d'accidents du travail et de maladies professionnelles, modulées selon la branche d'activité – et le travail temporaire est une branche à part, distincte du BTP –, sont moins importantes lorsque les ouvriers sont intérimaires (sans compter que, dans ce cas de figure, les accidents sont peut-être plus souvent cachés).

En dépit des discours répétés sur la pénurie de main-d'œuvre, les entreprises de ferraillage, comme les entreprises générales, n'embauchent qu'au compte-gouttes. Elles ne recrutent que ceux qu'elles envisagent de promouvoir à des postes d'encadrement. Voici ce qu'en dit M. Dauby :

Je préfère embaucher des gens que je perçois qu'ils vont évoluer au fil des années dans l'entreprise. Bon, tout le monde peut pas devenir chef de chantier, par contre tu sens qu'un mec va devenir ouvrier qualifié, après ouvrier hautement qualifié, après petit chef d'équipe, ça tu le sens. Tu le perçois quand même assez vite. L'idéal, c'est d'embaucher ce type de main-d'œuvre là. Parce que, comme ça, le conflit social, il existe pas. Dans la mesure où quelqu'un augmente en compétence, moi mon travail, c'est de valider les compétences de chacun. Et de valider, au bout d'un moment, par une augmentation de salaire.

À ceux qui sont promis à une promotion, le statut d'embauchés ; aux « statiques », comme M. Dauby les appelle, le statut éclaté, individualisé et précaire d'intérimaire. Les premiers sont disciplinés par l'espoir d'occuper des positions supérieures ; les seconds par la menace et l'atomisation.

Car – troisièmement –, au-delà de la variabilité, il y a la subordination particulière que produit l'intérim, liée à la menace quotidienne d'être renvoyé. Dans la mesure où, dans le ferraillage, les conditions de travail sont plus pénibles, car plus dominées, il faut que la subordination soit accentuée, permanente. Selon Daniel Vany, chef de chantier de Construfer :

– Un exemple, demain un ferrailleur va m'énerver, je vais le virer. Parce qu'il est intérimaire. J'ai ce pouvoir. C'est un pouvoir, d'ailleurs, qu'on devrait pas avoir. Parce qu'il a faim.

– *Mais t'en uses quand même ?*

– Tout le monde en use.

– *Je dis pas le contraire.*

– Tout le monde en use, de ce pouvoir. [...] La terreur. C'est rare d'avoir des ouvriers qui n'ont pas peur du chef parce qu'ils connaissent le travail. C'est rare. [...] Et normalement, dans la loi, les intérimaires travaillent par contrat. Qui est-ce qui fait signer le contrat ?

– *Il n'y en a pas* [*cf.* chapitre 4].

– Voilà. Donc on ne suit pas le droit. [...] Si tu viens sur le chantier, tu me vois, je suis agressif. [...] Parce que si le gars te voit agressif, il reste, tu l'assoies et puis t'en fais ce que tu veux. S'il est pas content, s'il est pas d'accord... parce que le problème c'est l'intérim. Le gars ne peut pas se permettre de ne pas travailler. Donc il y a un malin plaisir de les agresser, pour voir jusqu'où ils vont aller. [...] Il y en a qui réagissent jamais, ils ont peur parce qu'ils sont intérimaires. Mais bon, je vois là, ceux qui sont embauchés dans la société, ils n'ont plus peur de moi. Même si je les assassine en paroles.

Les quelques témoignages d'« anciens » ferrailleurs s'accordent sur le fait que les salaires étaient bien plus proches de ceux des coffreurs à la fin des années 1980. Il était possible de gagner 3 000 francs (450 euros) par semaine en intérim, parfois plus, alors qu'aujourd'hui les mêmes ferrailleurs dépassent péniblement les 300 euros. Daniel Vany porte ce jugement sur le type de travailleurs prêts à accepter les conditions actuelles du ferraillage :

Et puis c'est un travail sale, c'est salissant, t'as remarqué. T'as vu ? Qui veut le faire maintenant ? Qui veut le faire ? À part nous, les clochards. On est des clochards. Oh, faut regarder. Va demander à un jeune, maintenant, de faire du ferraillage : « Non ! » Donc qui est-ce qui fait la ferraille ? [...] C'est tous ceux qui viennent de l'extérieur, tous les émigrés. Plus ou moins clandestins. Qui n'ont aucune notion du travail, en tant que ferrailleurs. Donc on apprend à ces gens-là, dès qu'ils savent travailler, ils vont où ? Ailleurs. Dès qu'ils ont leurs papiers en règle, certains, je parle pas de tous, ils s'en vont ailleurs. Si tu regardes bien, il y a beaucoup de clandestins qui travaillent dans la ferraille. Ou d'anciens clandestins. On commence dans la ferraille, on a les papiers, on va faire autre chose. Ça, je peux te le dire.

Il n'est pas le seul à le dire. Les premiers concernés vont dans le même sens, par exemple Houari, intérimaire de Construfer, qui me conseille de changer de voie :

La ferraille, c'est le pire des métiers, tu devrais faire autre chose. Ça fait cinq ans que je fais ça, je n'ai jamais vu un Français dans la ferraille. Quand tu n'es pas français, d'accord tu es obligé, mais quand tu es français tu peux faire autre chose. Si je le fais, c'est parce que je suis sans papiers. Là, je viens de me marier, je viens de recevoir le récépissé, j'ai bientôt les papiers... Plus que quelques jours, et je ne reviens plus jamais dans la ferraille.

Titulaire d'une licence en Algérie, il va ensuite chercher un emploi en usine (il parle de Citroën à Aulnay) :

> Même si c'est payé 1 000 ou 2 000 francs [150 ou 300 euros] de moins par mois, je préfère, tu es tranquille. Tu n'es pas cassé à quarante ans.

Dans le ferraillage, ce sont les agences d'intérim qui endossent ce rôle de fourniture de sans-papiers. Par conséquent, et dans l'état actuel des contrôles sur le terrain [13], les utilisateurs n'ont pas à se soucier de qui ils utilisent. Même si elles voulaient veiller à ne pas utiliser de sans-papiers sur leurs chantiers, les entreprises de ferraillage ne le pourraient peut-être pas. En tout cas, pas dans le cadre décentralisé de gestion des intérimaires qu'elles ont institué. Ce sont, en effet, les chefs de chantier qui s'occupent de commander et de renvoyer les intérimaires, au jour le jour pour une part d'entre eux. L'intérim n'est rentable qu'à ce prix, celui d'une gestion au plus juste et au plus court que seul un cadre présent sur le chantier peut assurer. Or ces chefs acceptent difficilement qu'on exige d'eux de contrôler les papiers de leurs ouvriers : parce qu'ils considèrent que ce n'est pas leur métier, que cela fait perdre du temps, et que cela ruinerait entièrement la confiance et la solidarité qu'ils ont pu nouer avec leurs ouvriers ou du moins certains d'entre eux. Traquer les sans-papiers risquerait de décimer jusqu'aux « noyaux » des effectifs. Ainsi parle Amadeo :

> – Nous, on s'en fout. On demande des gars à l'intérim, ils nous en envoient. Ils envoient les photocopies des papiers des intérimaires à Fanny [la secrétaire de l'entreprise], mais après on s'en fout s'ils ne sont pas bons. Normalement, nous aussi on doit prendre les photocopies des papiers d'identité.
>
> – [Autre chef de chantier présent pendant une partie de l'entretien :] Tu fais ça, toi ?
>
> – Oui, je les ai là.
>
> – Moi, je ne le fais pas. De Souza [le conducteur de travaux de l'entreprise] m'a dit une fois de vérifier si les papiers des gars sont bons. Je lui ai dit d'aller se faire foutre, si j'avais voulu être flic je serais dans la police. [...]

13. Ce qui était vrai en 2004 a peut-être changé quelques années plus tard. *Cf.* les tendances évoquées dans le chapitre 5.

– Si les papiers sont faux, c'est pas notre problème. Au chantier de la N. [prestigieux magasin parisien], le gardien du chantier les a passés à l'ordinateur : il y avait trente faux papiers sur le chantier, mais qu'est-ce qu'ils allaient faire ? Arrêter le chantier ? Ils ont continué le chantier. C'est à l'intérim de vérifier.

Pour les travailleurs immigrés – souvent maghrébins – du ferraillage, ce métier constitue un sas qui peut devenir un piège. Ils n'endurent le travail que parce qu'ils comptent le quitter ou, plus rarement, y gagner des galons. Mais la précarité de l'emploi et la dureté du travail exposent à des périodes d'arrêt qui font reculer d'autant la réalisation des projets et l'obtention de papiers. Et, une fois les papiers obtenus, il n'est pas toujours facile de « quitter » effectivement le ferraillage, comme on en avait le projet, faute de pouvoir se reconvertir ailleurs. La carte d'un an n'est pas si solide [14], la précarité du séjour est loin d'être levée. Aussi la frontière entre étrangers réguliers et irréguliers ne sépare pas deux types d'étrangers, deux logiques de séjour foncièrement distinctes ; elle est plutôt un rappel à l'ordre de la précarité, pour les irréguliers bien sûr, mais aussi pour les réguliers. Dans le bâtiment, cette proximité des situations se traduit par le fait que des étrangers aux titres de séjour temporaires et des sans-papiers occupent des emplois et des qualifications similaires (*cf.* chapitre 1). Les employeurs ne voient pas là une question fondamentale : il suffit qu'ils sachent globalement leur main-d'œuvre précaire.

Mais qu'entend-on exactement par précarité ? À présent, et puisque les ferrailleurs sont aux trois quarts intérimaires, il faut se tourner vers les pratiques des agences d'intérim pour le comprendre. On pourra ensuite s'attarder sur le cas Bâtarmat', dont le fonctionnement recèle encore quelques surprises.

---

14. L'autorisation de séjour est une faveur réversible, et une étude montre que le non-renouvellement n'est pas qu'un cas d'école, puisque environ une demande de renouvellement sur cinquante est refusée ; *cf.* Xavier THIERRY, « La fréquence de renouvellement des premiers titres de séjour », *Population*, 56 (3), 2001. Certes ce taux est faible, mais la menace n'est pas insignifiante : elle n'a pas besoin d'être massivement mise à exécution – elle cesserait alors d'être menace et deviendrait châtiment – pour être efficace, pour faire ressentir aux individus la fragilité de leur situation et les contraindre dans leurs comportements.

4

« Je préférerais vendre des savonnettes » : l'intérim

Une organisation de la précarité

Un jeudi de mars 2002, je suis envoyé sur un chantier de Martin par Forcintérim. Au vestiaire, je rencontre les deux autres manœuvres intérimaires du chantier, Touré et Koïta. Le premier travaille sur le chantier depuis un an, le second (déjà cité dans le chapitre 1 et sans papiers) depuis une semaine. Vers 8 h 30 environ, alors que Touré et moi sommes autour de la benne, Koïta vient y balancer rageusement ses gants et son casque. Il est renvoyé. « J'ai fini. J'ai fini depuis hier, et ils ne m'ont rien dit ! » Il retourne se changer au vestiaire, puis quitte le chantier. Je comprends subitement que l'on m'a fait venir pour remplacer Koïta. Ce dernier parti, j'interroge Touré sur le pourquoi de son renvoi.

> Il est con, il ne foutait rien. Le chef était là, et il ne faisait rien. Il faut faire ton travail, quand le chef n'est pas là, tu prends des pauses, et puis c'est bon.

C'est que Koïta, que j'ai interviewé plus tard – il ne m'en voulait pas, réservant sa rancune pour les conducteurs de travaux –, a du mal à supporter le travail :

> Depuis que je suis en France, je suis malade. Je ne dors pas bien, j'ai souvent des frissons, dès qu'il fait un peu froid, je supporte mal le froid, et j'ai de l'eczéma. J'ai fait un test VIH, j'attends les résultats.

Touré, lui, s'est fait sa place sur le chantier, il y a près d'un an, en endurant des semaines entières de marteau-piqueur. Dans la journée, il est interpellé par un maçon, qui lui demande pourquoi il n'a rien fait pour Koïta :

– Tu connais tout le monde, toi, tu aurais pu parler pour lui.

– Ouais, je connais tout le monde, mais il ne m'a presque rien dit, je sais pas, moi.

– Il en avait fait du boulot pourtant, il avait tout dégagé là-bas.

Conclusion commune : « C'est de la merde, l'intérim. » Touré raconte :

> Une fois, j'ai été embauché juste pour une heure. Je suis arrivé à 8 heures, on a déchargé un camion, et après ils m'ont dit au revoir. Ils n'ont même pas voulu écrire deux heures sur la feuille d'heures.

Sur ce chantier, mon travail consiste essentiellement à nettoyer, car le lendemain on « réceptionne », c'est-à-dire que des cadres de la direction viennent pour une visite. À 16 h 25, cinq minutes avant la fin de journée, Touré et moi finissons un travail commun (aspirer de l'eau sur un bout de chantier, vider et nettoyer l'aspirateur). Puis il m'emmène, on descend dans une cave profiter des dernières minutes pour griller une cigarette. Même pour cinq minutes, il faut rester caché, de peur de se voir confier une nouvelle tâche. Je demande à Touré : « Tu penses que je reviendrai demain ? » « Oui, il y a encore du travail. » On entend quelqu'un descendre les escaliers dans notre direction, Touré se cache dans un renfoncement, en revanche je ne pense pas à réagir. « C'est Édouard [le conducteur de travaux] ? » demande Touré. Heureusement non. Mais trente secondes plus tard, on entend ledit Édouard crier : « Touré ! Tu es où ? » « Ici, en bas. » « On n'a pas besoin de toi en bas. Mais il y a encore quelque chose à faire ici. » Et on se retrouve à passer le balai pendant encore cinq minutes supplémentaires. Ce n'est qu'après qu'Édouard me fait signer ma feuille d'heures : j'ai fini. Étonnement de Touré : « Mais il y a plein de gravats à sortir encore. » « Eh bien tu feras ça tout seul, mon grand », répond Édouard.

Je n'ai donc remplacé Koïta que pour une seule journée. Mais je ne le savais pas ; c'est pourquoi j'avais intérêt à me montrer docile et empressé, dans l'espoir de voir prolonger la mission. Quant à Koïta, s'il n'a pas été prévenu la veille qu'il était remercié, ce n'est probablement pas un oubli : si jamais j'avais fait faux bond le matin, on l'aurait gardé. Une telle manière de faire rejoint les pratiques des agences d'intérim elles-mêmes qui, pour s'assurer qu'elles auront bien la main-d'œuvre promise à leurs clients, se jouent des intérimaires. Au début de mon travail de terrain, un commercial[1] d'une agence d'intérim me reçoit ainsi :

– Je veux des aides, je veux des gars pas cons, excuse-moi de te le dire comme ça.

– *C'est-à-dire ?*

– Il y a des sacs à décharger, des portes…

Il me demande si j'ai bien des chaussures de sécurité[2] puis photocopie mes cartes d'identité et de sécurité sociale.

– Je peux compter sur toi ?

– *Oui.*

– Je te prends pas en traître, j'ai besoin de deux gars et j'ai dit à trois de venir. Les deux premiers qui arrivent, je les prends.

– *C'est ici ?*

– Ici, demain à 7 heures.

– *Et si j'arrive en troisième ?*

– De toute façon, je t'attends. Je peux compter sur toi ? C'est au moins deux, trois jours sur le chantier, plus si ça se passe bien. Il y en a qui sont restés pendant quatre ans après.

Le lendemain, j'arrive volontairement avec dix minutes de retard, prétextant un problème de métro. Il y a dans l'agence, attendant une hypothétique mission, plus d'une dizaine d'hommes, tous noirs. Le commercial me prend à part, mi-sévère, mi-désolé :

1. Il faut préciser que « commercial » est le nom que se donnent elles-mêmes les personnes qui, dans les agences d'intérim, prospectent les clients (entreprises utilisatrices) et les intérimaires (fonctions de sélection et de recrutement).

2. Légalement, c'est à l'employeur, donc l'agence d'intérim, de fournir les équipements de protection individuelle, parmi lesquels les chaussures de sécurité. Les missions d'intérim ayant souvent une durée de vie plus courte que les chaussures, il est possible qu'un intérimaire dispose déjà de sa propre paire lorsqu'il entame une mission. Mais cela devient aussi un critère de sélection des candidats par les agences : d'une part, parce que cela coûte moins cher lorsque le candidat a déjà le matériel requis ; d'autre part, parce que cela atteste que ce dernier a déjà travaillé sur un chantier. Cependant, cela ne signifie plus grand-chose, dans la mesure où les candidats, sachant cette sélection des agences, vont jusqu'à s'acheter eux-mêmes des chaussures de sécurité.

Je vais être franc avec toi. Tous les gars sont venus, ils étaient là à sept heures moins cinq. Toi tu es là à 7 h 15, les gars, il fallait qu'ils soient à 7 h 30 à Saint-Germain-en-Laye.

Dans cet exemple effectivement, le commercial a été plutôt « franc ». Ce n'est pas toujours le cas, comme l'explique cette salariée d'intérim, qui désapprouve les pratiques de son agence :

Par exemple, il y a un chantier qui demande cinq personnes, ils en envoient quinze. Et alors le chantier renvoie la plupart. Les intérimaires croient qu'ils vont avoir du travail. L'agence fait ça de peur qu'ils n'y aillent pas. Parce que quelquefois ils n'y vont pas. C'est difficile. C'est vraiment un jeu un peu difficile.

C'est l'argument rituel : parce que des intérimaires ne se présentent pas le jour dit, il est nécessaire d'en faire venir plus que ce que demande le client. Selon une commerciale qui a dix ans d'expérience :

– Après, vous avez des intérimaires qui se présentent pas sur le chantier, on n'est pas prévenu, l'intérimaire, il a même pas la décence… il nous prévient pas. La première raison, ils ont pas de téléphone. Deuxième raison, ils se croient au Club Med. Je sais pas, ils trouvent que c'est pas important. Enfin c'est le monde du bâtiment, c'est une population étrangère à 80 % quand même, donc les manières ils les ont pas tous les jours. Donc… non mais c'est vrai. Non, non, je fais pas de racisme, je suis une Arabe [rires]. […]

– Par exemple, je sais que tes collègues… moi j'ai vu ça… Des fois, ils ont besoin de deux gars, ils en font venir trois pour être sûrs que…

– Ça c'est courant. Je l'ai fait aussi. Parce que quand je convoque quatre personnes, il y en a deux qui arrivent. Et encore, des fois pas du tout. Je t'assure que des fois, j'ai eu des besoins, j'ai convoqué quatre, six personnes, pour un besoin, il y en avait zéro qui se présentait à l'agence le matin. Parce qu'on se déplace le matin des fois, on leur donne rendez-vous à sept heures à l'agence, on les dépose sur le chantier. Il y a quand même une démarche, une stratégie commerciale. Le client est content de nous voir très tôt le matin. Il se dit que « tiens, les commerciaux, ils se lèvent en même temps que les intérimaires », on a une super bonne image comme ça, ça fait sérieux. Mais les intérimaires, ils ont même pas la décence… Enfin, ils viennent pas.

D'un côté, les agences d'intérim font venir plus d'intérimaires qu'elles n'en ont besoin pour une mission, et renvoient le surplus le matin même (ou le font renvoyer par les responsables de chantier), ce qu'elles justifient par le fait que les intérimaires ne viennent pas toujours. De l'autre, les intérimaires, connaissant ces pratiques, sont incités à ne pas se présenter s'ils ont trouvé mieux. Ils confortent alors les agences d'intérim dans l'idée de faire venir plus d'intérimaires que nécessaire. On entre donc ici dans une sorte de « spirale de déloyautés », dont il n'est possible de sortir qu'en rétablissant un minimum de confiance.

De la même manière, les commerciaux d'intérim se plaignent des défections impromptues de certains de leurs salariés. Une commerciale m'explique :

> C'est caractériel, vous savez, les gens du bâtiment. C'est des métiers un petit peu durs, parce qu'il y a le froid, il y a tout ça, donc ils prennent leur sac et ils s'en vont du chantier. Vous voyez, ils voient pas qu'ils sont envoyés par une entreprise, ils s'en foutent de tout ça. Ça va pas, ça leur plaît pas, ou le chantier est trop loin, ou le chef leur a fait une réflexion, vous voyez, paf, ils prennent leur sac et ils se barrent. Alors nous, il faut rechercher, retrouver, dire au client qu'on s'excuse, enfin bon. C'est pas un métier facile. [...] Je connais beaucoup de commerciaux, je sais pas, qui vendent du vin, qui vendent des fringues, c'est pas du tout ça.

Ce que ne dit pas cette commerciale, c'est que ces départs sont grandement facilités par l'absence de contrat. Dans les termes du code du travail, le contrat de travail intérimaire n'est rien d'autre qu'un contrat à durée déterminée (CDD). Entre autres règles, il doit être signé dans les quarante-huit heures suivant le début de la mission et fixer une date de fin. Lors de mes premières missions, qui ne duraient guère plus de deux jours, je ne m'étonnais pas de signer mon contrat à la fin, en même temps que je prenais mon chèque. Je pensais naïvement qu'un contrat de « mise à disposition », établi entre l'agence d'intérim et l'entreprise utilisatrice, fixait clairement les dates de la mission. Si je n'en étais pas averti, croyais-je, c'était par oubli ou par mépris, mais pas une stratégie délibérée.

En réalité, tout le monde ignore quand la mission se finira : il n'y a pas de durée déterminée. Si l'intérimaire arrête de travailler sur un chantier, soit qu'on le remercie, soit qu'il le quitte de son propre chef, alors l'agence lui fait signer un contrat qui, *a posteriori*, fixe les dates de la mission [3]. C'est pourquoi les agences peuvent s'enquérir auprès des intérimaires, lorsqu'ils viennent en fin de semaine chercher leurs acomptes à l'agence : « Tu continues ou tu arrêtes ? » pour savoir si l'entreprise utilisatrice a décidé ou non de s'en séparer. Bien sûr, comme c'est illégal, les agences ne le reconnaissent pas d'emblée. C'est pourtant une condition fondamentale de leur bon fonctionnement. La discussion suivante avec un commercial de Forcintérim éclaire la réalité des pratiques :

– Par exemple, si le gars il commence le lundi, eh bien quand il vient le vendredi chercher son acompte, il signe le contrat à ce moment-là. Normalement l'intérimaire doit partir avec son contrat, mais bon, ceci dit, quand on le détache, on le détache, on n'a pas le temps de faire les contrats en même temps. Et des fois ils n'y vont même pas, alors bon. Nous, on n'a pas le temps matériellement, si tu veux, de le faire. Les mecs [les intérimaires], au départ, ils savent qu'ils vont gagner tant, et après c'est tout, ça en reste là, ils savent qu'il y aura pas de lézard.

– *Le contrat, il est établi pour tout le temps de la mission, ou c'est un contrat par semaine ?*

– Non, c'est à la mission. Ça peut être une semaine, ça peut être un mois, deux mois. Parce que des fois, on sait pas forcément combien de temps ça va durer... En règle générale, c'est difficile à savoir. Avant, on savait un petit peu où on allait parce que les entreprises, elles étaient mieux planifiées, maintenant, aujourd'hui, les mecs te disent : « Ouais, il y en a pour un mois », et si ça se trouve trois semaines après ils vont arrêter le gars.

– *Et comment vous gérez ça pour les contrats ?*

– Eh bien on fait pas vraiment de contrats de longue durée. On les faisait à répétition. Ce qu'est pas... bon, bon, mais bon. Faut essayer de sauver l'affaire dans tous les coins, pour tout le monde. Parce que si nous on fait un contrat de six mois et que le chef de chantier arrête notre intérimaire au bout de quatre mois, on lui doit deux mois puisqu'il a un contrat. Maintenant il faut s'adapter avec les nouvelles lois. Il vaut mieux faire des contrats à la fin et puis

3. Même établie après coup, la durée de la mission inscrite sur le contrat ne se confond pas toujours avec la durée réelle. En particulier, dans l'hypothèse où c'est l'intérimaire qui quitte le chantier sans l'accord de l'agence, il arrive que cette dernière rédige un contrat où il est indiqué que le terme prévu à la mission est postérieur au moment où l'intérimaire s'arrête. Cela permet de dire que l'intérimaire a rompu son contrat et quitté son poste avant la date fixée (bien qu'aucune date, dans la réalité, n'ait été prévue). Ainsi ce dernier ne bénéficie plus, légalement, de l'indemnité de fin de mission (appelée aussi « prime de précarité »).

voilà. C'est vrai qu'on est hors la loi aussi. Si un mec, pour x raison, il va aux prud'hommes, il a raison, il a gain de cause. Mais bon. De toute façon c'est comme ça. Faut s'adapter.

Par « nouvelles lois », ce commercial désigne la loi dite « de modernisation sociale » entrée en application le 17 janvier 2002, soit quelques mois avant l'entretien. Avant cette date, à Forcintérim, la pratique consistait à faire signer des contrats à chaque fin de semaine, le week-end constituant le délai nécessaire pour reprendre le même intérimaire sur le même poste, et le prolonger indéfiniment tout en conservant la possibilité de l'arrêter à tout moment. La loi de 2002 imposant de considérer le délai de carence uniquement par rapport aux jours d'ouverture de l'entreprise utilisatrice, excluant donc le week-end, Forcintérim a alors oscillé entre deux tactiques : faire signer chaque fin de semaine un nouveau contrat reprenant toujours la même date de début de mission (et donc, peut-on supposer, faire disparaître les contrats précédents) ; ou ne faire signer un contrat qu'à la toute fin de cette mission. Quel que soit le stratagème adopté, l'objectif comme le résultat sont les mêmes : *pouvoir se séparer à tout moment de l'intérimaire.* Par le truchement de l'intérim et de ses pratiques illégales, le bâtiment renoue avec le licenciement immédiat et sans motif, anticipant du même coup sur le contrat « nouvelle embauche » (CNE) et le contrat « première embauche » (CPE) avorté.

L'intérim est donc une institution qui organise la précarité. Et la précarité, ce n'est pas seulement le fait que l'emploi soit temporaire, et donc qu'il expose la personne au chômage au terme de la mission. Si, en apparence, l'intérim fournit un contrat à durée déterminée, en réalité les intérimaires travaillent pour une durée indéterminée, tout en étant révocables à tout instant. L'important ici n'est pas forcément l'instabilité, mais plutôt la vulnérabilité et l'incertitude : du jour au lendemain on peut être renvoyé. Et en attendant, on travaille, on fait tout pour que cela n'arrive pas.

Affaiblir des affaiblis

Pas un des chantiers que j'ai observés n'avait moins d'un tiers d'intérimaires ; certains allaient jusqu'aux deux tiers [4].

---

4. Il y a un effet de loupe lié au terrain : gros œuvre, région parisienne. En 2005, d'après les statistiques du ministère de l'Équipement (DAEI, *Formation, qualification,*

Jamais les intérimaires, y compris ceux d'un même métier, n'étaient tous employés par la même agence. Chaque entreprise qui recourt à des intérimaires sollicite plusieurs agences, si bien qu'il n'est pas rare de retrouver dix employeurs différents pour un chantier de cinquante ouvriers. Voilà qui ne facilite pas l'émergence d'un collectif de travail, par exemple pour porter des revendications uniques. Par la division qu'il installe et l'incertitude qu'il impose, l'intérim est une arme puissante de domestication. D'ordinaire implicite, cette fonction est en certaines occasions explicitée.

Ainsi, un mercredi de juin 2004, je me rends sur un chantier de Martin, à Saint-Denis, pour faire du nettoyage. C'est Philippe, un commercial de Prestintérim qui vient de m'employer six semaines sur le chantier Martin 2 (*cf.* chapitre 6), qui m'envoie. Un autre manœuvre, Gory, mauritanien, est également détaché. Bien que, comme à l'accoutumée, on ne nous ait rien dit, nous subodorons tous les deux que notre mission se terminera dès le soir car il reste relativement peu de travail. Nous sommes régulièrement houspillés par le chef de chantier qui nous commande de nous dépêcher. Dans l'après-midi, il nous surveille un peu moins, et Gory suggère que nous prenions plus de pauses et allions plus lentement. « Ce sont des putes. Ils te prennent pour une journée, ils te surveillent, ils veulent que tu ailles à fond. » Smaïl, un vieil ouvrier de Martin, fait comme nous. Mais vers 15 h 20, le chef passe nous voir. Il s'en prend à Gory qui porte deux piquets de garde-corps, comme je le fais aussi : « Deux piquets, c'est tout ? L'autre [Smaïl], il en prend trois, et il a presque soixante ans ! » J'ai observé Smaïl : il porte trois piquets quand le chef est dans les parages, deux le reste du temps. « Allez, vous êtes jeunes, poursuit le chef, vous en prenez trois ! » Gory ne répond pas mais manifeste un

emploi dans la construction, *op. cit.*), l'intérim représente dans le BTP 137 000 équivalents emplois temps plein (c'est-à-dire davantage en termes de personnes employées par l'intérim, puisque toutes ne le sont pas durant toute l'année, loin s'en faut), soit un peu plus de 9 % des effectifs salariés (intérim compris). En 1990, il n'en représentait que 6 %, ayant crû entre les deux dates de plus de 60 %, tandis que les effectifs salariés non intérimaires augmentaient de moins de 5 %. Les variations annuelles et même trimestrielles de l'intérim montrent que ce dernier amplifie toujours les variations de l'emploi global dans le BTP, qu'elles soient à la hausse ou à la baisse, mais exagère davantage les hausses, d'où cette croissance sur la longue période. En 2005, alors qu'un travailleur sur quinze se trouve dans le BTP, c'est un intérimaire sur cinq qui y travaille (voir Dominique GLAYMANN, *L'Intérim*, La Découverte, Paris, 2007).

mouvement d'humeur et continue son chemin sans retourner chercher un piquet supplémentaire.

> Tu le prends comme ça ? C'est bon, tu peux rentrer chez toi alors ! Je m'en fous ! Je te fais ta feuille d'heures, range tes affaires, tu rentres chez toi !

Deux ans se sont passés depuis le jour où j'avais remplacé – sans oser rien dire – Koïta, renvoyé chez lui, et je décide cette fois de réagir. Je rejoins Gory au bureau du chef. Ce dernier m'arrête :

> – Non, pas toi, tu restes.
>
> – *Non, je trouve que c'est pas normal, on a travaillé tous les deux depuis ce matin, et bien travaillé...*
>
> – C'est pas grave, il n'y a pas de problème, je te fais ta feuille. Si vous n'avez pas envie de travailler, je m'en fous.

Sur ma feuille, il compte 6 h 30. Sur celle de Gory, 5 h 30, car Gory, perdu dans les transports, est arrivé en retard le matin. Mais cela occasionne un nouvel accrochage, car Gory soutient qu'il est arrivé à 8 h 30 et non 9 heures « Eh bien tu arrives à 8 h 30, le temps de te changer, pour moi ça fait 9 heures ! » Sur nos deux feuilles, le chef écrit « essai non concluant ». Ultime humiliation : parler d'« essai » alors que nous savons très bien que nous aurions de toute façon été renvoyés à 16 h 30. On repart furieux, Gory a l'air particulièrement blessé. On file à Prestintérim, l'agence qui nous emploie. Mais Philippe, le commercial qui s'occupe de nous – chacun a « ses » intérimaires, qu'il partage peu avec les autres commerciaux – est absent. Il faut revenir le vendredi.

Vendredi après-midi, il y a cinq ou six intérimaires dans l'agence, Philippe et quelques commerciaux. Gory est déjà là. Il faut attendre un peu, car Philippe est au téléphone. Quand il raccroche, c'est pour s'adresser à nous avec un ton très désagréable, tranchant avec son habituelle chaleur.

> Alors les gars, c'est le bordel ! Le gars, il m'a marqué : « essai non concluant. » Qu'est-ce que vous avez branlé ? Je ne sais pas ce que vous avez fait ou plutôt pas fait, mais « essai non concluant », normalement je ne vous le paie pas. Le client ne me le paie pas, donc moi je ne vous le paie pas non plus. Bon, comme il a écrit que vous avez fait six heures, je vous laisse 30 euros.

Comme je réagis violemment en disant qu'il est hors de question qu'il ne nous paie pas régulièrement les six heures,

Philippe tempère en demandant qu'on lui raconte ce qui s'est passé. Je lui rapporte fidèlement l'affaire, les deux piquets, le fait que le chef a renvoyé Gory et que, du coup, j'ai suivi. Philippe s'engouffre dans la brèche pour me charger :

– Eh bien tu es en tort, tu n'as pas à partir comme ça ! Tu viens bien de me dire que c'est toi qui as décidé de partir ?

– J'ai dit que ce n'était pas normal et du coup le chef m'a dit : « Tu peux y aller aussi. »

– C'est toi qui as voulu partir, tu t'es mis en fin de mission, tu as démissionné, ça c'est une faute !

La dispute s'envenime, jusqu'à ce qu'il mette les points sur les « i » :

Ce n'est pas à toi qu'il parlait, tu n'avais pas à t'en occuper. C'est chacun pour sa pomme dans le bâtiment, c'est comme ça que ça marche ! Tu ne peux pas aller t'occuper tout le temps de ton voisin ! Si tu fais tout le temps ta mère Teresa, tu vas te faire lourder de partout[5].

Et pour finir, la sanction :

Je te paie tes heures, mais ce n'est plus la peine de venir me voir pour du boulot.

Pourtant, j'ai encore une prise sur Philippe : il m'a auparavant employé durant six semaines. J'ai donc les preuves qu'il ne m'a fait signer aucun contrat, et je peux le signaler à l'inspection du travail. C'est ce que je lui dis.

Tu peux y aller, je n'ai rien à me reprocher ! Vas-y appelle-le, qu'il fasse une descente, il n'y a pas de souci, je suis *clean*. Je dirai que tu as refusé de le signer, le contrat. C'est ta parole contre la mienne !

Finalement, je sors de l'agence[6] avec un chèque de 53 euros et appelle l'inspection du travail[7]. Quelques jours plus tard,

5. Le fait que Philippe espérait probablement faire un profit personnel de l'opération (car on peut douter que l'entreprise n'ait pas payé pour les six heures) n'empêche pas qu'il explicite des principes de l'intérim en cherchant à leur conférer généralité et légitimité.

6. Je quitte donc Gory, qui est resté silencieux pendant l'altercation. Je le recroise dans le quartier quelques jours plus tard, apprenant que Philippe ne lui a rien donné d'autre qu'un chèque de 30 euros mais qu'il semble disposé à le placer sur de nouvelles missions, quoiqu'il ne lui ait encore rien fourni.

7. Le lecteur trouvera peut-être que mon attitude dans cet épisode s'éloigne de la distance et de la neutralité requises par la discipline sociologique. C'est ce que je pensais dans les débuts de mon enquête, mais c'était plutôt une manière de rationaliser

deux agents de l'inspection visitent Prestintérim ; ils doivent y rester trois jours pour mesurer l'ampleur des infractions. Dans le procès-verbal, ils relèvent trois délits : prêt de main-d'œuvre à but lucratif hors du cadre légal du travail temporaire, fourniture illégale de main-d'œuvre, marchandage. Tous ces délits renvoient au fait que l'agence ne fait pas signer de contrat : seuls 13 % des intérimaires échantillonnés dans les listings de l'agence en ont signé. Tous les autres peuvent donc être renvoyés du jour au lendemain. L'un des agents observe, en parcourant les dossiers, qu'un certain M. Bizot signe toujours ses contrats, et interroge le gérant de Prestintérim sur cette exception. Le gérant répond que M. Bizot est quelqu'un qu'il aime beaucoup, et qu'il pense donc à lui faire signer son contrat quand il le voit. Précision révélatrice : la signature du contrat, et la durée déterminée qui l'accompagne, est une faveur dont ne doit bénéficier qu'une poignée de privilégiés.

Conséquence de ce procès-verbal : aucune. Deux ans plus tard en effet, un jugement du tribunal correctionnel relaxe le gérant de Prestintérim. Sur l'extrait du jugement, aucun motif n'est donné à cette relaxe [8]. Aujourd'hui, l'agence a toujours pignon sur rue et, forte de l'encouragement judiciaire, elle n'a pas changé ses pratiques. Revenant trois ans après l'incident – incognito –, j'ai interviewé une commerciale. Elle détaille tout d'abord les règles légales de signature des contrats, comme si c'étaient elles qui guidaient sa pratique. Mais il n'est pas besoin d'être trop pugnace pour lui faire dire la réalité :

---

ma timidité et mon désarroi dans ce monde qui m'était inconnu (*cf.* annexe méthodologique). En réalité, la distance n'est requise que dans l'analyse et la rédaction. La méthode ethnographique nécessite en revanche une implication, car on est là, individu parmi d'autres individus, et on ne peut jamais être ni invisible ni inactif. Ne pas s'investir, rester en retrait, c'est encore agir. L'ethnographie est une intervention : on interpelle les acteurs, on suscite des réactions, quelle que soit la discrétion que l'on manifeste, ne serait-ce que par la tête qu'on a (par exemple en étant blanc). En fait, c'est peut-être en provoquant les institutions, en testant les limites des rapports sociaux qu'on en apprend le plus. « Même l'observateur le plus passif produit de légères interférences qui méritent d'être étudiées, alors que celui qui cherche à transformer le monde peut apprendre beaucoup de son entêtement », écrit Michael BURAWOY (« L'étude de cas élargie », *in* Daniel CÉFAÏ, *L'Enquête de terrain*, La Découverte/MAUSS, Paris, 2003, p. 441). Quoi qu'il en soit, il paraît nécessaire d'éliminer le fantasme de l'invisibilité et d'admettre que l'on produit inévitablement des interférences, car seul le regard réflexif porté sur ces dernières permet la distance.

8. N'ayant pas participé à la procédure (comme partie civile par exemple), je n'ai pu ni être averti de l'audience, ni obtenir du procureur l'accès au reste du dossier.

– *Je posais cette question parce que visiblement, dans d'autres agences, on fait autrement, c'est-à-dire qu'on fait signer le contrat à la fin, justement pour éviter...*

– En fait, en général moi aussi.

Quelques jours plus tard, j'assiste à la remise des acomptes un vendredi après-midi. Comme toujours, le tutoiement des intérimaires ou des simples candidats est systématique. Quasiment barricadés derrière leur comptoir – une commerciale a fermé le petit portail après qu'un intérimaire furieux, car persuadé d'avoir été grugé, a franchi son seuil –, les commerciaux reçoivent leurs salariés en alternant la bonhomie et la rudesse. La sévérité est de rigueur pour faire taire les intérimaires qui parlent entre eux ou encore ceux qui prétendent discuter leur salaire. Il y a parfois jusqu'à vingt intérimaires dans l'agence, et en tout environ cent cinquante sont passés. Un seul a signé un contrat. Une jeune commerciale m'explique, sans que je parvienne à déterminer si elle est naïve ou cynique :

> Là, il y en a un seul qui a demandé son contrat. Tout ce qu'ils voient, c'est le chèque, le chèque. Pour eux, le contrat c'est comme du papier toilette.

Comme beaucoup d'entreprises de travail temporaire du bâtiment, Prestintérim compte moins de dix agences. Dans ce petit milieu qui gravite autour des gares du Nord et de l'Est, tout se sait. La relaxe de Prestintérim est un signal pour toutes les agences, car toutes celles que j'ai fréquentées enfreignent les règles du code du travail sur la signature des contrats. Sans cette illégalité routinière, l'intérim du bâtiment ne serait pas viable. S'il n'était pas possible de renvoyer les intérimaires du jour au lendemain, l'intérim n'aurait plus d'intérêt pour les entreprises du bâtiment, qui se contenteraient de recourir aux CDD.

« Dans ton rapport, il faudra que tu écrives : "Un ferrailleur m'a dit que les intérims, c'est tous des voleurs" », me recommandait Khaled sur le chantier Ilovu 2. Si la signature des contrats en fin de mission est l'illégalité la plus répandue et la plus décisive, les agences multiplient également les soustractions indélicates sur les feuilles de paie : rognant sur les primes de panier (pour le repas) ou de déplacement, les indemnités d'intempéries, inventant des « frais d'acompte », etc. [9]. Certains

9. Il y a aussi des fraudes aux cotisations sociales : soit que des agences (à l'existence souvent éphémère) ne déclarent pas du tout leurs salariés (qui ne le savent pas forcé-

intérimaires le contestent. Ainsi Alexandre, un coffreur intérimaire français avec qui j'ai travaillé, a obtenu des résultats plus probants que moi dans une agence qui refusait de payer des indemnités d'intempéries.

– Les gars avec moi, c'étaient des furieux, ils voulaient tout casser. Parce que le responsable de l'agence, en plus, il était à l'étage, il ne voulait pas descendre. Moi j'ai dit : « Attendez, attendez… Vous devez avoir affiché le numéro de l'inspecteur du travail, on va l'appeler… » Le mec il est descendu tout de suite, il a dit : « Vous n'allez pas faire ça ? » « Je vais me gêner. » « Non mais il n'y a pas de problème, c'est réglé. »

– *Et il t'a repris ? Il ne t'a pas mis « fin de mission » après ?*

– Non, pourquoi ça ? On lui fait gagner de l'argent, au mec.

Que montrent cet exemple et le précédent ? Que les entreprises de travail temporaire reposent sur une base fragile, car leurs pratiques illégales les mettent théoriquement à la merci d'un contrôle et d'un procès. Mais aussi que, dans les faits, leur mise en cause est rare, et encore plus rarement mortelle. Si elles sont peu sanctionnées alors qu'elles sont hautement sanctionnables, c'est que les salariés de l'intérim, les victimes des illégalités, sont souvent, comme Gory, socialement affaiblis : économiquement nécessiteux et légalement précarisés par des titres de séjour fragiles voire un séjour irrégulier. En maintenant les salariés dans l'incertitude radicale, l'intérim diminue encore plus leur capacité à faire valoir des droits.

Par exemple, le droit à faire primer sa santé sur la production. Youssef est un ferrailleur intérimaire rencontré sur le chantier de l'entreprise Raymond Forte (*cf.* chapitre 8). Neuf ou dix mois auparavant, lors de la pose d'une poutre à l'aide de la grue, il se coince la main. Sur le moment, il n'a pas trop mal mais, le lendemain, sa main est gonflée et la douleur cuisante. Il s'arrête une journée et revient dès le lendemain, bien qu'ayant toujours très mal. Voyant cela, le chef de chantier lui demande pourquoi il ne lui a rien dit, et veut le déclarer en accident de travail.

J'ai dit que non, ça allait bien, c'était rien, alors que je souffrais en travaillant. J'étais intérimaire, et sans papiers, je ne pouvais pas le dire. Maintenant si ça m'arrive, c'est clair que je m'arrête.

---

ment), soit – et c'est là une pratique plus répandue – qu'elles travestissent une partie du salaire en primes non soumises à cotisation.

À présent, bien que toujours intérimaire, il est à peu près reconnu par son agence d'intérim, avec laquelle il travaille depuis bientôt deux ans. Même si elle refuse l'augmentation que Youssef réclame, « sa » commerciale lui a fait un faux contrat d'un an et demi afin qu'il puisse chercher un appartement.

> Quand même, ça veut dire qu'elle a confiance, parce qu'après s'ils m'arrêtent, je peux l'attaquer en justice. Même si je ne travaille pas, ils devraient me payer.

Autre exemple : sur le chantier de l'entreprise Ralle (*cf.* chapitre 5), Oualid, un des plus habiles ferrailleurs, a quarante-neuf ans. Il est arrivé en France en 1991 et a commencé à travailler dans la ferraille au bout de trois ans. Il a peiné pour obtenir une régularisation, mais sait que d'autres attendent davantage encore :

> Il y en a qui restent des années sans papiers, parfois plus de dix ans, quinze ans, seize ans… Mais ce qui est important, pour avoir du boulot en intérim, c'est pas d'avoir des papiers ou ne pas avoir des papiers, c'est de travailler ou pas travailler. Bien sûr, les agences d'intérim savent que les gens sont sans papiers. Ils s'en fichent. Les gens ont des faux papiers qui ne coûtent pas cher, entre 120 et 150 euros. Et les agences font des photocopies des papiers qu'on leur donne, et c'est tout. Si jamais il y a un problème, ils montrent la photocopie, ils disent : « Moi ne je savais pas, on m'a donné ça… »

Oualid a connu de longues périodes de chômage pendant la récession du milieu des années 1990, mais depuis sept ans il travaille sans discontinuer, en intérim. Il sait n'avoir aucune chance d'être embauché, à cause de son âge. Sa femme et ses trois enfants sont toujours au Maroc ; il cherche à les faire venir, mais il faut d'abord un appartement, et ses 1 200 euros mensuels, sans parler de son statut d'intérimaire, ne lui permettent pas de dénicher le nécessaire F3 qui autorisera le regroupement familial. En attendant, il partage un studio avec son frère à Aubervilliers, pour un loyer modique de 320 euros. Il faut dire que les deux frères n'ont fait que reprendre le logement de leur père, qui a travaillé vingt ans dans le bâtiment avant de retourner au Maroc, en 1985.

Un matin, lorsque Oualid arrive au chantier, son air tranche avec la bonhomie qu'il arbore d'ordinaire. Il est fiévreux, dit-il, sa main le démange. Il l'a bandée, mais défait et refait régulièrement le bandage ; sa main apparaît très abîmée. D'après

Abdelkader, un jeune ferrailleur, Oualid ne veut pas aller voir un docteur, bien qu'il subisse depuis deux mois des fièvres et des démangeaisons. Parfois, son visage devient tout rouge. Abdelkader cherche à le faire rire en le vannant mais Oualid, habituellement réceptif, l'interrompt : « Pas de ça aujourd'hui, je suis malade. » Pourtant, Oualid ne veut pas abandonner le travail, même une demi-journée. Je lui demande :

– *Tu ne peux pas rentrer chez toi et Ernesto [le chef] te compterait les heures ?*

– Non, Ernesto, il compte une heure, deux ou trois peut-être, pas plus. Non, on est obligé de travailler.

– *Tu lui as dit que tu étais malade ?*

– Non, c'est pas la peine.

Pourtant, Oualid travaille avec Ernesto et l'entreprise de ferraillage Bâtarmat' depuis sept ans. C'est même à ses côtés qu'Ernesto, jeune chef de chantier, a appris le métier. Si bien que Oualid peut affirmer, un jour sans fièvre :

> Avec Bâtarmat', c'est comme si j'étais embauché. Il n'y a pas un jour où je ne travaille pas. Là, je suis parti en vacances de juillet à octobre. En rentrant j'ai téléphoné au conducteur de travaux, il m'a mis tout de suite sur un chantier, pas besoin de passer par l'intérim, et depuis je travaille sans arrêt.

Comme s'il était embauché : à ceci près qu'il n'ose pas s'arrêter pour maladie ou consulter un docteur, de peur d'être brutalement remercié.

Ces exemples convergent avec le constat fait par une médecin du travail, qui décrit en entretien son désarroi et son impuissance vis-à-vis de ces salariés-là :

> Avec l'intérim, on n'ose plus mettre « apte sous réserve ». C'est pas qu'avec les patrons habituels ce soit facile, mais là on est sûrs que la boîte d'intérim ne le reprend pas. C'est même pas du chantage à l'emploi vis-à-vis de nous, comme ça peut l'être avec les autres, c'est juste que l'agence dit au gars qu'il n'y a pas de mission. Il vient trois, quatre fois puis il a compris, et puis il va se ruiner la santé dans une autre. On ne sait pas comment faire. Notre chef de service nous dit de faire preuve d'imagination. Je veux bien, mais je vois pas comment [10].

---

10. On observe plus généralement que, dans le contexte d'emploi actuel, un certain nombre de dispositions (comme la déclaration d'inaptitude) censées protéger les salariés

Quant au patron indirect de Oualid, le P-DG et principal actionnaire de Bâtarmat', M. Dauby, il expose ainsi ses vues sur les mérites comparés de l'embauche et de l'intérim :

> Moi, je trouve que le contrat à durée indéterminée, c'est bien. Maintenant, en France, c'est quand même un statut qui est un peu un contrat à vie. Le mec, une fois que tu lui as posé la main sur l'épaule, qu'il a signé, il est embauché à vie. Qu'il travaille ou qu'il travaille pas, c'est pareil. C'est pratiquement, il est embauché jusqu'à sa retraite et l'entreprise est responsable de tout. En définitive, c'est pas comme ça que ça marche. Le salarié, il est autant moteur que l'employeur.

La stabilité dans la précarité

Youssef et Oualid partagent un point commun qui peut sembler curieux : non pas le fait qu'ils ont eu des ennuis de santé et les ont masqués par peur de perdre leur emploi, mais plutôt, et malgré cela, leur relation stabilisée, fidélisée à un employeur (l'agence d'intérim, pour Youssef) ou à un utilisateur (l'entreprise Bâtarmat', pour Oualid). Les agences d'intérim, d'abord, cherchent à fidéliser une frange de leurs salariés, afin de lutter contre les déperditions décrites plus haut (des intérimaires qui ne se présentent pas au chantier, s'absentent, désertent…), et aussi de se couvrir vis-à-vis des illégalités qu'elles commettent. Ainsi, après avoir expliqué que, comme ses collègues, elle ne fait signer leurs contrats aux intérimaires qu'en fin de mission, Sabrina, une commerciale, ajoute :

> – Donc on a des intérimaires qui utilisent l'intérim, exprès justement pour nous attaquer. […] Parce que normalement, on fait un contrat, une prolongation, un avenant, et un renouvellement de contrat, mais ça on le fait deux, trois fois, je ne sais plus. Donc il y a des règles à respecter [et qu'elle disait juste avant ne pas respecter].
>
> – *Comment vous faites, du coup ?*

---

deviennent pour eux des périls. Ainsi Annie Thébaud-Mony (*L'Industrie nucléaire*, *op. cit.*, p. 88-96) montre-t-elle, pour l'industrie nucléaire, comment les normes d'exposition à la radioactivité, édictées pour protéger les salariés de ses effets nocifs, sont contournées par les intérimaires (qui cessent de mesurer leur propre exposition), parce qu'ils sont promis au chômage s'ils dépassent les limites. *Cf.* chapitre 7.

– Du coup, j'ai un noyau d'intérimaires qui me suit toute l'année. En qui j'ai confiance, quand même. Je suis désolée de le dire, je devrais pas le dire. [...]

– *Le noyau, ça représente quelle part des intérimaires ?*

– Ah, mais ça dépend... 60 %.

– *C'est quand même important.*

– Oui. Moi, j'ai travaillé ce portefeuille depuis 1997.

– *Ah, parce que tu les as ramenés avec toi, ceux qui étaient... [dans l'agence où elle travaillait alors] ?*

– Oui, bien sûr, c'est des gens qui me connaissent, qui étaient... Oui, bien sûr.

– *D'accord. Ils restent pas attachés à la boîte, ils restent attachés à toi.*

– Oui. Moralement, ils restent attachés... Nous, on est dans le bâtiment, et les intérimaires sont attachés aux commerciaux. Donc quand ils voient Sabrina, c'est avec Sabrina, c'est pas avec Forcintérim, Intérim BTP ou X ou Y. Donc c'est vraiment nous qui faisons tout le travail. Si je les mets pas en confiance, si je leur parle pas d'une certaine façon, ou... ça dépend de l'accueil. Ils font attention à tout. Et s'ils voient que tout tient la route, et que j'ai été correcte du début jusqu'à la fin, je vais fidéliser comme ça l'intérimaire. Il restera sérieux avec moi, parce que j'ai toujours été *clean* avec lui. [...] J'ai toujours respecté ce que j'ai dit. J'ai toujours évité... Je leur ai toujours trouvé du travail quand il le fallait. Ils savent l'effort que j'ai fait pour eux. Quand ils étaient à la soupe, je faisais le maximum pour leur trouver une mission. C'est ça le noyau. C'est des gens qui me connaissent, ils sont plus à l'aise, ils sont plus confiants. Eux aussi, ils ont besoin d'avoir confiance en quelqu'un. [...] C'est la reconnaissance de mon travail. Le fait qu'ils me suivent tout le temps, qu'ils me restent fidèles.

À l'égard du « noyau », les commerciaux réclament une fidélité qu'ils paient de quelques faveurs : primes, aides pour diverses démarches (comme par exemple ce faux long contrat fait à Youssef pour qu'il trouve un logement)... et surtout, faveur élémentaire mais cruciale dans le contexte de l'intérim, ils fournissent et renouvellent un emploi relativement continu. Même s'il faut bien, de temps à autre, que ces intérimaires soient « à la soupe » pour mesurer le cadeau qui leur est fait, pour qu'ils développent un sentiment de dette, il reste que, dans leur cas, l'incertitude et l'instabilité sont encastrées et limitées dans des engagements de personne à personne.

Quant aux entreprises utilisatrices, elles ne sont pas moins intéressées à avoir un noyau d'intérimaires. À Bâtarmat', si les intérimaires « ordinaires » sont utilisés de manière flexible, commandés et renvoyés au gré des besoins, d'autres en revanche, comme Oualid, sont fidélisés depuis des années. M. Dauby, le patron de Bâtarmat', décrit ainsi sa politique :

– J'ai un noyau [d'intérimaires] auquel je propose du travail à l'année. Ils ont un statut d'intérimaire, mais ils ne le vivent pas vraiment comme un métier d'intérimaire. Parce que la moitié d'entre eux, je les fais travailler tout le temps. Bon, maintenant, ils veulent partir deux mois au bled, parce qu'il y en a beaucoup qui sont étrangers, ils partent pas tous les ans, plutôt un an sur deux... D'ailleurs ce qui est un petit peu symptomatique de ça, c'est quand les mecs commencent à t'appeler... Ils appellent pas leur société d'intérim. « Chef, je suis rentré, je vais où ? »

– *« Je vais où », sous-entendu « je vais dans quelle agence » ?*

– Non, « je vais sur quel chantier ». L'agence, ils savent quelle est l'agence. [...]

– *Le noyau fait combien de personnes ?*

– Je pense qu'il y a vingt-cinq-trente personnes comme ça, dans ce statut-là.

– *Sur combien d'intérimaires ?*

– Sur soixante-cinq. Oui, il y a au moins 40 %. Ou 50 %.

Paradoxe apparent : d'un côté, on a des missions longues, souvent bien au-delà de ce qu'autorise la loi ; de l'autre, par le système de la signature des contrats en fin de mission, est maintenue une précarité maximale (et tout aussi illégale) puisqu'on peut être renvoyé du jour au lendemain. On en déduit que la notion de précarité ne se résume pas à l'instabilité : l'instabilité se constate *a posteriori*, sous la forme de l'intermittence (du point de vue du salarié) ou du *turn-over* (du point de vue de l'employeur) ; ici rien de tel, la précarité se manifeste plutôt par la menace, l'éventualité du renvoi, qui ne préjuge pas cependant de l'instabilité réelle. Une telle distinction, à l'intérieur de la précarité, entre instabilité et incertitude éclaire la confusion apparente qu'opèrent intérimaires et commerciaux d'intérim, lorsqu'ils rebaptisent l'« indemnité de fin de mission » (conçue légalement comme des dommages-intérêts venant réparer la fin du contrat) en « prime de précarité » (conçue dans la pratique comme prime d'un risque pris quotidiennement, celui d'être renvoyé). Il ne s'agit pas que de mots, puisque certaines agences versent cette « prime » chaque mois, tandis qu'elles seraient en droit de ne la verser qu'en fin de contrat, voire de ne pas la verser dans certains cas (notamment lorsque l'intérimaire démissionne)[11].

Le rôle de l'intérim, ce n'est pas un coup de main provisoire pour l'« exécution d'une tâche précise et temporaire » (article L. 124-2 du code du travail), mais une fourniture *durable* de main-d'œuvre *précaire* – et précisons : qui n'est pas forcément instable. C'est pourquoi je ne parle jamais ici d'« entreprises de travail temporaire » pour désigner les agences. Bien que ce soit le terme officiel, il est trompeur.

Mais la situation de Oualid et ses collègues suggère davantage encore. Sur le chantier Ilovu 2 puis Ralle, où j'ai travaillé chaque fois pour Bâtarmat', notre équipe connaît une agitation souterraine suite à la volonté de M. Dauby de transférer certains ferrailleurs (le noyau) d'une agence d'intérim à une autre. Sur Ralle (*cf.* chapitre 5), Abdelkader, Ahmed et Abdelkrim l'acceptent, mais Oualid refuse. Motif : la nouvelle agence paie moins – ce que conteste M. Dauby – et, située en grande banlieue, elle semble à Oualid trop éloignée par rapport à son agence habituelle, dans le 10e arrondissement. Il est vrai qu'une telle localisation est étonnante : si les agences d'intérim du bâtiment se concentrent autour des gares du Nord et de l'Est, c'est pour bénéficier du passage incessant des candidats dans ce quartier. Qui irait se faire recruter par une agence isolée et lointaine ? C'est que la fonction de cette agence d'intérim là n'est

11. En mettant en avant des situations précaires d'où l'instabilité est exclue, et où en revanche l'incertitude domine, on rompt également avec certaines analyses scientifiques qui identifient la précarité à l'intermittence, et en second lieu seulement à l'incertitude et la vulnérabilité (*cf.*, par exemple, Patrick CINGOLANI, *La Précarité*, PUF, 2005, et Dominique GLAYMANN, *L'Intérim*, *op. cit.*). De telles analyses semblent avoir montré leurs limites avec l'invention du CNE et du CPE, formes de CDI autorisant un renvoi immédiat et sans motif, à l'instar des pratiques illégales des agences d'intérim du bâtiment. Ces nouveaux contrats montrent que la précarité peut très bien se marier avec la « durée indéterminée » qui, lorsque le licenciement est facile, ne fait qu'ajouter à l'incertitude. Si d'autres études, y compris des rapports publics, ont cherché à tracer une distinction entre instabilité et précarité, c'est surtout pour souligner qu'il existe des salariés instables mais non précaires, car protégés par le haut niveau de leurs qualifications professionnelles (Jean-François GERME, Sylvie MONCHATRE et François POTTIER, *Les Mobilités professionnelles : de l'instabilité dans l'emploi à la gestion des trajectoires*, La Documentation française, Paris, 2003, p. 48-50). L'hypothèse qu'il y ait des salariés stables quoique précaires (c'est-à-dire, ici, incertains) reste peu envisagée.

plus de dénicher des intérimaires, mais simplement de les employer. M. Dauby m'explique :

– J'ai des gens qui ont fait des sociétés de gestion. Des sociétés d'intérim, mais où ils gèrent du personnel fixe. Ils font des tarifs moins chers, et ils font de la gestion à l'année de personnel. Donc ils ont moins de frais, ils ont pas de commerciaux, ils ont moins de frais de bureaux, ils ont pas des sièges, ils ont pas une hiérarchie… et ils ont des tarifs plus bas. Donc les gars, ça change rien à leur statut, et moi j'ai des taux inférieurs.

– *Parce que cette agence-là ne gère que les personnels qui sont fixes, enfin, que les intérimaires qui sont fixes ?*

– Voilà. Disons que j'ai fait un truc à trois vitesses. J'ai fait les salariés stables. Puis les intérimaires qui sont stables, qui sont tout le temps chez moi, mais à ce moment-là je leur ai fait ce statut-là de gestion. Bon, intérimaire, mais de gestion. Et puis, t'as besoin aussi de sociétés qui font du recrutement, qui passent des annonces, des machins, et j'ai conservé deux, voire trois sociétés d'intérim qui font un boulot classique. Et donc qui sont aussi des sociétés où il y a un grand groupe, où il y a des dirigeants importants, il y a des patrons d'agence, il y a des commerciaux, il y a tout un statut qui font qu'ils ont des frais supérieurs.

Sans être dédiées, comme ici de manière parfaitement illégale, à la seule gestion de contrats d'intérimaires « fixes », beaucoup d'agences remplissent également cette fonction. Dans ces cas-là, l'intérim ne « fournit » plus de main-d'œuvre ; au contraire, on la lui fournit. L'intérim n'est là que pour fournir le contrat ou, plutôt, l'absence de contrat. Son service, son produit, c'est la précarité, *et rien d'autre*.

Une gestion discriminatoire de la main-d'œuvre

Dans le premier chapitre, j'ai dit que mon statut de Blanc ne facilitait pas l'obtention d'emplois de manœuvre. En 2004, malgré mon expérience, une commerciale d'intérim me reçoit encore ainsi :

– J'ai quelque chose en démolition, ça serait dès demain. Mais… non, la démolition ce n'est pas pour vous. C'est du marteau-piqueur toute la journée.

– Je l'ai déjà fait.

– Je ne dis pas que vous ne savez pas le faire, mais il y a des trucs plus intelligents. Et c'est vraiment fatigant. Il n'y a que les Maliens qui arrivent à faire ça.

Le « favoritisme », si l'on peut dire, est clairement dégradant : s'il n'y a que les Maliens pour faire ça, inversement ils seraient incapables de faire des « trucs plus intelligents ». Au-delà du seul cas des manœuvres, on retrouve chez nombre de commerciaux d'intérim une grille de lecture raciste. Ainsi cette commerciale qui a vingt-cinq ans d'expérience :

– Les Maliens sont des gens passifs, vraiment. Je peux pas parler d'eux parce qu'ils sont franchement, vraiment très gentils, je dirais qu'il y a pas de problème. Pas de problème avec ces gens-là. [...]

– *Des Maghrébins, en manœuvres, il y en a ?*

– Quelques-uns. Ouais, quelques-uns. J'en prends pas, moi. Très peu. Eux, oui, si j'en prenais, il y aurait des histoires, les gens qui les prennent ont beaucoup d'histoires avec eux. Ce sont des gens qui veulent pas, qui veulent pratiquement pas faire grand-chose et qui veulent gagner beaucoup d'argent, donc c'est pas possible dans ce métier. C'est pas possible. N'étant pas raciste, hein, mais il y a des races que je ne prends pas. Les Turcs par exemple, je n'en prends pas. C'est pas une question de racisme, mais je les connais trop bien, quoi. [...] Mais par contre, là on a en ce moment un gars, un plombier, un Péruvien, voyez, j'en avais jamais pris, ou très peu, c'est pas des qualifications, c'est pas des gens qu'on voit beaucoup dans l'intérim. [...] Eh bien c'est des gens très gentils, vraiment très respectueux, très gentils, vous voyez, ça c'est une race que je connaissais pas et qui est vraiment parfaite.

Les Portugais « nés dans la maçonnerie », ouvriers exemplaires ; les Africains ou Maliens (les deux termes sont souvent utilisés de manière équivalente), manœuvres dociles ; les Maghrébins et en particulier les Algériens, ferrailleurs, colériques et revendicatifs ; les Français, ouvriers qualifiés « qui se prennent pour des cadors », « picolos », feignants, hargneux : ce sont quelques-unes des images repérables dans l'intérim du bâtiment. Du moins dans celui du boulevard Magenta à Paris, qui concentre les agences d'intérim du BTP de la région. En réalisant quelques entretiens du même type dans des agences d'intérim de la rue de la République à Marseille, qui y joue le même rôle, on s'aperçoit que le racisme demeure, mais son contenu diverge. À Marseille, les Africains d'Afrique subsaharienne sont inexistants, ou du moins invisibles. Les emplois les moins qualifiés sont occupés presque exclusivement par des immigrés maghrébins. Et, du même coup, l'habit du travailleur « serviable », « gentil », « bosseur », « docile » est investi par ces derniers, dont on se plaît à dire à Paris qu'ils sont peu recommandables.

Incohérence du racisme ? Sans doute. Pourtant, ce n'est pas seulement un parasite irrationnel. Pour les commerciaux, c'est une boussole, pour comprendre ou croire comprendre ce qui se passe dans le monde du boulevard Magenta ou de la rue de la République, mais pas plus loin. En figeant imaginairement la place de chacun dans une répartition raciste des tâches, ces commerciaux croient tenir une information à peu près stable, tandis que le monde de l'intérim est en perpétuel mouvement. Leur racisme n'est pas doctrinaire. Tant que l'activité marche, tant que la marge commerciale de l'agence d'intérim est assurée, les commerciaux n'ont aucune raison de changer leurs représentations. Même les commerciaux qui n'y adhèrent pas doivent les connaître et les manipuler, car il faut savoir à l'occasion répondre aux exigences racistes des clients. D'autant que ces représentations se renforcent d'elles-mêmes. Par exemple, si un Maghrébin sans qualification se présente dans une agence d'intérim, on l'enverra probablement comme manœuvre en ferraillage ; si c'est un Malien, comme manœuvre tout court. L'agence conclura que les Maghrébins sont « faits pour » le ferraillage, les Maliens « faits pour » être manœuvres. Et elle aura raison puisque c'est elle qui les fait ferrailleurs et manœuvres.

Un « commerce » si particulier

> Tu es tout le temps obligé de travailler, parce que sinon on te vire tout de suite. À la fin de la semaine : fin de mission. Il faudrait supprimer l'intérim et que tout le monde soit embauché.

C'est Messaoud, un coffreur, en intérim depuis des années, qui tient ces propos. Il rêve d'être embauché mais, à quarante ans, se sait trop vieux. Pourtant, certains de ses collègues intérimaires ne partageraient pas son idée de supprimer l'intérim, car ils ont l'impression de tirer leur épingle du jeu institué par les agences. Messaoud dispose d'un métier pour lequel l'intérim procure encore un salaire relativement élevé (environ 2 000 euros par mois), plus élevé que celui des embauchés, à condition de tenir la cadence quotidienne. Mais à quel prix et, surtout, pour combien de temps ? Orlando, coffreur depuis quarante ans, a quitté son entreprise il y a dix ans pour goûter la liberté et les salaires plus élevés de l'intérim. À présent, affaibli par l'âge, il ne parvient plus à trouver du travail que quelques mois par an, et pas toujours à la mesure de sa qualification. « C'était une connerie d'aller en intérim, avant j'étais tranquille », commente-t-il. Si l'intérim représente une forme de liberté pour certains salariés, c'est toujours une liberté dangereuse, à la merci d'un accident, d'une maladie, de la vieillesse ou d'un retournement de conjoncture. Certains cependant font un usage moins risqué et plus gagnant de l'intérim : ce sont ces embauchés qui profitent clandestinement de leurs congés pour se faire intérimaires et ainsi doubler leurs salaires.

Du côté des agences d'intérim, il faut gérer les effets aussi bien de la pénibilité et de la précarité ressenties par les ouvriers les plus affaiblis que de la liberté des ouvriers les plus demandés. Si les premiers risquent de « craquer » et de partir, d'arriver en retard, d'être absents, de changer de secteur (et, plus rarement, de se faire embaucher), les seconds ne sont pas plus fiables, jouant des opportunités qui s'offrent à eux, n'hésitant pas à quitter une agence pour quelques euros de plus. Pour les agences, confrontées à cette incertitude, l'enjeu est donc de retenir leurs intérimaires. Aussi, depuis la fidélisation sélective de quelques-uns jusqu'aux discriminations, certaines pratiques traduisent la volonté des employeurs de réduire l'incertitude liée à l'intérim.

« C'est un métier agréable, parce qu'il y a le contact. On travaille avec l'humain », déclare une commerciale au début de l'entretien. Quelques minutes plus tard, elle est plus nuancée, sinon amère : « Je préférerais vendre des savonnettes. Au moins je sais ce que vaut la marchandise. » Elle résume ainsi toute l'ambivalence de l'intérim, qui voudrait vendre de la force de travail comme on vend des cosmétiques. Mais le marchand de savons a ses stocks déjà constitués, qu'il dispose dans des étalages à la vue des consommateurs. La force de travail, elle, se promet mais ne se stocke pas, se négocie mais ne se laisse jamais complètement approprier. Car elle est indissociable de l'être humain qui la porte, lequel a le malheur d'avoir un peu plus de volonté (et, partant, d'inconstance) qu'une savonnette.

Illustration de la particularité d'un tel commerce : si les entreprises ordinaires peuvent être mises en difficulté lorsqu'un concurrent pille leurs brevets ou débauche leur main-d'œuvre, en revanche elles ne peuvent pas se faire dérober directement leur produit. Les agences d'intérim, si, comme me l'explique une commerciale.

– Il y a beaucoup de débauchage sur les chantiers. Changement de casquette.

– *C'est-à-dire ?*

– Changement de casquette, ça veut dire, vous mettez deux coffreurs sur un chantier par exemple, et le chef va prendre vos gars et les faire employer par une autre boîte, ce qui fait que vous, vous perdez vos coffreurs et la facturation.

Dans l'intérim, le débauchage de personnel équivaut à un vol de produit : l'agence n'est pas concurrencée par un produit concurrent, mais elle se fait « piquer » le sien, pendant qu'elle est en train de le produire. Sauf que le vol est légal, puisque ce produit est inséparable des salariés, et que ceux-ci sont formellement libres.

Les agences d'intérim n'ont ainsi de cesse de s'attacher ce qui se dérobe : des hommes, eux-mêmes pris dans une tension entre leur liberté théorique et la nécessité économique (et, souvent, la précarité voire la clandestinité juridique imposées par le droit des étrangers). Si les agences mettent en œuvre des stratégies de domestication plus rudes, plus radicales, plus illégales aussi, que d'autres employeurs, c'est que leur valeur ajoutée ne repose pas sur un processus associant des salariés, des outils et des matériaux (comme pour le fabricant qui produit ses savonnettes), mais sur la location même de force de travail. Or cette force de travail est fuyante : leurs salariés ont beau la promettre, ils peuvent se dédire [12]. Pour les instigateurs de l'intérim, il faut donc à la fois instituer la précarité et lutter contre les effets contre-productifs de celle-ci (absentéisme, défections, déloyautés en tout genre). Double exigence qui rend compte de l'existence de ces intérimaires particuliers décrits plus haut, tout à fait cruciaux pour la production, stables et précaires à la fois.

---

12. Sur l'idée que la « force de travail » n'est en réalité guère plus qu'une « promesse de travail », *cf.* Bruno LAUTIER, « Travail salarié et socialisation », *Non ! Repères pour le socialisme*, n° 11, 1982, p. 69-87. Pour une étude historique et analytique des (luttes sur les) modalités de rupture des contrats de travail, on peut se reporter à la somme de Yann MOULIER-BOUTANG, *De l'esclavage au salariat. Économie historique du salariat bridé*, PUF, Paris, 1998.

5

Intérimaires fidélisés contre travailleurs détachés

Les « noyaux »

Après le détour par l'intérim, retour sur le ferraillage, ce métier récemment externalisé. Rappelons le panorama décrit dans le chapitre 3 : les PME qui assurent la pose des armatures se font des relais des politiques de minimisation des coûts menées par les entreprises générales, répercutant les prix bas auxquels elles doivent traiter sur leurs salariés, majoritairement intérimaires et mal payés, et sur l'organisation du travail, marquée par la pénurie et la précipitation. À tel point que le patron de Construfer, selon Patrick Renoir, son conducteur de travaux, « se lève tous les matins en se demandant comment ça se fait qu'il n'y ait pas plus de bâtiments qui se cassent la figure en France ». Si les malfaçons (qui se traduisent notamment par des fissures ou des cotes non respectées) sont monnaie courante, en revanche il est vrai que les bâtiments construits, sauf exception, tiennent debout. Que ceux qui les construisent ou les font construire s'en étonnent, voilà qui est étonnant. C'est peut-être que les apparences, y compris celles de la précarité, sont trompeuses.

Au bout de deux mois avec Amadeo, Saïd, Khaled et les autres, je demande à changer de chantier pour voir une autre entreprise qu'Ilovu. Amadeo dit transmettre ma demande à Bâtarmat', mais en réalité m'envoie sur un autre chantier dirigé par Ilovu, qui a besoin de renfort. C'est un chantier de rénovation dans le nord-ouest de Paris, où les toits, les façades et même certains murs et planchers sont conservés, si bien qu'il n'y a pas de grue, car elle y serait inutile. Résultat : on transporte tout à la main. Certes, il y a un monte-charge, mais les longues barres d'acier ou le treillis soudé n'y tiennent pas. L'importance de la manutention explique pourquoi ma participation, même si je suis inexpérimenté, est utile.

Amadeo m'a envoyé là parce que les ferrailleurs qui y travaillent sont plus ou moins « ses » hommes. Comme c'est un petit chantier, ils sont seulement trois : Mohammed, Bilal et Icham. Tous trois ont le même nom, Boukhari, et sont de la même famille, qui est aussi celle de Youssef et Kaïs, qui travaillaient sur Ilovu 2 avec Amadeo. C'est Mohammed, le plus ancien – il travaille avec Bâtarmat' depuis cinq ans –, recruté et formé initialement par Amadeo, qui a fait « entrer » les quatre autres à Bâtarmat', si tant est qu'on puisse parler d'« entrée » quand le statut est intérimaire. Lui-même a pris du galon : à trente-deux ans, il est chef d'équipe, peut-être bientôt chef de chantier (mais toujours intérimaire), et commande à ses cousins.

C'est Bilal qui me raconte l'attachement que M. Dauby porte à Mohammed. Quelque temps auparavant, confronté à un « chef portugais raciste qui détestait les Arabes », Mohammed a fini par craquer et jeter une barre à mine [1] sur le pied du chef avant de quitter le chantier. Le soir même, De Souza, le conducteur de travaux de Bâtarmat', est venu chez lui pour lui dire que l'affaire était déjà arrangée et qu'il fallait reprendre le travail. C'est que Mohammed « n'a pas fait d'études, mais il est intelligent, Dauby le sait ». Selon Bilal, Mohammed a été embauché à Bâtarmat' avant de revenir à l'intérim (quoique travaillant toujours pour l'entreprise) car il y est davantage payé.

Le chantier tranche avec Ilovu 2. Si le rythme est moins effréné, d'autres éléments le rendent désagréable : le bruit des engins, car il y a encore une partie démolition, son réfectoire en sous-sol dans une cave sombre et humide, qui jouxte des vestiaires dont les casiers sont en nombre insuffisant, si bien qu'on doit les partager. Un matin, on s'aperçoit que de nombreux casiers ont été fracturés. Du côté des ferrailleurs, ont été volés une tronçonneuse, une cisaille, deux tenailles, des gants neufs, à quoi il faut ajouter mes chaussures de sécurité pourtant usées jusqu'à la semelle. Pour ces dernières, il s'avère qu'elles sont portées par un jeune ouvrier d'un autre sous-traitant qui, s'étant fait voler ses chaussures en meilleur état, a jeté

1. Longue et forte tige d'acier, comportant une extrémité aplatie et taillante.

son dévolu sur les miennes. Il me les rend en s'excusant. Je me sens un peu bête lorsque, plus tard, je le vois contraint de travailler avec des chaussures de ville. Personne n'a l'air particulièrement remué par les vols. Mohammed lance à un manœuvre en rigolant : « C'est vous, vous étiez là samedi [car Ilovu fait travailler les démolisseurs tous les samedis] ! » « Non, c'est vous, c'est les Arabes les voleurs ! »

La pénurie des vestiaires est peut-être liée à un autre fait : bien que le chantier arbore le pavillon d'Ilovu, il n'y a guère que les conducteurs de travaux et le chef de chantier qui soient des salariés directs de cette entreprise. Tous les autres, tous ceux qui déjeunent dans la cave, sont des personnels sous-traitants : les démolisseurs, les coffreurs, les maçons, les ferrailleurs… L'effectif est éclaté mais, au moins, tout le monde est à peu près sur un pied d'égalité vis-à-vis d'Ilovu : les coffreurs ne nous poursuivent pas de leurs récriminations au nom d'un lien privilégié avec les responsables du chantier, comme c'était le cas sur Ilovu 2.

Parmi les démolisseurs, on trouve de nombreux manœuvres, qui tapent à la masse, coupent du métal au chalumeau, piochent des murs au marteau-piqueur (en étant parfois dans le vide, suspendus par des cordes d'alpinistes), et il y a également les conducteurs d'engin : marteaux-piqueurs géants et pelleteuses. Les premiers sont des immigrés ouest-africains, les seconds maghrébins. L'un d'entre eux me reconnaît : il travaillait sur Ilovu 1. Cachés derrière un mur – c'est l'avantage des chantiers de rénovation où les perspectives sont rétrécies, on est moins vite repéré –, nous discutons un peu de mon enquête. Il me présente un autre conducteur d'engins, Hassane, qui, apprenant que je fais une enquête, me recommande expressément de « faire un livre sur les immigrés ». Il cherche, avec la densité et la concision qu'exige le peu de temps disponible, à m'expliquer sa (et la) condition d'émigré-immigré :

> Les Français, il n'y en a pas dans le bâtiment, parce qu'ils ont les moyens de faire autre chose. Ils peuvent faire ingénieur. Ils peuvent gagner de l'argent juste avec la bouche. […] Dans le bâtiment, tu travailles juste pour manger. L'ouvrier, il ne fait rien d'autre. Le soir tu rentres à la maison, tu ne vois même pas les infos à la télé, tu dors debout. Tu travailles pour manger, et puis au bout d'un moment tu t'aperçois que tu t'es esquinté la santé. Les ouvriers ne gagnent rien pendant que les patrons gagnent beaucoup, c'est l'exploitation, et tout ce qu'il y a dans le bâtiment, c'est la

souffrance et le danger. [...] Quand je suis parti en France, je pensais que ça serait bien. Tout le monde parlait de la France. Et tu arrives et tu vois ça, tu te dis : « C'est ça la France ? » Au début tu crois que tu vas économiser et qu'au bout de deux, trois ans tu vas retourner au pays. Moi, ça fait trente-trois ans. Tu rentres, et là-bas tu dépenses tout, les gens ont besoin et tu reviens ici pour gagner de l'argent. Ça devient la routine.

Je ne reste pas plus de trois jours sur ce chantier. Bâtarmat' a enfin entendu ma requête et m'envoie sur un chantier au centre de Paris, dirigé par l'entreprise Ralle. Sur le papier, un chantier de rénovation. En réalité, seule une façade est conservée, tout le reste est de la construction neuve de bureaux. Le chef de chantier, pour Bâtarmat', s'appelle Ernesto. Lui est un embauché. Il est le neveu de De Souza, le conducteur de travaux, et j'apprends qu'en fait il n'est pas le seul de cette famille parmi les embauchés de Bâtarmat' : il y aussi le frère de De Souza, ainsi qu'un cousin et le beau-frère d'Ernesto. En tout, cinq personnes sur une vingtaine d'embauchés. Comme pour la famille Boukhari, mais à un échelon supérieur – des embauchés, et des chefs –, le recrutement par cooptation joue un rôle décisif.

Les ferrailleurs sous les ordres d'Ernesto ne sont pas très nombreux. Il vient d'en renvoyer plusieurs car, les fondations finies, l'activité est moins importante. Il en reste quatre qui dépendent de Bâtarmat', tous intérimaires : Ahmed, Abdelkader, Oualid et Ziane. Un jour, Ernesto me fait pénétrer dans son bureau et me montre les tableaux où sont inscrits les intérimaires qu'il a employés sur ce chantier. Il commente :

Celui-là, je l'ai arrêté au bout de deux jours, trop mauvais. Celui-là, je l'ai gardé trois heures et après je l'ai renvoyé. Là, c'étaient deux manœuvres que j'ai pris deux jours pour faire du nettoyage...

Je vois sur ces tableaux qu'il n'hésite pas à arrêter les gens en milieu de semaine. Il y a beaucoup de mouvements, d'embauches et de renvois. L'activité risque de diminuer à nouveau dans les semaines qui viennent, et il va falloir encore réduire l'effectif.

Mais Ernesto fait une nette distinction entre les ferrailleurs tournants et ceux qu'il appelle « mes gars », à savoir les quatre ferrailleurs restants. Ceux-là, il ne les renverra pas comme il a fait pour les autres, mais il cherchera à les placer sur d'autres chantiers de Bâtarmat' avant de les « récupérer » :

> Je téléphone à De Souza, je lui demande de se débrouiller pour me les mettre sur un autre chantier, ou alors je téléphone directement à d'autres chefs de chantier, je leur dis de m'en prendre pendant un moment, mais attention, je les reprends dès que j'en ai besoin.

Il explique qu'il faut garder les « bons », car il y a une pénurie de « bons ferrailleurs » : « Tu trouves toujours du monde, mais c'est des manœuvres, ils savent pas faire grand-chose. » D'autant plus, ajoute-t-il, que Bâtarmat' rémunère moins ses ferrailleurs que certaines de ses concurrentes. Son « noyau », Ernesto l'a travaillé, cultivé, comme un financier son portefeuille d'actions.

> Comme tout bon chef, j'ai fait le tri des intérimaires. J'en faisais venir, ils étaient pas bons, je les renvoyais, j'en faisais venir d'autres, comme tous les chefs font pour monter leurs équipes.

Dans son choix interviennent également des recommandations que lui font des connaissances. C'est ainsi qu'Abdelkader raconte avoir été pris, puis renvoyé, puis repris par Ernesto, grâce à son père qui est chef d'équipe intérimaire pour Bâtarmat' :

> Au début je ne savais même pas faire une attache, elle ne tenait pas. J'avais du mal, vraiment. Au bout de trois semaines, Ernesto m'a arrêté. Mon père est allé le voir, il lui a demandé : « Pourquoi tu l'as arrêté ? C'est mon fils, etc. » Ernesto a dit : « Je n'ai pas trop de boulot en ce moment, et comme il ne connaît pas trop… » Après mon père est venu me voir, il m'a dit : « Attends, une semaine, dix jours, et ils vont te reprendre. » Après une semaine, j'ai recommencé, et là ça a été. J'ai commencé à apprendre, à progresser.

Huit mois plus tard, sur le chantier Ralle, Abdelkader a vite évolué : intégré au « noyau », bientôt embauché à Bâtarmat' comme chef d'équipe.

Comment Ernesto fidélise-t-il son noyau ? Si Bâtarmat' paie peu, comment réussit-il à le retenir ? Certes, il peut à l'occasion octroyer quelques faveurs matérielles, en demandant une prime à Bâtarmat' pour « ses gars » ou accorder et masquer des absences lorsqu'ils ont des démarches à effectuer (ce qui arrive souvent lorsqu'on est étranger). Surtout, il accorde cette protection rudimentaire mais fondamentale dans le royaume de l'intérim : une certaine stabilité, et une certaine certitude de la stabilité. « Ses gars » savent qu'à condition de bien le servir, ils l'accompagneront sur le prochain chantier. Mais ce « bien servir » reste très contraignant : qu'on se rappelle Oualid craignant de dire qu'il est malade et de s'absenter. À force d'habitude, la relation d'Ernesto avec « ses gars » peut cependant prendre une tournure chaleureuse, presque amicale en certaines occasions. Pourtant, Ahmed, par exemple, n'a pas d'étoiles dans les yeux lorsqu'en entretien il évoque cette relation, suite à une question naïve de ma part :

> – Si t'es pas d'accord avec Bâtarmat', l'intérim a plein de gens. Ils vont en chercher d'autres, chercher ailleurs.
>
> – *Mais par exemple, toi, Ernesto il t'aime bien ? À la limite...*
>
> – Oui, moi je suis avec Ernesto depuis longtemps... Tu vois, c'est pas Ernesto qui m'aime, mais c'est mon travail qui me fait une place. Tu vois ? Ernesto, il aime tout ceux qui travaillent, avec qui il gagne. Sinon il cherche un autre. S'il te voit maintenant, que tu passes toute la journée à regarder, ou bien tu traînes, ou bien tu triches, ou bien tu viens toujours en retard, ou chaque fois tu lui demandes l'excuse d'aller à un rendez-vous, ou quoi, ou quelque chose comme ça, alors c'est fini, il te donne fin de mission.
>
> – *Et si tu réclames ?*
>
> – Si tu réclames... Un jour, tu vois, Oualid a réclamé à Dauby. Il a demandé de l'augmenter un peu, et Dauby lui a dit : « Même pas un franc ! »

Lorsque Ernesto doit recruter de nouveaux ferrailleurs, avant de s'adresser à une agence d'intérim, il demande à Oualid, Abdelkader, Ziane ou Ahmed s'ils ne connaîtraient pas quelqu'un qui voudrait travailler dans la ferraille. Passer par ses propres salariés, c'est d'abord faire une économie sur la recherche de personnel, mais c'est aussi s'assurer de la fiabilité de la personne recrutée. Au point de vue moral, on engage deux personnes pour le prix d'une : l'ouvrier qui a introduit un proche est censé répondre de lui. C'est pour cela qu'Ahmed, par exemple, se refuse à fournir Ernesto en connaissances :

> Le chef m'a demandé un jour si je connaissais un ferrailleur pour l'été, au mois d'août, il n'y avait pas beaucoup de monde dans l'intérim. Il m'a dit, si je connais des gens qui veulent... Mais j'ai dit que je ne connais personne. Non. Parce que tu vois, si tu rentres quelqu'un, tu seras responsable de lui. C'est pas responsable, mais c'est toi qui seras embêté, s'il travaille pas bien, ou bien s'il connaît pas le métier, ou bien... Le chef, c'est toi qu'il va engueuler. Tu vois ? Donc tu restes tranquille, tu restes loin de ces choses-là. Lui,

il connaît l'intérim, tu dis : s'il a besoin de quelqu'un, il appelle l'intérim, c'est l'intérim qui sera responsable.

En étant réfractaire, Ahmed esquive une prise de risque ; mais cette prise de risque est aussi un pari sur une promotion. Car être responsable de l'introduction d'autres ouvriers, c'est être partiellement coupable de leurs loupés, mais aussi gratifié par leurs réussites. Si l'on assume pleinement cette charge, si l'on revendique une autorité sur ceux que l'on a introduits (comme dans le cas de Mohammed décrit plus haut), cette autorité devient à la fois une fragilité et un point d'appui pour se faire valoir auprès de la hiérarchie. Ahmed, en restant solitaire, doit se faire une raison : le poste de chef d'équipe qui pourrait lui échoir ira en fait à Abdelkader, moins ancien dans la ferraille, mais plus installé dans des réseaux de recommandation, puisque c'est son père qui l'a introduit.

« Un ouvrier du bâtiment qui vit après soixante-cinq ans, c'est qu'il a été feignant »

Par ailleurs, le parcours d'Ahmed, qui exprime une amertume à la mesure de ses déceptions successives, est instructif. En France depuis six ans, urbain, bachelier, hésitant sur le sens à donner à son installation ici, il est représentatif tout à la fois de ces migrations maghrébines tournées vers l'accumulation d'un pécule permettant un retour (et souvent prises au piège de la migration) et de ces autres migrations (plus récentes ?) plus individuelles, davantage orientées vers une mobilité sociale qui ne s'ancre plus nécessairement dans le pays d'origine (et dont Abdelkader est particulièrement représentatif, lui qui n'envisage même plus de rentrer en Algérie pour ses vacances mais préfère visiter les villes européennes). Le parcours d'Ahmed montre également l'empreinte que la précarité du séjour fait peser sur l'existence tout entière, dans le rapport au travail bien sûr, mais aussi dans l'intimité.

– Au Maroc, j'étais étudiant. J'ai fait la première année de fac et j'ai arrêté. Branche : histoire-géographie. Mais à cause de problèmes matériels, j'ai pas continué mes études. J'ai travaillé dans une petite entreprise qui vend des carreaux, des trucs comme ça. Pendant un an. Comme comptable, parce que j'avais une expérience. Alors quand j'ai eu ma carte de la sécurité sociale et mes bordereaux, j'ai tenté de demander un visa touriste pour la France, et j'ai réussi. Après je suis venu ici, en 1998 si je me souviens bien. Je suis resté presque un an à travailler dans les marchés, parfois dans les commerces. Après j'ai travaillé comme manœuvre, à Paris, en banlieue, avec des chefs d'entreprise égyptiens ou tunisiens. Sans déclaration, tu vois, comme ça. J'habitais chez mon beau-frère, et un jour je me suis disputé avec lui. Il m'a dit : « Voilà, tu dois chercher ailleurs, va chercher un logement, tu dois te démerder, moi je ne peux plus te loger. » Un jour je suis rentré dans un café qui faisait aussi hôtel. J'ai trouvé une serveuse, elle avait à peu près quarante ans, je lui ai demandé : « Est-ce que l'hôtel est cher ? » Je lui ai dit que je n'avais pas de papiers. Elle a dit : « Tiens, voilà, tu peux dîner chez moi, tu peux passer la nuit, tu chercheras après. » Parce que l'hôtel était cher, 300 francs [45 euros] par nuit. Je lui ai dit d'accord. J'ai dit : « Est-ce que tu as confiance en moi ? » Elle m'a dit : « Qu'est-ce que tu vas me faire ? » [Rires] Alors je suis allé avec elle, et on est restés ensemble presque six mois. Mais j'étais pas en sécurité. J'avais peur d'être expulsé, je lui ai dit : « Tu dois faire quelque chose pour moi. » Elle m'a dit : « Quoi ? » J'ai dit : « Réfléchis… » Alors elle a dit : « Est-ce que tu veux qu'on se marie ? » J'ai dit : « Il y a pas de problème. » Alors je me suis marié avec elle. J'ai pris mon carnet de famille, mon récépissé. Après ils m'ont donné la carte d'un an, et après la carte de dix ans. Mais après, je la voyais souvent avec un homme. Je lui ai dit : « Attention, moi, tu vois, je suis sérieux. J'aime que ma femme… Il faut qu'elle soit sérieuse avec moi. S'il arrive un jour ou une fois où elle me trahit, alors c'est fini. » Elle m'a dit que non, il y a rien à part moi. Mais à chaque fois j'ai vu un homme chez nous, avec elle. C'est pas question… si elle fréquente beaucoup de gens, moi j'ai peur des maladies, tu vois ? Alors un jour, j'ai dit : « Excuse-moi, je dois partir. Je peux pas rester avec toi comme ça. » Là, elle me dit : « T'es pas sérieux, tu m'as trahie, tu as pris tes papiers et tu veux t'enfuir… » Je lui ai dit : « C'est pas question de papiers. Je veux rester avec toi. Je veux te garder pour longtemps. Mais c'est toi qui as commencé. » Alors j'ai trouvé un studio. Elle me téléphonait chaque week-end, elle me disait : « Faut que tu reviennes, faut que tu reviennes… » Un jour elle m'a dénoncé… Elle a demandé le retrait des papiers pour moi. Je suis allé au commissariat, j'ai expliqué tout. Comme ils ont trouvé que j'étais sérieux, que je travaille toujours, chaque mois j'ai ma fiche de paie, ils m'ont dit que c'était trop tard, elle pourrait rien faire contre moi. Ils m'ont dit que c'est elle qui a choisi ça, c'est tout. Et de ce jour-là, j'ai eu mes papiers, je travaille maintenant dans les intérims comme ferrailleur.

– *Et avant, comment t'avais trouvé ces petits boulots de manœuvre dans des boîtes égyptiennes, comme tu me disais ?*

– C'est un ami à moi qui travaille avec eux, qui m'a proposé ça. Moi je cherchais partout, je trouvais pas de travail. Un jour, il m'a téléphoné, il m'a dit : « Voilà, si tu veux travailler, tu travailles dur, et c'est mal payé. » C'est comme ça. On travaille de 7 h 30 jusqu'au coucher du soleil.

– *C'est payé combien ?*

– 300 francs [45 euros].

– *La journée ?*

– La journée, oui.

– *Et tu m'as dit que tu as deux grandes sœurs en France ? Et sinon tu as de la famille qui est encore au Maroc ?*

– J'ai pas de famille ici. Seulement mes sœurs et mes deux beaux-frères. Ils sont rentrés en France il y a longtemps longtemps. Mon beau-frère, maintenant il a cinquante ans, il est rentré en France à l'âge de dix-sept ans. Ma sœur elle a fait presque dix-neuf ans en France. L'autre, elle a fait douze ou treize ans.

– *Ils ont pu t'aider, eux, pour trouver du travail ?*

– Non, non. Eux, ils ne savent rien de l'intérim. Ils ne savent même pas qu'il y a des intérims ou des trucs comme ça. Je me suis démerdé tout seul. J'ai même pensé à retourner chez moi, rentrer chez moi, mais tu vois là-bas, c'est encore très dur. On gagne pas beaucoup. Pour payer la nourriture, le logement, t'arrives jamais à construire une famille. Malheureusement, on a… Moi je mérite d'être fonctionnaire d'État. Je gagnerais au moins 300 euros par mois. Ça va, tu peux vivre avec 300 euros là-bas.

– *T'es venu en France en te disant que t'allais gagner de l'argent en France pour retourner au Maroc et y faire ta vie ou pour faire ta vie en France ?*

– Moi, j'ai décidé, premièrement de… de ne pas dépasser trois ans ici en France. Je trouve un boulot stable, je peux gagner de l'argent, je mets de l'argent de côté, pour retourner là-bas, pour faire un commerce ou quelque chose comme ça. Parce que je sais qu'il y a beaucoup de choses à faire là-bas, mais j'avais pas les moyens. Surtout dans le domaine du commerce. Et en fait je suis resté tout le temps ici. C'est ça la vie. […]

Du point de vue du travail, Ahmed illustre l'ambivalence de relations stabilisées avec des chefs : ni complètement fondées sur le calcul et l'intérêt réciproque, ni vraiment amicales, elles suscitent des attentes mutuelles, des obligations qui restent cependant fragiles et réversibles.

– *Et tu envoies de l'argent au Maroc ?*

– Oui, oui. Chaque mois j'envoie… C'est pas beaucoup, mais au moins 150 euros par mois. Comme mes parents sont très vieux, maintenant ils travaillent pas, ils ont pas beaucoup de ressources. Là-bas, tu travailles, tu travailles, et quand tu arrêtes… ça y est. Tu n'as rien du tout. […]

– *Et alors, ton arrivée dans la ferraille ? Tu as trouvé ça moins dur que ce que t'avais fait avant ?*

– Au contraire, la ferraille c'est trop dur. La ferraille c'est trop dur, mais on n'a pas le choix. Qu'est-ce que tu veux faire si on travaille pas la ferraille ? […] On gagne pas beaucoup. 2 000 francs, 300 euros [par semaine]. 300 euros. Si tu paies, par exemple, le logement, à 500 euros. Le transport, plus la nourriture, plus tu envoies au pays… Il te reste plus rien du tout. C'est comme là-bas au bled. Mais la différence, c'est qu'ici on travaille. On trouve un boulot. Au moins on trouve un boulot, au moins on vit. Même si ce boulot est trop dur, on vit. […] C'est les boiseurs [coffreurs] qui commandent, c'est pas les ferrailleurs. Si eux ils sont en retard, personne ne dit rien, mais si nous on est en retard ou quelque chose comme ça, ce sera pire. Tout de suite ils appellent le conducteur de travaux. Une fois j'ai entendu un chef qui a dit : « Si tu n'avances pas vite, on va t'enlever le contrat. » […] J'ai travaillé avec un chef, il est… Maintenant il est accidenté, accident du travail. Il est cassé, le dos, la colonne vertébrale. Il était trop dur avec les ouvriers, il les insultait, il les… C'est comme ça, il était pénible.

– *Quoi, comme insultes ?*

– Il disait n'importe quoi. C'est un chef d'équipe algérien, c'est pas la peine de dire son nom. Il fallait qu'on travaille très vite. Un jour, il a demandé à un gars de ferrailler un voile. Même pas un quart d'heure, il est revenu, il a dit : « Qu'est-ce que tu fais là ? Combien de temps tu vas prendre pour finir ce voile-là ? Allez, va… Retourne à Barbès ! T'es pas un gars du bâtiment. Retourne chez toi à Barbès ! » Chaque fois il donne fin de mission. « Tu travailles pas bien ? Allez ! Va-t'en ! C'est pas la peine de revenir demain. » Oui, c'est comme ça toujours avec les ferrailleurs. Il nous faisait travailler dur, pour qu'à la fin il gagne une prime. À la fin, il voit pas que cette prime qu'il gagne, c'est le travail dur que font les ouvriers. Il est encore jeune, il est accidenté maintenant. Moi je vois qu'il a été puni. […] Mais là, dans notre équipe, on travaille bien, on déjeune ensemble, on finit, comme ça, très content. Oui, c'est toujours comme ça. T'as déjà vu notre équipe, c'est comme, pas des collègues, mais des amis. [...] ça dépend du chef. Si le chef est gentil, l'équipe travaille comme chez le chef, comme si c'était son propre logement, on fait tous en sorte de donner... on fait l'effort pour que les autres chefs boiseurs réclament rien du tout. Tu vois, un jour, un chef m'a dit qu'il comptait beaucoup sur moi. Un jour je suis tombé malade, ils m'ont appelé deux fois dans la semaine, parce qu'ils m'ont remplacé par un autre gars, mais ça marchait pas. Quand je suis revenu, ce chef-là m'a dit : « Tu vois, nous sommes tous en équipe, si on travaille pas bien, ou qu'on fait des erreurs, ils vont tous nous virer. »

– *Et t'as des projets, enfin des souhaits d'embauche, ou de sortir de la ferraille... ?*

– Oui. J'aurais bien voulu être chef, mais c'est pas avec Ernesto que je vais changer. Il faut d'abord que je change de chef. Si je change de chef, je me change. Et même si tu deviens chef, toujours le boulot est trop dur. Si tu deviens chef, tu travailles plus, parce que le chef de chantier, il te donne les plans, il compte sur toi. [...] En fait, j'aimerais pas rester là-dedans, dans la ferraille. Tu vois, parce que dans la ferraille, on n'a pas de sécurité. Avec le boulot qui est trop dur... Tu vois, et les maladies, surtout au dos, qui touchent les gens comme ça, c'est à cause du travail qui est trop dur. Un jour un médecin me l'a dit. Je suis tombé malade, j'avais un problème de lombaires. Il m'a dit : « Tu as un disque qui commence à s'écraser. C'est à cause de ton boulot. Peut-être qu'il est trop dur. Si tu trouves quelque chose de moins dur, tu devrais abandonner ce métier-là. Parce que si tu continues comme ça, un jour... le disque va s'écraser, les autres étages aussi ils commencent. » Moi c'est mon problème de santé, dont je souffre actuellement. C'est pas grave, mais je te dis, avec le temps, pour le futur. [...] Un ouvrier du bâtiment qui vit après soixante-cinq ans, c'est qu'il a été feignant.

Ferrailleurs embauchés et intérimaires : deux mondes étanches mais côte à côte

Sur le chantier Ralle, l'équipe de ferraillage comporte une bizarrerie : outre Ernesto et « ses gars », on compte deux ferrailleurs salariés directement par l'entreprise générale, Ralle, et prêtés le temps du chantier à Bâtarmat'. Messaoud et Amar, qui approchent la soixantaine, sont les derniers vestiges d'un temps où le ferraillage n'était pas encore sous-traité. Messaoud, avec qui je travaille un peu, m'explique que la plupart des ferrailleurs de Ralle ont disparu, retraités ou licenciés. Lui-même attend la retraite avec impatience. Amar et lui doivent leur maintien dans l'entreprise à leur statut de délégué syndical. Si Amar est à la CGT, Messaoud est quant à lui un représentant de la CFTC, après avoir été brièvement à la CGT.

> Je suis fier d'avoir fait des stages, d'avoir pu apprendre mes droits et ceux des autres, et de pouvoir aller le dire à l'encadrement. Comme ça, on peut y aller avec la manière, être polis. Mais des fois, l'encadrement n'est pas compréhensif.

Il raconte ainsi un épisode où les ouvriers manifestaient devant le siège social de l'entreprise et où la direction, affolée, croyant qu'ils voulaient tout casser, a lâché des chiens sur eux dont l'un a mordu un syndicaliste. Pourtant, contrairement à Amar, le passé syndical de Messaoud fait l'objet de controverses chez les ouvriers de Ralle. L'un d'entre eux, coffreur d'une cinquantaine d'années, raconte que Messaoud a été exclu de la CGT après avoir signé un accord prévoyant le licenciement de nombreux ouvriers de l'entreprise lors de son rachat par Ralle. Il évoque aussi une fois où Messaoud a réuni tout le monde pour lancer une grève, et puis « le patron a dû lui donner quelque chose, quand on est arrivés, il a dit : "C'est bon, retournez travailler." » Selon le coffreur, personne ne vote plus pour Messaoud, ce serait la direction qui lui maintiendrait son poste de délégué.

La présence de ces deux ferrailleurs particuliers – présence à éclipses, en raison des décharges syndicales – crée un décalage à l'intérieur de l'équipe. Plus âgés, moins alertes, et surtout plus protégés par leur statut, ils travaillent au rythme des 35 heures de Ralle tandis que Bâtarmat' est à 39 heures, et se créent des marges d'autonomie en jouant de leur double subordination à Ralle et Bâtarmat'. Ernesto, sachant qu'il est plus difficile de les plier à ses exigences, les assigne principalement au montage en atelier, activité répétitive, mais sans à-coups et sans précipitation. De ce fait, il prive Ahmed, Oualid, Abdelkader et Ziane, « ses gars », du bénéfice de cette activité relativement reposante, et les cantonne aux tâches urgentes (le ferraillage sur place des pièces à couler dans la journée). C'est pourquoi Messaoud et Amar se mélangent peu aux autres ferrailleurs ; ils déjeunent, logiquement, avec leurs collègues de longue date de

Ralle. Ceux de Bâtarmat' parlent d'eux avec amusement ou agacement, c'est selon.

Le rythme de travail sur ce chantier est plus modéré que sur Ilovu 2. Lorsque je raconte à Ernesto que, sur Ilovu 2, on a travaillé parfois jusqu'à 15 heures sans déjeuner, il s'étonne : « Ah non, moi je ne fais jamais ça, même s'ils ne coulent pas, c'est pas grave. » Pourtant, selon Abdelkader, pendant les débuts du chantier Ralle, « on ne finissait jamais la matinée avant 14 heures ». Or la matinée, avec Ernesto, commence à 7 h 30. Il reste que le rythme imposé par Ralle, quoique soutenu, n'est pas aussi trépidant que ce que j'ai connu. Pour une raison simple, quoique exceptionnelle : il paraît que le chantier est en avance sur le planning. D'habitude, le retard est le leitmotiv des chantiers, ce que confirme Messaoud après trente ans dans le bâtiment :

> Il y a eu une réunion avec les cadres et, pour la première fois de ma vie, j'ai entendu que le chantier était en avance. D'habitude, ils disent toujours que c'est en retard. Ils auraient pu dire que c'est parce qu'on a bien travaillé, on s'est donnés, on s'est organisés pour être en avance… Mais non, ils ont dit que c'est parce qu'ils avaient prévu une semaine d'intempéries et qu'il n'y en a pas eu. Tu vois, ils ne sont pas capables de te dire… Enfin c'est leur politique.

Mais il y a rythme et rythme. Messaoud et Amar ne se laissent gagner que rarement par la précipitation qui caractérise encore nombre d'opérations de ferraillage. Alors que je travaille avec Messaoud, ce dernier me recommande : « On travaille intelligemment, doucement, et comme ça, le soir, on est encore en forme. » Il s'arrête parfois de longues minutes pour regarder les plans, quand il ne scrute pas ostensiblement sa montre, et disparaît parfois dans les vestiaires pendant plusieurs dizaines de minutes – comportements que les intérimaires, sous la surveillance constante d'Ernesto, ne peuvent se permettre. Amar prend très peu de pauses, mais travaille à son rythme et freine mes ardeurs.

Abdelkader est respectueux de ces deux ouvriers qui ont supporté si longtemps les agressions de la ferraille, mais aussi agacé, et parfois légèrement méprisant, comme lorsqu'il lâche : « Qu'ils soient là ou pas, ça ne change rien. » Un jour qu'il m'évoque la situation de son père, intérimaire, alternativement chef de chantier ou chef d'équipe selon les missions qu'on lui propose, Abdelkader conclut :

> Normalement il est chef de chantier, mais là il travaille comme chef d'équipe. C'est pour ça qu'il vaut mieux être embauché. Si tu es intérimaire, tu peux voir un embauché passer de chef d'équipe à chef de chantier, et toi tu fais l'inverse. Quand tu es embauché, ça n'arrive pas. Regarde Messaoud et Amar, ils peuvent se reposer, ils discutent... Nous, en intérim, si on s'arrête, c'est fini, on est virés, on nous dit : « On n'a pas besoin de ça. »

Le lendemain, alors que nous retournons au travail après le déjeuner, Messaoud reste au réfectoire encore quelques dizaines de minutes et Abdelkader me souffle :

> Tu vois ce que je te disais hier, la différence entre être embauché et intérimaire. Lui, il peut traîner, il sait qu'il garde sa place. Nous, si on fait ça, c'est « au revoir ».

Comme sur Ilovu 2, les ferrailleurs doivent se battre pour obtenir la grue. Ainsi, un jour, il nous faut placer un lourd chaînage qui chapeaute un voile. On appelle la grue. Une fois. Deux fois. Trois fois. Le chef de chantier nous dit brutalement qu'il en a marre qu'on appelle la grue. Et nous n'obtenons rien. Abdelkader et moi devons finalement porter le chaînage à la main, ce qui fait pester mon coéquipier :

> C'est comme ça qu'on se fait mal au dos. Ça, c'est parce qu'on leur a donné l'habitude de porter des trucs, des chaînages... On voit qu'on ne peut pas avoir la grue, alors on le porte nous-mêmes, et eux ils voient qu'on le porte, alors ils ne veulent plus nous donner la grue. Mais si on reste là sans bouger, si on commence à retarder les boiseurs, là tu peux être sûr qu'on va l'avoir tout de suite la grue !

La solution, effectivement, serait une petite grève de quelques minutes. Mais nous passons rarement à l'acte, tandis que Messaoud et Amar n'hésitent jamais, se refusant à porter des charges qu'ils jugent trop lourdes. Salariés de Ralle, ils se font entendre plus facilement que des salariés de sous-traitants.

Le décalage se fait sentir également dans les comportements vis-à-vis de la sécurité. Messaoud et Amar y sont beaucoup plus sensibles, et nous reprochent régulièrement notre inconséquence. En tant que stagiaire non menacé de renvoi, je les écoute davantage, comme lorsque Messaoud me commande de mettre mes lunettes alors que je m'apprête à couper des aciers avec la tronçonneuse, pour me protéger des étincelles. Il est vrai que je n'en ai jamais porté, et que je ne l'ai pratiquement jamais vu faire. Il est vrai aussi que cela peut sembler stupide alors que, pour une fois, on m'a fourni une paire à l'intérieur de mon casque. Mais, alors que je chausse mes lunettes, tombe la remarque moqueuse d'un coffreur qui passe : « Tu mets des lunettes pour couper ? Messaoud d'accord, il est vieux, mais toi tu es jeune ! » Et cela me rappelle soudainement pourquoi je m'étais jusqu'ici passé de lunettes, dans le souci de rester discret.

Lorque nous ferraillons des planchers, il faut poser à terre un premier « lit » de treillis soudé, puis par-dessus un second, séparé du premier par des écarteurs de quinze à vingt centimètres. Une fois que le second est posé, il devient donc périlleux de se déplacer sur le plancher, le risque étant de se prendre les pieds dans les mailles, parfois larges, du treillis soudé. Or notre méthode nous expose souvent à ce risque. En faisant autrement, on pourrait l'éviter mais on irait moins vite. Amar fait remarquer :

> C'est pas pratique, on risque de tomber. Enfin, moi, je vous donne mon avis. Maintenant que vous l'avez fait, attachez.

Abdelkader commente d'abord pour moi, puis pour Ernesto :

> Les délégués, ils sont toujours à dire que c'est interdit, que c'est dangereux… Mais on ne travaille plus, alors. C'est ça la ferraille.

Ce n'est pas faux. Les préoccupations de Messaoud et Amar, soucieux de préserver leur santé et leur sécurité, s'affrontent aux cadences réclamées par les directions de chantier. C'est bien pourquoi leur profil, celui de travailleurs plutôt protégés, tend à être supprimé. Et pourquoi il suscite chez les intérimaires, qui savent qu'ils n'ont désormais plus aucune chance d'y accéder, un mélange de jalousie et d'aversion.

Et après ? Le ferrailleur polonais

Quand je quitte Bâtarmat', en mars 2004, près de vingt ans après la création de l'entreprise, le système semble rodé : le ferraillage est presque partout externalisé ; les ferrailleurs, hormis certains chefs, sont presque tous intérimaires et étrangers (en situation régulière ou irrégulière), souvent maghrébins ; ces intérimaires se divisent entre une main-d'œuvre d'appoint soumise à un fort *turn-over*, et quelques fidélisés qui n'en restent pas moins précaires. Contrairement à certaines de ses concurrentes, Bâtarmat' semble alors florissante. Un an après mon départ, elle a fortement augmenté son chiffre d'affaires, ayant même davantage de chantiers que de salariés directs. Du coup, le nombre d'intérimaires est passé d'environ soixante-dix à près de deux cents. Pourtant, la rentabilité n'est pas toujours au rendez-vous : pour accroître ses parts de marché aux dépens des autres entreprises de ferraillage, Bâtarmat' a dû traiter à des prix très bas, et plusieurs chantiers ont été déficitaires. Si le système des intérimaires est rodé au sens où il est capable de surmonter la déperdition de savoir-faire et la défection de nombreux ouvriers, il reste fragile pour ces mêmes raisons. Et il apparaît rétrospectivement comme un arrangement transitoire.

Car, en avril 2007, Bâtarmat' a encore changé de physionomie. De trente à trente-cinq chantiers, elle est revenue à une petite quinzaine ; de deux cents intérimaires, elle est descendue à vingt. Si la proportion d'intérimaires a diminué si brusquement, davantage que celle des chantiers, c'est parce que Bâtarmat', à partir de 2005, a commencé à substituer aux intérimaires maghrébins des travailleurs détachés polonais, en ayant recours à la prestation transnationale de services. Interviewé en avril 2004, M. Dauby l'annonçait déjà :

> Je pense que dans quelques années on verra beaucoup de gens des pays de l'Est, avec l'ouverture de l'Europe aux pays de l'Est, ils viendront travailler en France. [...] Pour les très grosses opérations, on peut avoir des poseurs en armature qui viendront de Pologne. J'ai même reçu un courrier...

Il semble que le courrier a amené des échanges plus nourris, puisque Bâtarmat', en avril 2007, sous-traite un tiers de ses chantiers à deux entreprises polonaises, qui envoient leurs propres ferrailleurs.

Qu'est-ce que la prestation transationale de services [2] ? C'est une forme de sous-traitance qui légalement existe depuis longtemps, mais qui dans la pratique ne prend son essor que depuis

---

2. Antoine MATH et Alexis SPIRE, *Vers une immigration permanente de travailleurs temporaires. Du mode 4 de l'AGCS aux différents régimes migratoires de travailleurs détachés*, IRES, document de travail, n° 04.06.

quelques années[3]. Elle a été rendue célèbre avec le projet de « directive Bolkestein » au début de l'année 2005, mais elle pose des problèmes depuis plus longtemps. Notamment dans le bâtiment : puisqu'un chantier, par définition, se produit là où il se consomme, il est impossible pour les entreprises de profiter des délocalisations dont usent d'autres secteurs comme le textile ou la métallurgie. Faire jouer la concurrence internationale impose de la faire venir. Mais alors se pose la question des règles à appliquer aux travailleurs « importés ».

Bouygues a été, comme souvent, l'entreprise par qui le scandale arrive. D'abord en 1987, avec l'affaire Rush-Portuguesa, du nom d'une entreprise prestataire portugaise que Bouygues et d'autres sociétés utilisent pour la construction d'immeubles ou de tronçons de TGV. Entre 1986 et 1987, environ trois cent cinquante ouvriers portugais, tous dépendant de Rush-Portuguesa, travaillent sans autorisation. Ils touchent le salaire de maçons portugais, soit 2 000 francs par mois environ, et travaillent parfois jusqu'à 60 heures par semaine. Il apparaît que Rush-Portuguesa est une entreprise créée au Portugal au début de l'année 1986. N'y disposant que de cinq employés permanents, elle aurait en revanche des centaines d'ouvriers en France[4].

L'inspection du travail opère un contrôle et relève une série de délits : non-respect des règles de rémunération et de durée du travail, bien sûr, mais aussi emploi de main-d'œuvre étrangère irrégulière et violation du monopole de l'Office national de l'immigration (ONI)[5]. Cependant, ces maçons portugais

3. Selon un rapport parlementaire, « 120 000 salariés ont été concernés en 2003 en France, avec des taux de progression de 50 à 80 % par an depuis quelques années » (Denis Badré, Robert Bret, Marie-Thérèse Hermange et Serge Lagauche, *Rapport d'information sur la proposition de directive relative aux services dans le marché intérieur*, Sénat, rapport n° 206, p. 16). Si les chiffres ne sont pas plus précis, c'est que l'administration estime qu'environ quatre détachements sur cinq ne sont pas déclarés, en dépit de l'obligation de déclaration faite aux entreprises prestataires.

4. François Koch, « Une filière de travailleurs portugais sans papiers », *Le Monde*, 18 décembre 1987.

5. Théoriquement, depuis 1945, toute introduction de travailleurs immigrés doit être avalisée par cet organisme, rebaptisé plus tard Office des migrations internationales (OMI), avant de fusionner en 2005 avec le Service social d'aide aux émigrants (SSAE) pour former l'Agence nationale d'accueil des étrangers et des migrations (ANAEM). Avant 1974 cependant, la majorité des immigrés n'étaient pas « introduits » par l'ONI, mais régularisés après être entrés de manière irrégulière, éventuellement par le biais de recruteurs (*cf.* Maryse Tripier, *L'Immigration dans la classe ouvrière en France*, CIEMI-L'Harmattan, Paris, 1990, ou Vincent Viet, *La France immigrée. Construction d'une politique 1914-1997*, Fayard, Paris, 1998). Même après 1974, les « régularisations » se poursuivent.

sont-ils vraiment des immigrés sans papiers, comme le suggèrent les deux dernières infractions ? Certes, ils n'ont pas encore la liberté de circulation et d'installation – ils ne l'obtiendront qu'en 1991 avec l'intégration du Portugal à l'espace Schengen. Mais puisque Rush-Portuguesa les détache, est-il vraiment nécessaire qu'ils attendent de l'État français le droit d'être là ? Non, répond la Cour de justice des Communautés européennes (CJCE) par un arrêt du 27 mars 1990. Leur contrat de travail avec Rush-Portuguesa (et le contrat de sous-traitance de Rush-Portuguesa avec Bouygues) suffit. Mais à une condition, ajoute la CJCE : qu'ils « retournent dans leur pays d'origine après l'accomplissement de leur mission, sans accéder à aucun moment au marché de l'emploi de l'État membre d'accueil ». Autrement dit, ces maçons portugais sont détachés, mais pas immigrés ; ils ont un contrat de travail avec Rush-Portuguesa, et ils n'ont pas le droit de proposer leurs services à un autre employeur sur le territoire français ; ils travaillent en France, mais n'ont pas d'effet (présume-t-on) sur le marché de l'emploi français.

Cependant, la CJCE est consciente que certaines entreprises peuvent se consacrer au détachement de salariés dans un pays (par exemple la France) tandis qu'elles n'ont aucune implantation dans le pays d'origine (par exemple le Portugal : Rush-Portuguesa y avait cinq administratifs contre des centaines d'ouvriers en France). Dans ce cas-là, le montage serait selon la CJCE illégal, car l'entreprise, « bien que prestataire de services au sens du traité, [exercerait] des activités qui ont précisément pour objet de faire accéder des travailleurs au marché de l'emploi de l'État membre d'accueil ». On entrevoit dès lors la difficulté d'un contrôle de la régularité d'une prestation transnationale de services : pour juger de la légalité de l'opération, il ne suffit pas de vérifier les contrats signés en France, il faut aussi récolter des informations sur la réalité de l'entreprise dans son pays.

Si la CJCE récuse le délit d'« emploi de main-d'œuvre irrégulière », en revanche elle permet à l'État français de ne pas tolérer que les maçons de Rush-Portuguesa touchent un salaire inférieur au Smic ou travaillent davantage que la durée légale. Autrement dit, ce qu'on connaît depuis la directive Bolkestein sous le nom de « principe du pays d'origine » est écarté. Il ne l'est cependant pas tout à fait, puisque les salariés détachés d'entreprises de l'espace économique européen (ainsi que de la

Suisse et d'une trentaine d'autres pays couverts par une convention bilatérale) sont affiliés au régime de la sécurité sociale de leur pays d'origine. Le taux de cotisation n'est donc pas le même pour un salarié recruté sur place et pour un salarié détaché, ce qui implique des coûts du travail différents. Légalement, le « dumping social » est donc rendu possible pour la part du salaire qu'on appelle indirecte (cotisations et prestations sociales).

Avec l'affaire Bouygues/Rush-Portuguesa et l'arrêt de la CJCE, l'essentiel des règles concernant la prestation transnationale de services dans le cadre communautaire est déjà posé. Il se maintient jusqu'à aujourd'hui[6]. Leur application est une autre affaire, d'autant que l'illégalité, en la matière, tient souvent à des nuances, comme l'illustre une nouvelle affaire durant l'été 2004. Fait rare, des ouvriers turcs travaillant sur le chantier du journal *Le Monde* dirigé par Bouygues, salariés d'un façadier turc du nom de Metal Yapi, se mettent en grève pour dénoncer leurs conditions de travail : sans paie depuis des mois, ils vivent dans un camping, travaillent six jours par semaine et plus de dix heures par jour. La CGT fait connaître leur cas, dénonçant les conditions de travail, mais aussi la facilité avec laquelle la Direction départementale du travail a accordé des autorisations de travail sans voir qu'il s'agissait, selon le syndicat, de prêt de main-d'œuvre, c'est-à-dire que Metal Yapi ne serait qu'un simple intermédiaire pour aider Bouygues à se fournir en main-d'œuvre bon marché. Réplique de Martin Bouygues :

6. Il y a actuellement trois niveaux de droit : 1) le droit international privé, pour lequel c'est la législation du pays d'origine qui réglemente les conditions de travail des salariés détachés ; 2) le droit communautaire, qui repose notamment sur la directive 96/71 du 16 décembre 1996, laquelle dresse une liste limitative des dispositions nationales devant s'appliquer aux salariés étrangers détachés, entre autres celles sur la durée du travail, le salaire minimal, les congés payés, la non-discrimination (sont exclues de cette liste les dispositions sur les licenciements ou la représentation collective) ; 3) le droit français qui, par l'article L. 342-3 du code du travail, transpose cette directive en désignant une dizaine de domaines où le droit français doit s'appliquer. Dans le cas du bâtiment, la directive Bolkestein n'aurait pas beaucoup changé cette architecture, car elle ne prévoyait d'imposer le « principe du pays d'origine » qu'aux détachements n'excédant pas huit jours. La principale innovation de la directive Bolkestein tenait plutôt dans la suppression de la déclaration de détachement par l'entreprise – déclaration déjà peu effectuée –, ce qui aurait encore plus restreint les possibilités de contrôle.

> La vérité, c'est qu'il n'y avait rien, la vérité c'est que Metal Yapi est une entreprise turque tout ce qu'il y a de plus légale, qui a pignon sur rue, qui emploie des travailleurs turcs qui ont travaillé en France[7].

En entretien, un DRH de Bouygues ajoute :

> L'exemple turc est un bon exemple : on travaille avec une entreprise turque, c'est pas de la fourniture de main-d'œuvre. C'est un façadier alors qu'il n'y a quasiment plus de façadiers en France ou alors c'est très cher. Donc la concurrence internationale joue, c'est normal, ça choque personne quand c'est pour des magnétophones par exemple.

Bien malin qui peut dire qui a raison. Certes, que les ouvriers turcs ne soient pas payés, qu'ils travaillent soixante heures par semaine, cela est illégal. Mais, formellement, cela concerne leur employeur, Metal Yapi, pas Bouygues. Bouygues pourrait être mis en cause si la prestation en elle-même était illégale. Mais ses arguments sont juridiquement audibles : l'entreprise Metal Yapi est une vraie entreprise, elle intervient pour une tâche bien précise, qualifiée, c'est elle et non les chefs de Bouygues qui commande aux ouvriers turcs. Pour inquiéter Bouygues, il faudrait prouver le contraire, et donc conduire des investigations jusqu'en Turquie. Qui pourrait le faire ? La fin de l'histoire est confuse : la CGT était seule à garder contact avec les grévistes, mais elle l'a perdu. Ils seraient rentrés en Turquie après avoir obtenu gain de cause, mais on ne sait pas, depuis, ce qu'il est advenu d'eux. Si jamais ils ont été sanctionnés par Metal Yapi, aucun inspecteur, aucun juge, aucun syndicaliste français ne peut le savoir et intervenir. De plus, ils n'ont pu légalement rester en France, car leur autorisation de séjour et de travail était strictement liée au contrat les liant à Metal Yapi (et au contrat liant Metal Yapi à Bouygues). Les salariés détachés n'ont le droit d'être en France que si leur patron les appointe : par eux-mêmes, ils n'ont aucun droit au séjour. Le détachement, c'est l'interdiction formelle de s'éterniser. Si, entre-temps, les salariés détachés choisissent de rester en France, ils n'ont d'autre choix que d'entrer dans la clandestinité. Autrement dit, la prestation transnationale de services est appelée à produire sa part de sans-papiers.

---

7. *Batiactu*, 8 septembre 2004.

Mais revenons à Bâtarmat'. Depuis 2005, et comme plusieurs de ses concurrentes, elle a recours à la sous-traitance internationale. Au début, cela a commencé par des bouts de chantier, mais peu à peu Bâtarmat' a sous-traité des chantiers entiers, se contentant de jouer les intermédiaires avec les entreprises générales (c'est-à-dire ses commanditaires, comme Ilovu) et les usines d'armatures qui fournissent la matière première. Elle s'appuie sur deux sous-traitants polonais très différents. La première société est minuscule, comptant simplement un P-DG et quelques salariés qui travaillent tous sur les chantiers de Bâtarmat'. L'identité polonaise de cette société n'est donc qu'une façade, même si les salariés sont bel et bien de nationalité polonaise, et détachés. En revanche, la seconde entreprise, Ferrailpol, comparée à Bâtarmat', est un mastodonte destiné à « exporter » des ouvriers : elle emploierait environ un millier de personnes dont 80 % sont dispersées dans plusieurs pays de l'Union européenne[8].

Ferrailpol, qui a plutôt l'habitude d'envoyer ses ouvriers en Allemagne, est entrée sur le marché français par le biais d'un client allemand qui, ayant obtenu une commande de fourniture d'aciers, a sous-traité la pose. Puis le P-DG de Ferrailpol a détaché une administrative chargée de prospecter d'éventuels clients. C'est ainsi que la société a commencé, en 2005, à collaborer avec des sous-traitants du ferraillage français ; elle détache aujourd'hui cent vingt ouvriers, quatre administratifs et quelques interprètes qui jouent également un rôle d'encadrement sur les chantiers. Dans la mesure où ses commanditaires fournissent les armatures, Ferrailpol n'apporte presque aucun matériel, mais uniquement de la main-d'œuvre. À ce titre, elle est exposée à des déboires proches de ceux des agences d'intérim : si on débauche son personnel, il ne lui reste plus grand-chose. Ainsi ses clients français ont parfois cherché à recruter directement ses ferrailleurs : soit en montant également une entreprise en Pologne pour les recruter là-bas mais les faire travailler ici sous la forme de travailleurs détachés ; soit en les embauchant directement ici, ce qui oblige à demander pour eux une autorisation de travail à l'administration. Mais, depuis le

8. Les informations concernant Bâtarmat' et Ferrailpol, postérieures à mon travail d'observation participante, proviennent d'entretiens réalisés au printemps 2007 avec Ernesto, M. Dauby et la responsable en France de la société Ferrailpol.

1er mai 2006, le ferraillage fait partie des soixante et un métiers [9] pour lesquels cette autorisation est donnée facilement, selon une réglementation qui anticipe sur le moment où les travailleurs polonais auront le droit de travailler en France sans autorisation (au plus tard en 2011).

On peut donc penser que s'engage une course contre la montre entre Ferrailpol et les entreprises de ferraillage françaises. Ces dernières peuvent chercher à concurrencer l'entreprise polonaise en recrutant directement ses ouvriers. Ce sera plus facile à mesure que les ouvriers polonais auront davantage le droit de travailler en France. Mais dans le même temps, puisqu'ils seront plus libres, moins dépendants d'un patron qui les détache, il est possible qu'ils se montrent moins disciplinés. Évoquant ces ouvriers « débauchés », la responsable de Ferrailpol, pronostique, peut-être avec un soupçon de rancune : « Et puis eux-mêmes vont devenir, pas comme les Français, mais ils vont évoluer dans le sens du travail à l'heure, ça sera plus difficile d'exiger quelque chose d'eux. » Mais Ferrailpol n'est pas en reste, et cherche elle aussi à concurrencer ceux qui pour l'instant sont ses clients. Elle a l'ambition de traiter directement avec les entreprises générales, et donc de prendre la place des sous-traitants français par qui elle s'est introduite sur le marché du ferraillage. Dans cette bataille à venir, elle a un poids – au moins en hommes, ce qui implique une certaine assise financière – supérieur à ses homologues françaises, qui ont davantage le format de PME. L'atout de ces dernières en revanche, c'est la maîtrise de la production en amont, par leurs liens (techniques, commerciaux, voire financiers) avec les usines d'armatures qui fournissent les chantiers.

Mais cela, c'est encore de l'anticipation. Si les choses promettent de changer fort et vite, il reste à comprendre pourquoi, ici et maintenant, les entreprises sous-traitantes en ferraillage en viennent elles-mêmes à sous-traiter à des entreprises polonaises. Ernesto et M. Dauby donnent les trois mêmes arguments. D'abord le prix, même si Ernesto ne le voit pas comme déterminant, et que M. Dauby reste laconique, admettant seulement : « C'est pas pareil. » Quant à la responsable de Ferrailpol, elle

9. La liste en est donnée par une circulaire du 29 avril 2006 du ministère délégué à l'Emploi, au Travail et à l'Insertion professionnelle des jeunes. Les secteurs concernés sont le BTP, l'hôtellerie, la restauration et l'alimentation, l'agriculture, la mécanique et le travail des métaux, les industries de process, le commerce et la vente, la propreté.

pense que le prix est similaire, l'économie sur les cotisations sociales (payées en Pologne, où le taux est inférieur) étant compensée par les frais de transport et d'hébergement.

Ensuite, et l'accent est davantage mis sur ce point, le recours au détachement permet de ramener l'activité dans le giron de la légalité vis-à-vis de l'emploi d'étrangers sans titres. C'est M. Dauby qui raconte :

> Le problème qu'on avait ici, c'était une main-d'œuvre avec des papiers pas en règle, et des contrôles plus stricts. On a eu quelques contrôles, on s'est aperçus qu'il y avait des mecs avec des faux papiers, très bien imités. Donc on s'interrogeait sur la pérennité du système. En France, il y a eu un laxisme pendant plusieurs années. Mais là j'ai senti un tournant dans la politique, vis-à-vis des gens qui viennent d'Afrique, qui vont être de moins en moins tolérés, et on va vers la préférence européenne. C'étaient des gens qui ont été tolérés depuis quinze ans dans une espèce de faux-semblant, car personne n'est dupe. Au début, avec les contrôles, j'ai envoyé des recommandés aux agences d'intérim leur demandant de veiller aux papiers de ceux qu'ils recrutent. Ça c'est une protection de parapluie, c'est ce que font les entreprises générales. [Rires] Et surtout, il va y avoir des lois qui vont nous rendre responsables, avec des responsabilités en cascade, sur la véracité des papiers [10]. Avec la main-d'œuvre européenne, le contrôle est plus simple. Donc on a diminué le nombre d'intérimaires.

Peut-être le recours à des sous-traitants européens n'est-il pas toujours si légal que ça. Ainsi, il semble que la petite entreprise polonaise avec laquelle travaille Bâtarmat' ne fasse rien d'autre

10. Le décret du 27 octobre 2005 et la loi du 24 juillet 2006 « relative à l'immigration et à l'intégration » renforcent la solidarité (financière seulement) du donneur d'ordres, respectivement en cas de travail dissimulé et d'emploi de main-d'œuvre étrangère sans autorisation de travail. Le donneur d'ordres doit désormais s'assurer tous les six mois (et non plus seulement lors de la conclusion du contrat) que son cocontractant n'est pas coupable de travail dissimulé, faute de quoi il sera financièrement solidaire (articles L. 324-14, R. 324-4, et L. 341-6-4 du code du travail). Avant même ces nouveaux textes, une affaire importante de travail dissimulé et d'emploi d'étrangers irréguliers mettait en cause une importante entreprise bretonne, Cardinal, qui avait eu recours à des sous-traitants turcs. De manière rarissime, dans un jugement du 20 juillet 2007, non seulement le tribunal correctionnel de Rennes a condamné le P-DG et le directeur d'exploitation de la société Cardinal, mais il leur a infligé les peines maximales prévues par la loi, à savoir trois ans d'emprisonnement dont dix-huit ferme, 45 000 euros d'amende, trois ans d'exclusion des marchés publics et cinq ans de privation des droits civiques (*Le Monde*, 22-23 juillet 2007). Pour soutenir cet entrepreneur, la Fédération française du bâtiment (par la voix de son représentant régional) était sortie de sa traditionnelle réserve sur la question de l'immigration en affirmant que « le recours à une main-d'œuvre étrangère compétente est aujourd'hui nécessaire dans certains métiers, notamment ceux du gros œuvre » (*Batiactu*, 1er décembre 2003).

que fournir de la main-d'œuvre, n'ayant aucune réalité en Pologne. Mais vérifier cela est plus compliqué qu'effectuer un contrôle de police sur un chantier, sans parler du fait que ce n'est peut-être pas une priorité politique.

Enfin, la discipline. Évoquant lui aussi la question des sans-papiers, Ernesto glisse sur un autre point qu'il juge crucial :

> – On va dire, au jour d'aujourd'hui, il est rare, rare de trouver des ferrailleurs par intérim en règle. Il y en a, je dis pas qu'il y en a pas. Mais en général, il y a énormément de faux papiers.
>
> *– Il y en avait aussi avant. Pourquoi c'est plus embêtant maintenant ?*
>
> – Oui, ça a toujours été le cas. Pourquoi c'est plus embêtant maintenant ? On va dire que c'est une question de mentalité. On va dire qu'avant, les intérimaires, ils venaient pour bosser. Et au jour d'aujourd'hui, ils ne viennent plus que pour faire acte de présence. Et on est, toujours entre guillemets, pour trouver du bon personnel, c'est difficile. Il y a une pénurie, il faut dire ce qui est, dans la ferraille, il y a une pénurie. [...] Ce qu'ils [les ouvriers polonais détachés] apportent, c'est la rapidité d'exécution. On va dire qu'on a toujours su que quand un homme partait à l'étranger pour travailler, c'est qu'il venait motivé. Il est beaucoup plus motivé que le gars qui est dans son propre pays, qui vient travailler tous les jours.

Discours étonnant qui, évoquant les mêmes personnes, les intérimaires, déplore d'un côté leur irrégularité au regard du droit des étrangers, et accuse de l'autre leur défaut de motivation qui serait lié au fait d'être « dans son propre pays ». Peut-être parce que, avec les sans-papiers, les entreprises du ferraillage ne font qu'exploiter les fragilités liées à leur mobilité (et à sa répression), tandis que, pour les ouvriers détachés, le patron commande et contrôle la mobilité même. Cette idée d'une discipline accrue, M. Dauby et la responsable de Ferrailpol la soutiennent également. Le premier en disant :

> J'ai un peu levé le pied sur les contrats d'intérim, avec des gens qui sont peu fiables sur leurs papiers. Et puis aussi, ce sont des gens qui travaillent à la semaine. C'est-à-dire qu'ils sont plus intéressés par le salaire à la fin de la semaine que par la valorisation de l'entreprise. Je veux dire, le bâtiment, c'est un métier d'intégration, donc l'intérêt c'est d'avoir des gens motivés.

Et la seconde :

> Là où on gagne, c'est sur le rendement. C'est une question d'organisation du travail et de discipline. Quelqu'un qui est contrôlé, encadré, va travailler mieux que quelqu'un qui vient faire ses heures et puis point barre. Nous, à Ferrailpol, on attend un résultat. Soit ça va et ils continuent, soit ils partent.

« Soit ils partent » : le licenciement semble donc facile. La responsable de Ferrailpol dit appliquer le droit du travail polonais, qui selon elle n'exige rien d'autre qu'un préavis de deux semaines pour renvoyer un salarié. C'est que le droit du licenciement (et la condition d'une « cause réelle et sérieuse » en cas de rupture d'un CDI par l'employeur) n'appartient pas aux dispositions du droit du travail français qui doivent s'appliquer au salarié détaché. Sans doute pourrait-il malgré tout protester que son licenciement est abusif (comme l'ont fait bien d'autres à l'encontre du Contrat nouvelle embauche [CNE]), mais l'ouvrier licencié, rarement francophone, n'a par ailleurs pas le droit de travailler en France et n'a donc guère d'autre choix que de retourner en Pologne.

Du chapitre 3 à celui-ci, on a pu mesurer les dynamiques et les tensions qui traversent le ferraillage. Externalisé il y a vingt ans, il a également été « intérimisé », afin de baisser le coût du travail, d'augmenter la flexibilité et de s'assurer la docilité des ouvriers. Cette externalisation a amené le ferraillage à être un métier non seulement d'étrangers, mais d'étrangers précaires, voire sans papiers. Cependant, on voit aussi que là où la marchandisation de la force de travail est poussée, la fiabilité des ouvriers et la qualité du travail s'en ressentent. C'est pourquoi des mécanismes informels de compensation sont créés : fidélisation sélective d'intérimaires, recouvrement des relations de travail avec des liens personnels et notamment familiaux, mise en avant de certaines origines ethniques et relégation d'autres. Phénomènes qui n'ont rien de systématique, mais dont la fréquence est suffisamment attestée pour qu'on y voie un trait décisif de la gestion et mobilisation de la main-d'œuvre dans le bâtiment. Qui n'ont rien de systématique, précisément parce que le système demeure celui du marché, et que les loyautés informelles, les protections sélectives sont des mécanismes de compensation partielle de ce système.

Néanmoins, ce genre d'organisation reste instable, et c'est pourquoi le recours à la prestation transnationale de services se développe, pour répondre aux mêmes exigences : diminuer le coût du travail tout en préservant la discipline des travailleurs. Cette nouvelle tendance résulte aussi bien de changements dans l'environnement – « on suit le vent, c'est tout », dit M. Dauby en évoquant les contrôles plus fréquents à l'égard des sans-papiers et l'élargissement de l'Union européenne – que des contradictions propres au fonctionnement d'un secteur qui veut « le travail sans le travailleur [11] ». Peut-être vaudrait-il mieux parler d'arrangements transitoires que de véritable organisation. Le recours à des entreprises polonaises semble déjà voué à se transformer, puisque les travailleurs polonais seront bientôt aussi libres que leurs entreprises. À la faveur des traités internationaux, passés et à venir, qui « libèrent » les prestations de services internationales – tandis que la liberté des hommes resterait toujours strictement limitée –, la relève viendra peut-être d'entreprises ou de salariés situés au-delà des frontières de l'Union européenne, et d'ouvriers complètement illégitimes sur le territoire français hors de leur relation avec leur employeur, donc mieux disciplinés. C'est ce qui fait dire à Antoine Math et Alexis Spire que « les termes du débat sur l'avenir de l'immigration doivent être reformulés : l'important n'est pas de savoir quelle sera la quantité de migrants nécessaire au marché du travail, comme le laissent penser les discours dominants, mais plutôt quelles seront les conditions juridiques et sociales dans lesquelles les migrants seront maintenus [12] ».

---

11. Alain MORICE, « Le travail sans le travailleur », *Plein droit*, juin 2004, n° 61, p. 2-7.

12. Antoine MATH et Alexis SPIRE, « Des travailleurs jetables », *Plein droit*, juin 2004, n° 61, p. 33.

6

Une belle équipe ?

Un patron d'un côté, un employeur de l'autre

Printemps 2004. Mon stage à Bâtarmat' est fini. Je veux continuer sur les chantiers, à nouveau en tant qu'intérimaire. Mais à présent j'en sais davantage. Je sais notamment que l'on peut être intérimaire sans être réellement recruté par une agence d'intérim. Cette dernière n'est parfois qu'un intermédiaire qui se contente de fournir un statut précaire à des ouvriers déjà choisis par l'entreprise utilisatrice. C'est pourquoi je change de tactique de recherche d'emploi. Je ne tente plus seulement ma chance dans les agences, mais aussi directement sur des chantiers. Cela prend vite. Sur le premier, le chef de chantier m'annonce que les effectifs sont complets et que, de toute façon, je dois m'adresser à sa direction. Mais sur le second (un chantier de cinq bâtiments résidentiels de cinq à six étages, dirigé par l'entreprise Martin) le chef de chantier se montre d'emblée intéressé. Michel, c'est son prénom, me demande mon âge, ajoutant que l'entreprise Martin cherche à recruter des jeunes. « Tu es motivé ? » Il me fait ramener un CV (que j'ai trafiqué) et remplir un formulaire de candidature. « Je pourrais te faire embaucher, mais en intérim, dans une boîte que je connais. Pour te tester. » Il me rappellera, dit-il.

Dix jours plus tard, il ne m'a pas recontacté, c'est donc moi qui m'en charge. Mais il est en vacances, je dois attendre dix jours supplémentaires pour qu'il me fixe un rendez-vous, à 11 heures. À l'heure dite, j'arrive sur un chantier désert. En fait, tout le monde, chefs et ouvriers, est réuni dans le réfectoire. Les deux jeunes conducteurs de travaux et Michel sont debout et s'adressent aux ouvriers, qui restent assis et silencieux. Ils passent en revue le planning et les modes opératoires. Puis viennent des points qui semblent plus polémiques, même si aucun ouvrier n'intervient. La sécurité d'abord. « Il faut se responsabiliser, on n'est plus des enfants », dit un conducteur de travaux, et son collègue d'ajouter :

> Nous, on essaie d'inventer des procédés pour qu'il y ait moins de risques. Ce chantier est tendu, il y a de la cadence, mais il faut continuer de faire attention.

Les heures supplémentaires ensuite. Un des conducteurs de travaux prend un ton rassurant :

> La semaine dernière, on a eu une semaine tendue. On a fait beaucoup d'heures supplémentaires, Michel n'était pas là, alors si ça a pu vous paraître le bordel, sachez que c'était un bordel organisé. Et sachez que toutes les heures supplémentaires sont pointées et payées, contrairement aux rumeurs qu'il y a eu.

Michel prend la parole sur un ton plus brutal :

> Je ne comprends pas. Parmi les compagnons [ouvriers], il y en a quand même quelques-uns qui ont travaillé avec moi et qui savent bien que je ne vais pas les leurrer sur les heures. Vous donnez de vous, et vous savez que moi je sais être reconnaissant. Et s'il y a un problème, il faut venir nous le dire, pas ébruiter des rumeurs qui sont complètement fausses.

Il conclut un peu plus tard :

> On est sur le même chantier, on sait qu'on va souffrir, moi comme vous, c'est notre métier.

La réunion se finit. Un repas semble prévu, mais certains ouvriers n'y participent pas. Michel s'en prend aux conducteurs de travaux, car ils ont oublié d'apporter du vin. Puis je me signale et il me fait monter dans son bureau. Il dit ne pas pouvoir me prendre avant dix jours. Neuf jours plus tard, je dois le revoir pour qu'il m'indique l'agence d'intérim par laquelle je devrai me faire embaucher. Lorsque je le cherche dans les bureaux, je rencontre un conducteur de travaux qui me prévient : « Ici, il y a des cadences de folie. » Michel nous rejoint ; s'il se souvient de moi, en revanche il a perdu mon CV :

> Je travaille 15 heures par jour, alors au bout d'un moment… Tu vois, c'est ça aussi le bâtiment, il faut s'en souvenir. Il est midi et

on est déjà épuisés. Et il y a encore cinq heures à faire dans l'après-midi.

Il cherche à joindre un commercial de Prestintérim, mais ne trouve que son répondeur.

– Je vais les rappeler en début d'après-midi, et je t'appellerai, tu repasseras. Mais je leur ai déjà parlé de toi. Ça tombe bien, tu vas remplacer un intérimaire que je vais virer.

– *Je ne voulais pas venir pour prendre la place de quelqu'un.*

– C'est normal, il me fait chier, ça fait deux jours qu'il ne vient pas. Il y a tellement de gens qui veulent travailler, ceux qui ne veulent pas bosser, ils dégagent.

Je suis de retour l'après-midi pour qu'il appelle l'agence devant moi.

– Tu as quelle qualification ?

– *J'en ai jamais eu, comme j'ai fait que des stages.*

– Bon, alors je te prends comme manœuvre.

Mais, au téléphone avec le commercial de Prestintérim, il m'octroie un peu plus :

Je vous appelle à propos de ce jeune que je voudrais tester en passant par chez vous. Je le prends comme petit compagnon, OE2 [ouvrier d'exécution niveau II].

Puis il me donne rendez-vous pour lundi matin 8 heures :

Mais attention, hein ? Pour l'instant tu es employé par l'intérim, tu es juste en prestation chez nous.

En attendant de commencer, je dois effectuer les formalités chez Prestintérim. Lorsque j'y passe, l'agence est fermée. On est pourtant en pleine journée, dans ses heures d'ouverture, et il y a des commerciales à l'intérieur, à qui je fais de grands signes. Elles refusent de m'ouvrir mais comme j'insiste l'une des deux vient déverrouiller la porte d'entrée, se souvenant que je suis annoncé :

Excusez-moi, mais je me suis fait agresser par un intérimaire ce matin, alors on préfère fermer.

Le « recrutement » est rapide. Après avoir photocopié mes papiers d'identité et de sécurité sociale, la commerciale me donne cette seule instruction :

Il faudra venir chercher les acomptes à l'agence toutes les semaines, le vendredi. Voilà, c'est tout ce que je voulais vous dire.

Officiellement, au regard du droit du travail, cette agence où je viens de passer cinq minutes est mon employeur. Dans les faits, sur ce chantier qu'on appellera Martin 2, je n'aurai qu'un seul patron : Michel.

Intérimaires et embauchés : divisions et réconciliations toujours à refaire

Quand on est un intérimaire choisi par un chef de chantier, les acteurs officiels de la relation d'intérim ne sont que des fantômes. Ici, je ne suis qu'un nom sur les listings de Prestintérim, et l'entreprise Martin, qui m'« utilise », ne me connaît pas. Tout se joue dans le face-à-face avec Michel, décidé à tester ma résistance et ma disponibilité, et libre de me renvoyer dès que je le déçois. Si, d'un côté, les chefs de chantier ont vu leur autorité sur les embauchés décliner, en raison du développement des directions de ressources humaines et d'une rationalisation de la gestion de la main-d'œuvre directement salariée [1], de l'autre ils ont gagné de nouvelles marges d'autonomie grâce au développement de l'intérim. Car la gestion des intérimaires, en dépit de projections préalables sur le volume nécessaire, reste ancrée au niveau du chantier : le chef de chantier, plus ou moins chapeauté par les conducteurs de travaux, décide généralement du nombre, des qualifications, de la durée et surtout de l'identité des intérimaires. Les commerciaux d'intérim le savent bien, qui s'emploient à complaire aux chefs de chantier. Ainsi, dans une petite agence, le commercial avertit l'administrative : « Le jeune sur ce papier, là, je l'ai mis en manœuvre. Je l'ai mis à 300 euros [par semaine]. » Air étonné de

1. Ilovu donne un exemple de reprise en main de la gestion du personnel par des services centraux et, dans le même temps, des difficultés que cela suscite. Elle a récemment créé un logiciel visant à mieux contrôler l'affectation des ouvriers de l'entreprise sur les chantiers, selon plusieurs critères. Avant même d'aboutir à cette rationalisation, le logiciel vise à rassembler et traiter les données, c'est-à-dire, plus clairement, à faire en sorte que l'entreprise sache où se trouve son personnel. Car, selon un concepteur du logiciel, le service de ressources humaines n'est actuellement pas en mesure de savoir où se trouve une partie de l'effectif ouvrier (en moyenne 15 % de l'effectif). Rassembler les informations permettant de le savoir constitue en soi une mise en cause du pouvoir de régulation informelle des chefs de chantier. On comprend dès lors qu'ils soient les principaux opposants au projet.

l'administrative – car habituellement un manœuvre ne gagne pas plus que le Smic – qui dit en riant : « Je n'ai rien entendu, je ne dis rien… » Le commercial : « C'est le fils du chef de chantier, quand même. » Un intérimaire intervient : « C'est comme sur mon chantier, le fils a fait deux jours, on lui a compté le mois ! » Le commercial : « Je vois que tu connais la musique. »

Jaloux de leur autonomie, les chefs de chantier cherchent à se créer un « noyau » de fidèles non seulement parmi les embauchés, mais aussi parmi les intérimaires, car ceux-là ne leur seront pas retirés par une décision de l'entreprise. Ils se préservent ainsi des marges d'autonomie. À la limite, si un chef quitte son employeur, il risque de perdre son noyau d'embauchés, mais peut partir avec son noyau d'intérimaires.

Michel ne déroge pas à la règle, bien que, sur le chantier Martin 2, la proportion de sous-traitance et d'intérim soit bien inférieure à ce que j'ai observé ailleurs. Seuls le coulage des planchers et l'électricité sont sous-traités, mais pas le ferraillage (ce qui est très rare), tandis que, parmi les personnels non sous-traitants, l'intérim représente moins d'un tiers de l'effectif [2]. Michel a donc son noyau parmi les embauchés, des ouvriers qui le suivent d'un chantier à l'autre. Mais sur les huit intérimaires, il y en a également trois qui lui sont attachés depuis plusieurs années.

Le premier jour, Michel me place dans une équipe de coffreurs de planchers, que je ne quitterai pas, sauf quand il m'affectera ponctuellement à des tâches solitaires de manœuvre. Nous sommes quatre à travailler en collaboration, mais divisés en deux équipes : puisqu'on coffre et coule en général un plancher par jour, une première équipe s'occupe de décoffrer le plancher de la veille pour fournir le matériel, en flux tendu, à la seconde qui coffre le plancher du jour. Je me retrouve avec Bakary, coffreur embauché de vingt-six ans, tandis que l'autre équipe est constituée de Moussa, coffreur embauché d'une quarantaine d'années, et Abdelaziz, coffreur intérimaire proche de la cinquantaine. Je suis donc le seul ouvrier non qualifié de l'équipe. Cela ne pose pas de problème : dernier arrivé, je suis vite adopté. Par Bakary surtout, à qui je

2. Parallèlement, le nombre de Français blancs est plus élevé qu'ailleurs, et le nombre de sans-papiers probablement – il est toujours difficile de savoir exactement – moins important.

dis rapidement, sous la pression de ses questions, que je suis là pour faire une enquête, et avec qui se noue progressivement une amitié, mais aussi par Moussa et Abdelaziz, qui se montrent protecteurs.

Une belle équipe semble-t-il, soudée et chaleureuse, qui tranche avec ce que j'ai souvent observé jusqu'ici. S'ajoute à cela la découverte d'un métier. Ayant davantage l'occasion de faire les mêmes tâches en continu, et même de faire quelques décoffrages seul, je prends du plaisir en travaillant. Dans ces moments d'autonomie, solitaire ou collective avec Bakary et les autres, la fatigue du corps elle-même peut être agréable, associée au plaisir d'un travail réfléchi et bien fait, dans une ambiance joyeuse.

Mais ces moments ne sont pas légion. Michel est là pour signifier que la cadence qui est la nôtre est rarement la bonne. Le chantier est pourtant dans les temps, et les conducteurs de travaux se sont déclarés étonnés de la vitesse à laquelle le chantier est « sorti » (c'est-à-dire à laquelle les fondations et les sous-sols ont été réalisés). Mais à cette époque des débuts du chantier, « c'était l'enfer », selon Bakary :

> On faisait des journées de dix heures, moi je coulais toute la journée [3]. Au bout d'un moment j'ai dit : « Stop, j'en peux plus. » Je te dis, j'ai pété les plombs plusieurs fois, j'ai dit : « Allez vous faire enculer ! » Le conducteur de travaux est venu me voir, il m'a dit que c'était parce qu'il y avait des délais… En même temps, tu vois, ils sont pas si méchants, ils ont reconnu que ça été dur. Ils ont donné une prime. La prime, ils étaient pas obligés de la donner. Mais en même temps, il faut voir ce qu'on est payé et ce que eux, ils gagnent !

La prime : instrument de récompense, mais aussi de division. C'est elle qui fissure la bonne entente de notre équipe. Il est normal qu'elle ne me concerne pas, puisque je n'ai pas travaillé sur les débuts du chantier. Mais il en va autrement d'Abdelaziz, qui n'est pas moins ancien ici que Bakary ou Moussa. Si la prime peut être un ferment de jalousie et de rancœur entre embauchés, car elle est individualisée, elle reste cependant

3. Le coulage des planchers n'a été sous-traité qu'après le chantier « sorti », pour les étages au-dessus du sol. Signe supplémentaire de porosité dans la distinction classique entre sous-traitances de spécialité et de capacité (la seconde pouvant s'assimiler au marchandage et étant à ce titre interdite) : le coulage n'est pas affaire de spécialité, mais de disponibilité des ouvriers. Selon les phases du chantier, l'externalisation est plus ou moins rentable.

confidentielle. En revanche, l'exclusion des intérimaires de ce dispositif est publique. Lors du déjeuner, les cadres annoncent une prime récompensant les efforts produits pendant la construction des fondations et des sous-sols. Un intérimaire demande : « Et les intérimaires ? » « Qu'est-ce que tu veux que je te dise ? » C'est la seule réponse de Michel. Abdelaziz en tire une amère leçon, qu'il me confie à part :

> – Tu vois, c'est que des hypocrites. Nous, on travaille comme des bêtes sur ce chantier, et on n'a rien. C'est tous des hypocrites, ici. Devant toi, ils sourient, et dès que tu as le dos tourné, ils disent que tu es un bon à rien, que tu ne fais rien. Et pendant ce temps, c'est toi qui fais tout le boulot. Même celui qui travaille avec nous, Bakary, il est manœuvre, lui, il est pas plus.
>
> – *Non, quand même, il connaît le métier.*
>
> – Un petit peu, comme ça…

Ni Bakary ni Moussa ne font de commentaires sur la prime et sa répartition. Durant les semaines qui suivent, Abdelaziz et moi restons également silencieux sur ce sujet. Peut-être pour ne pas envenimer des relations qui restent (en apparence ?) amicales. En aparté, Abdelaziz me fera souvent des commentaires désobligeants à l'égard de nos deux collègues embauchés.

> Tu sais, les mecs des boîtes, c'est toujours pareil, ils veulent que tu travailles pour eux. Ils voient que les intérimaires travaillent bien, ils veulent se reposer sur eux. Encore, ils sauraient mieux le travail que nous, là d'accord, mais souvent c'est des bons à rien. Le chef, il le voit, il ne dit rien.

Quand un peu plus tard Bakary se dit fatigué, Abdelaziz me souffle en rigolant :

> Pourtant, il n'y a pas de quoi… Ou alors peut-être, quand tu fais un effort après avoir rien fait, tu es fatigué.

Quoique je trouve les remarques d'Abdelaziz exagérées et injustes, sous son influence il m'arrive de regarder nos collègues d'un autre œil, soupçonneux, cherchant parfois à jauger la réalité de leurs efforts et le sens de leurs consignes. La prime qui exclut les intérimaires ne distille pas seulement l'amertume, mais aussi la crainte que les embauchés se transforment en petits chefs des intérimaires, en relais des cadences, puisque leur prime de « rendement » dépend aussi du nôtre.

Cependant, Abdelaziz ne dépeint pas toujours les embauchés sous les traits de parasites. Dans le bâtiment depuis plus de vingt ans, il a lui-même été salarié dans deux grandes entreprises. Venu de Tunisie en 1972, il s'est installé à Lille, mais a longtemps travaillé à Paris en « grand déplacement ». Il a quitté son entreprise lorsqu'elle lui a imposé de vivre dans la capitale afin de supprimer les indemnités de déplacement. Cependant, il continue de travailler à Paris, pendant que sa femme et ses enfants résident toujours à Lille. Après un bref passage dans l'artisanat, Abdelaziz s'est engagé dans l'intérim.

> C'est mieux, pour les vacances tu n'es pas emmerdé. Tu dis simplement : « Chef, pendant deux mois je ne serai pas là », et c'est tout. Quand tu rentres, tu rappelles et dès le lundi tu recommences à travailler.

Ce sentiment de liberté est lié au fait qu'Abdelaziz est un intérimaire relativement stable : coffreur, encore dans la force de l'âge, il sait avoir un profil recherché ; et il entretient une relation fidélisée avec l'entreprise Martin depuis six ans. Si Abdelaziz continue de rire et travailler de bon cœur avec Bakary et Moussa, ce n'est pas seulement par hypocrisie. C'est aussi qu'il pense qu'il n'y pas entre eux que division, mais aussi réunion dans une condition commune. Cette condition commune, c'est le partage du ressenti de l'oppression, mais aussi la généralisation de la suspicion.

> Si tu interroges des gars dans le bâtiment, personne ne te dira qu'il est content. Personne n'est content, dans le bâtiment. Moi, je ne suis pas content, comme les autres. Mais on ferme notre gueule. Si tu l'ouvres devant le chef, tu vas être tout seul, et ça va se retourner personnellement contre toi, et rien que contre toi, même si tout le monde est d'accord. Du coup, chacun se guette.

Sur ce chantier, personne n'échappe à la méfiance. Peut-être moins encore que sur les autres chantiers où l'externalisation est plus poussée, où la rotation des ouvriers est plus importante, et où discuter avec son prochain est moins dangereux étant donné la dispersion des employeurs et des statuts. Ici, on se connaît davantage : il y a davantage de passé commun, et aussi plus de passif. Lorsque j'apprends à Bakary que je travaille sur ce chantier pour une enquête, il me recommande de n'en parler à personne, et encore moins à des ouvriers identifiés comme proches de Michel. La méfiance est généralisée, mais elle se cristallise sur quelques individus désignés comme « mouchards ».

La peur des mouchards

Ce que je peux restituer ici, c'est la peur et l'aversion à l'égard des mouchards (partout présentes sur les chantiers quoique plus massives sur Martin 2) et ce sont les formes de repérage et d'étiquetage de ces derniers par les ouvriers. Mais je ne garantis pas que ceux qui sont désignés ainsi « mouchardent » bel et bien, c'est-à-dire qu'ils rapportent aux chefs les faits, gestes et discours de leurs collègues. Il m'a parfois semblé que la présomption de « mouchardage » était exagérée et que cette exagération était surtout une manière de signifier et justifier l'absence d'organisation collective des ouvriers (qui s'explique par ailleurs très bien par la gestion individualisée de la main-d'œuvre). Mais il se peut que je sois naïf et que, en tant qu'intérimaire restant seulement quelques semaines, je ne me sois pas bien rendu compte de la réalité du mouchardage.

Parmi les ouvriers de Martin, il y a les mouchards « institutionnels » et les autres. Les « institutionnels » se répartissent en deux sortes, qui parfois se confondent. L'entreprise Martin a, en effet, créé un « ordre » pour les « bons compagnons » et un syndicat « maison » tardivement rattaché à une confédération syndicale. Tout ouvrier qui appartient à l'une de ces deux structures est soupçonné d'être un « mouchard » (certes par ceux qui n'en sont pas, et qui changeraient peut-être d'avis le jour où ils en seraient).

Les Compagnons de Martin constituent une originalité issue des années 1960, et copiée depuis par d'autres entreprises, qui repose sur l'idée paradoxale d'un Ordre, à la manière des corporations, mais d'entreprise. Tandis que le compagnonnage historique organisait la solidarité ouvrière et l'autonomie par rapport aux donneurs d'ouvrage, l'Ordre que préside le P-DG de Martin vise à attacher les ouvriers à l'entreprise et à susciter une allégeance personnelle des ouvriers à leur patron. Dans la mesure où seuls les ouvriers peuvent appartenir à l'Ordre, et où quiconque devient chef de chantier doit le quitter, les Compagnons de Martin s'interprètent également comme un moyen pour la direction de contourner le pouvoir de l'encadrement de chantier. Divers avantages, plus symboliques que matériels d'ailleurs, rappellent régulièrement aux Compagnons qu'ils constituent une élite, et leur laissent espérer une promotion plus rapide. Élite ils sont, élite ils resteront : le taux d'ouvriers appartenant à l'Ordre est compris entre 10 % et 20 %.

Quant au syndicat, il constitue une autre originalité de Martin, tant il est présent et lié à l'entreprise. Sur les autres chantiers, je n'ai jamais vraiment entendu parler de syndicats, encore moins vu de visites syndicales. Au hasard des rencontres, j'apprenais que tel ou tel ouvrier – embauché de l'entreprise générale seulement – était syndicaliste. Ici, TM (Travailleurs de chez Martin), le syndicat « maison », habite de nombreuses conversations, quoiqu'on n'ose pas toujours dire tout haut ce qu'on en pense. Des élections du personnel se déroulent durant ma période sur le chantier. Parmi les candidats indiqués sur des listes affichées dans le réfectoire, presque tous appartiennent à TM. Les quelques autres n'ont aucune affiliation. De même, seuls des syndicalistes de TM viennent faire campagne sur le chantier. D'autres ont-ils essayé avant d'être refoulés ? Il arrive que l'accès des chantiers leur soit refusé. Toujours est-il que nous recevons un jour la visite de syndicalistes TM en campagne. Avec Bakary, nous sommes en train de décoffrer un plancher, quand Michel nous rejoint avec deux hommes à qui il désigne Bakary : « Tenez, ici, vous avez un compagnon. » La scène ne dure que quelques instants. Les deux syndicalistes m'ignorent complètement – ni bonjour ni au revoir –, ne s'adressant qu'à Bakary [4] :

– Ça va, tout se passe bien ?

– Tout se passe bien.

– Il faut nous dire s'il y a quelque chose, vous savez qu'on est là pour vous défendre. Là, on va se battre pour que les heures supplémentaires soient payées, et pas récupérées. Se battre, hein, c'est pas dit qu'on gagne. Donc il faut penser à nous.

Ils prennent congé. Bakary est resté souriant mais laconique. Ce qui m'a échappé, c'est qu'en partant les deux syndicalistes lui ont glissé dans la main un petit cadeau, comme ils le feront avec tous les électeurs potentiels : sous plastique, un tire-bouchon. « Tu as vu, ils nous donnent ça alors qu'on n'a pas le

4. Ils reproduisent de manière caricaturale une tendance par ailleurs commune à toutes les organisations syndicales. Que les syndicats soient « maison » ou pas, les personnels sous-traitants et intérimaires souffrent vis-à-vis d'eux d'un handicap analogue à celui des étrangers vis-à-vis du champ politique français : ils n'ont pas le droit de vote. Même avec les meilleures intentions, un syndicat cherche ordinairement à se faire reconnaître, lors des élections du personnel, par un électorat exclusivement composé de personnels embauchés dont les intérêts ne sont pas forcément ceux des travailleurs des « périphéries ».

droit de boire de l'alcool quand on travaille. Tu as vu comme c'est contradictoire ? » s'amuse Bakary. Nous convenons ensuite qu'il peut s'agir justement d'une subversion bon marché, alors que le syndicat est connu pour être inféodé à la direction de l'entreprise. Faut-il n'y voir qu'une coïncidence quand Michel, le midi même, offre le whisky aux ouvriers de Martin ? Selon Bakary, si TM ne fait pas un bon résultat aux élections, « ça chauffe pour le chef : ça prouve qu'il ne tient pas bien ses ouvriers ».

Le jour des élections, Michel semble effectivement nerveux. Et le lendemain, il se révèle d'une humeur exécrable, dont nous faisons les frais toute la journée. Il se murmure que, certes, TM a raflé tous les sièges proposés, mais aussi que le vote blanc ou nul a concerné plus de 60 % des suffrages. Bakary, notamment, semble s'en réjouir, ainsi que du trouble que cela crée chez Michel. Pourtant, quelques semaines plus tard, Bakary me confie avoir voté TM.

> Ça sert à quoi de voter blanc ? Tu votes pour rien, pour personne. C'est sûr que quand tu votes TM, tu votes pour le patron, mais on n'a pas le choix.

Sans illusion, il envisage même d'entrer dans le syndicat :

> Si un jour on me propose de me syndiquer [à TM], je ne dirai peut-être pas non. Pour être tranquille. Tu es protégé, et après, si on commence à te faire chier sur le chantier, tu peux répondre : « Eh les gars, je suis entré dans votre système, alors laissez-moi tranquille. » Il y en a qui se sont syndiqués juste pour être peinards. Il y en aussi qui ouvraient trop leur gueule, alors on les a fait se syndiquer. C'est égoïste de faire ça, mais en même temps si tu commences à essayer de défendre tout le monde, eux après c'est des connards, ils te tirent dans les pattes… Des fois il vaut mieux jouer solo.

Mais, dans l'immédiat, personne dans notre équipe n'appartient à TM ni aux Compagnons de Martin. C'est peut-être une explication de la bonne ambiance, qui change dès lors que Michel ajoute André à notre équipe. André, proche de la retraite, revient d'un arrêt maladie lié à un problème de reins. Lorsqu'il se justifie auprès de Michel, ce dernier met son excuse en doute. Pourtant, André est manifestement faible, le corps traversé de tremblements. Il a du mal à porter de lourdes charges, ce qui est notre lot quotidien. Mais il ne suscite pas notre compassion. Bakary :

– Il est gentil, comme ça, mais par derrière ces mecs-là ils te niquent.

– *Il est délégué TM, c'est ça ?*

– Et Compagnon de Martin.

Sourire entendu. Quand il est avec nous, André cherche à « tourner » ou à s'octroyer les tâches les moins fatigantes. Cela peut être vu comme une forme de résistance ou du moins toléré comme repos justifié par son âge : « Nous, on fait notre boulot, dit Bakary, on ne regarde pas les autres. S'il tourne, c'est son problème. » Mais, dans le même temps, André nous donne fréquemment des ordres, quoiqu'il ne soit hiérarchiquement pas mieux placé que Moussa et Bakary. Ce qui suscite des réactions amères, voire cruelles, chez ceux-là mêmes qui pouvaient affecter l'indifférence, comme Bakary, un autre jour :

> Il boit, qu'est-ce que tu crois ? C'est l'alcool qui fait ça [son tremblement]. Moi je m'en fous s'il est vieux, c'est pas mon problème, il faut qu'il travaille comme tout le monde.

Mais ce n'est pas André qui est vu comme le « grand mouchard », ni aucun syndicaliste TM ou Compagnon de Martin. Celui qui tient ce rôle, c'est Alain, un proche ambigu de Michel. Au début, je l'ai pris pour un chef d'équipe, en raison de tout ce qu'il savait sur la marche du chantier, et parce qu'il se montrait en capacité de prendre des décisions que seuls pourraient prendre des chefs d'équipe (ainsi, lorsqu'il décide ou affecte de décider à propos d'un intérimaire avec lequel il travaille : « Lui, vendredi, il dégage »). Mais il ne l'est pas. Il est à la fois coffreur et magasinier, si bien qu'il doit fréquemment s'arrêter dans son travail dès lors qu'un ouvrier ou Michel lui demandent un outil resté dans le magasin, fermé à clé. Alain n'a pas d'équipe fixe : Michel le déplace d'une équipe à l'autre selon les besoins, ou lui fait faire des travaux isolés en divers endroits du chantier (pose de garde-corps par exemple). Ce côté itinérant – il fréquente presque toutes les équipes –, ajouté au fait qu'il arrive à 6 h 30 le matin, part vers 19 ou 20 heures le soir, en même temps que Michel, après avoir bu avec lui un apéritif et discuté du planning, tout cela lui donne la réputation incontestée de « mouchard [5] ». Dans le même temps, il est le

5. Peut-être cette réputation est-elle exagérée : par exemple, un jour alors que j'arrive en retard, Alain me surprend. Tout le monde me prédit que « maintenant qu'Alain t'a

souffre-douleur « privilégié » de Michel, qui semble goûter la peur qu'il crée chez lui par de violentes réprimandes et diverses marques publiques de mépris. C'est pourquoi Alain suscite un sentiment mêlé de compassion, de méfiance et de dégoût. L'hypothèse la plus commune parmi les ouvriers de Martin est qu'il monnaie, par ce rapport servile au chef de chantier, la stabilité de son emploi : approchant la cinquantaine, réputé mauvais ouvrier, guetté par l'embonpoint et l'usure physique, il retrouverait difficilement du travail en cas de licenciement.

Cependant, Michel ne se satisfait pas d'un seul obligé. Il invite parfois d'autres ouvriers à ses apéritifs de fin de journée. Par exemple, Bakary a pris quelques verres avec lui, avant de finir par décliner les invitations en prétextant qu'il était pressé.

> C'est pour que tu sois proche de lui qu'il te propose ça, pour que tu lui dises ce qui se passe sur le chantier.

Comme à l'égard du syndicat, Bakary a une position ambivalente vis-à-vis de Michel. Avec Moussa et quelques autres, Bakary fait partie des hommes du chef, ceux qui le suivent toujours d'un chantier à l'autre. Il sait que c'est une voie vers la progression professionnelle : les augmentations de salaire comme les promotions sont suggérées aux responsables des ressources humaines par les chefs de chantier.

> C'est pas la direction, c'est lui qui s'occupe de toi. C'est ton patron. C'est ton père.

Cela réclame une loyauté, que Bakary ne refuse pas d'offrir dans l'exercice de son travail et l'acceptation des cadences, mais qu'il dose savamment de manière à ne pas trop « se mouiller » et se compromettre. Quoiqu'il semble envier Matthieu, un jeune traceur (ouvrier chargé de reporter les cotes des plans sur le chantier) bientôt chef d'équipe, Bakary ne peut s'empêcher de penser que « Michel le forme à être une saloperie, une vraie merde avec les gens ». Car, comme tout le monde, et quoiqu'il vante parfois la loyauté et le caractère « sévère mais juste » de Michel, Bakary le voit aussi comme quelqu'un d'autoritaire et agressif, et pas aussi fiable qu'il le prétend dans l'exécution de ses promesses.

---

vu, le chef est au courant ». Mais ce ne semble pas être le cas, car Michel ne me fait pas de remarque, ce qu'il n'aurait pas manqué de faire s'il avait su. Il reste que la réputation d'Alain est solide et que la plupart de ses attitudes (rester avec le chef, se comporter comme un chef) l'entretiennent.

Le chef de chantier ou la technique du « gueulard »

Le sentiment partagé de Bakary fait écho à l'attitude ambivalente de Michel, et à celle des chefs de chantier de manière générale. Ambivalence que résume un conducteur de travaux en entretien :

> Un chef de chantier, principalement, c'est un meneur d'hommes. Et il y a deux techniques pour être meneur d'hommes. La première, c'est la confiance : tu mets en confiance, t'instaures un climat sympathique en faisant comprendre que si tu travailles c'est pour le bien de tout le monde. Ce serait la manière idéale. Et puis il y a la manière en gueulant, en se montrant pas sympathique, alors que des fois on l'est mais il faut pas le montrer, gueuler tout le temps, essayer d'instaurer un climat un peu, presque de terreur, pour faire avancer les équipes comme ça.

Ces deux manières ne correspondent pas tant à des profils psychologiques qu'à des techniques qui peuvent être utilisées par les mêmes personnes, en fonction de leurs (projets de) carrières, mais aussi des exigences de la production, ou encore en fonction des salariés. Michel lui-même pratique les deux, quoiqu'il soit plutôt connu pour ses « coups de gueule » et ses humiliations. Moussa se souvient :

> Il y a dix ans, quand je l'ai connu, c'était le meilleur des chefs. Quand il avait un truc à te donner, il te disait : « Tu peux me faire ça, s'il te plaît... » Mais depuis, il traite tout le monde comme des chiens.

Abdelaziz renchérit :

> Il ne te reconnaît pas, il dira toujours que ce que tu fais c'est de la merde. Et le pire, c'est qu'il le pense.

Nous avons beau savoir que Michel est presque systématiquement désagréable, nous avons beau en rire ensemble à part, lorsqu'il passe près de nous sur le chantier, la crainte est de retour. Bakary l'avoue :

> Quand j'ai Michel à côté de moi, j'ai l'impression que je me dope, que j'ai pris de la coke, je vais à toute vitesse.

Passant une bonne partie de sa journée sur le chantier et non dans les bureaux, Michel nous visite de temps à autre là où nous travaillons, s'arrête un moment, donne quelques ordres vifs qui ne font que réitérer notre programme, mais qui nous obligent à accélérer notre cadence. Souvent, bien après son départ, nous avons conservé la cadence qu'il nous a imposée. « Il faut décoffrer le palier ! Il faut décoffrer le couloir ! Je voyais rien, le palier je l'ai décoffré en dix secondes », raconte Bakary à Abdelaziz un midi. La raison de ces « coups de bourre » artificiels que nous impose Michel, Bakary l'analyse sans peine :

> S'il était pas là pour nous gueuler dessus, c'est sûr qu'on travaillerait moins.

Chaque nouvel intérimaire est accueilli par une phase de « tests », comme le raconte Abdelaziz :

> Michel, c'est un emmerdeur. Pendant toute ma première semaine ici, il était derrière moi. Il me surveillait, il regardait si je savais faire le boulot, il m'emmenait à gauche, à droite. Je m'énervais : « Tu n'as rien d'autre à foutre ? » J'ai failli craquer, j'ai failli quitter le chantier. Et puis finalement il m'a laissé tranquille.

C'est un traitement plus dur encore qui est appliqué à Julien, le jeune apprenti. Formé à l'école d'entreprise Martin, il peut difficilement se fâcher avec le chef qu'on lui a assigné. Michel requiert souvent ses services pour des tâches diverses et lui impose de nombreuses heures supplémentaires. C'est l'occasion de remarques désagréables. Un jour Michel demande à Julien de lui apporter une cisaille, mais ce dernier revient bredouille, aucune équipe n'ayant consenti à lui prêter son outil.

> T'es vraiment pas démerdard ! Franchement, t'es même pas capable de te débrouiller pour trouver une cisaille !

Julien bredouille quelque chose d'incompréhensible, avant de lâcher à part : « Il me saoule ! » De son côté, Bakary commente :

> C'est vrai qu'il n'est pas démerdard. Une cisaille, ou n'importe quel matériel, tu le voles. Moi je fais ça. Les mecs des fois ils ne veulent pas te donner le matériel, même des fois ils refusent alors qu'ils n'en ont pas besoin, alors moi je le vole.

Certes, c'est ce à quoi encourage Michel. Mais c'est souvent au prix de disputes avec ceux à qui on prend le matériel (*cf.* chapitre 2). Dans tous les cas, qu'il subisse les foudres de Michel ou celles de ses collègues plus qualifiés, Julien n'a pas d'autre choix que de s'endurcir.

Les novices ne sont pas seuls à subir les humiliations de Michel. Un maçon embauché d'une cinquantaine d'années, qui certes n'appartient pas au « noyau » de Michel, reste abasourdi par ce que ce dernier lui a infligé, si bien qu'il raconte son histoire en boucle lors du déjeuner. La veille, son fils a été malade, il a dû l'emmener à l'hôpital et donc s'absenter du chantier. Aujourd'hui, il cherche à rattraper son travail, sous les commentaires acerbes et répétés de Michel.

> J'ai travaillé comme un fou. Et le chef il arrive, il me dit : « T'as pas encore fini ? » Il me redit ça encore une fois, je te jure que je… On parle pas aux gens comme ça ! C'est incroyable la cadence ici, incroyable. Même un robot serait fatigué [6].

Comme Abdelaziz ou Julien, je suis testé par Michel, qui me demande plusieurs fois de le suivre pour certaines tâches. Avec moi comme avec les autres, il se montre souvent brutal, mais aussi, parfois, chaleureux et protecteur. Il souffle le chaud et le froid, et cela est peut-être encore moins rassurant que de le savoir sans cesse de mauvaise humeur. Lorsque je l'accompagne, j'assiste à une distribution de coups de poing verbaux. Partout où il passe, il s'en prend aux modes opératoires des ouvriers et répète : « Il faut que je fasse tout sur ce chantier ! » Il passe près de Larbi, qui doit poser un escalier préfabriqué : « C'est bon ? » « Non, parce qu'il y a un problème. » Michel se désintéresse de l'exposé du problème et rétorque :

> Eh bien alors, si tu n'y arrives pas, tu rentres chez toi, qu'est-ce que tu veux que je te dise ! Si j'avais le temps, je le ferais, mais comme je n'ai pas le temps, eh bien soit tu le fais, soit, je sais pas…

Plus tard, il s'adresse à la cantonade :

> Vous êtes vraiment qu'une bande d'amateurs ! Heureusement que vous êtes chez Martin, les gars ! À côté [il y a un chantier contigu, d'une autre entreprise] vous auriez déjà été virés. Ah oui, le chef il vous aurait pas gardés, c'est que des bons. Le chef, il est jamais derrière ses gars, pas besoin.

---

6. Inversement, on pourrait dire que la fatigue transforme en robot. Nombreux sont les ouvriers du bâtiment qui se disent épuisés et qui, pourtant, ne parviennent pas à savourer un sommeil récupérateur pendant les week-ends. Un vendredi soir, au vestiaire, le chef d'équipe ferrailleur qui occupe un casier voisin du mien me demande : « Ça va ? » « Oui et toi ça va ? » « Chouïa, chouïa. » « Ça va quand même mieux le week-end. » « Un week-end à dormir. Des fois je me dis que je vais dormir jusqu'à 10 heures, 11 heures, et en fait à 5 heures ou 6 heures je suis réveillé et c'est fini. C'est l'habitude… »

Puis c'est à moi qu'il s'en prend, car mes doigts glissent lorsqu'il faut détacher les crochets de la grue, qui est attendue : « Il te faut deux heures pour décrocher ça ? Eh bien reste chez toi, alors ! » Cette phrase, si fréquente dans la bouche des chefs, n'est pas qu'une boutade vaguement agressive mais, lorsqu'elle s'adresse comme ici à des intérimaires, constitue une menace bien réelle et immédiate : Michel peut effectivement, le soir même, renvoyer l'intérimaire et faire ainsi en sorte qu'il reste définitivement chez lui.

Si Michel se permet une telle attitude, plus courante chez les chefs d'équipe ou de chantier que chez les conducteurs de travaux – pourtant leurs supérieurs théoriques –, c'est que la figure du chef de chantier est tout à fait particulière, lui conférant une forte autonomie[7]. D'un point de vue professionnel, les chefs de chantier sont l'échelon le plus élevé de l'encadrement qui a directement prise sur le chantier, tandis que les conducteurs de travaux sont davantage identifiés aux bureaux, quoique se trouvant sur le site. Tandis que ces derniers ne distribuent des consignes qu'indirectement, par l'intermédiaire des plans, les chefs de chantier donnent des ordres directs. De plus, contrairement aux conducteurs de travaux, les chefs de chantier connaissent le travail des ouvriers, pour l'avoir auparavant pratiqué. Il y a, dans ce lien hiérarchique du chef de chantier à ses subordonnés, une dimension d'englobement de l'inférieur par le supérieur, puisque le supérieur peut faire le travail de l'inférieur, mais qu'il effectue un travail plus valorisé : qui peut le plus peut le moins, sous-entend une telle relation. Cela donne un « droit » à humilier les inférieurs dont ne se privent pas toujours les chefs, comme on l'a vu, mais cela leur permet aussi de revendiquer une proximité vis-à-vis des ouvriers.

D'un point de vue social, l'origine des chefs de chantier est le pendant de cette exigence professionnelle. Contrairement à l'écrasante majorité des conducteurs de travaux, les chefs de chantier sortent du rang ouvrier. Ils sont généralement plus âgés

7. Je n'ai entendu que des témoignages indirects, quoique fréquents, sur les détournements opérés par des chefs de chantier qui profiteraient justement de leur autonomie, parfois dans une association avec ces autres « électrons semi-libres » que sont les commerciaux d'intérim ou les patrons d'entreprises sous-traitantes (et aussi, le cas échéant, les conducteurs de travaux). Prendre du matériel pour soi, faire acheter du matériel et le revendre pour son compte, commander plus de matériel ou d'intérimaires que ce qui est effectivement utilisé et se partager la différence avec les sous-traitants ou les commerciaux d'intérim sont quelques-unes des pratiques qui se racontent.

que les conducteurs de travaux, dont l'effectif est plutôt composé de jeunes ingénieurs, qui se voient en début de carrière quand les chefs de chantier sont à l'apogée de la leur[8]. C'est pourquoi, en dépit de la relation hiérarchique qui les lie, les chefs de chantier peuvent sembler avoir davantage d'autorité que les conducteurs de travaux, du moins vu du chantier. La figure du chef de chantier est celle du cadre à l'aise n'importe où, dans les bureaux comme sous la grue, distribuant ses directives et ses « coups de gueule » avec un égal tempérament – fougueux. Tandis que les conducteurs de travaux apparaissent davantage timorés (ne serait-ce que parce qu'ils ne portent pas de tenue spéciale et qu'ils évitent donc de se salir) et même, parfois, effrayés par la rudesse du chantier et de son chef.

C'est pourquoi, d'un point de vue comportemental, et sans prétendre généraliser, il faut souligner tout ce qui tend à distinguer les chefs de chantier d'autres cadres. Ils ont à cœur d'entretenir une proximité avec les ouvriers : en connaissant mieux les noms, en serrant plus de mains, en offrant plus de coups à boire que ne le feraient des conducteurs de travaux. L'envers de cette proximité tient dans la brutalité avec laquelle les chefs de chantier imposent ou critiquent des modes opératoires, leur virulence dans les accrochages et remontrances, etc. Beaucoup de chefs de chantier ont ainsi la réputation d'être « gueulards », voire « bouledogues » ; c'est à leur sujet, et non à celui de conducteurs de travaux, que des plaintes portant sur des « écarts de langage » remontent parfois des chantiers aux directions. C'est la proximité passée – puisque le chef est un ancien ouvrier – qui justifie la brutalité actuelle.

La résistance contre Michel s'effectue de manière essentiellement souterraine, par le biais de l'esquive. Lorsque Michel tourne sur le chantier, l'enjeu consiste à ne pas se trouver dans les parages. Quand la fin de journée approche, Bakary, Julien et moi cherchons à l'éviter. Car le croiser avant d'avoir pu regagner les vestiaires et se changer, c'est risquer de se voir imposer des heures supplémentaires pour faire face aux inévitables

8. Autrefois, les conducteurs de travaux étaient plus souvent des autodidactes. Le constat du remplacement de ces derniers par de jeunes ingénieurs est fait dès le début des années 1990. *Cf.* Élisabeth CAMPAGNAC (dir.), *Les Grands Groupes de construction : de nouveaux acteurs urbains*, L'Harmattan, Paris, 1992.

impondérables. Un jour, le « retard » est plus important que d'habitude. Il est plus de 16 heures, la plupart des murs coffrés dans la journée attendent d'être coulés. « C'est la catastrophe », dit Michel, d'un air dégoûté, au conducteur de travaux qui vient contempler le chantier. Une équipe de bancheurs est mobilisée et stressée en permanence par Michel. Il fait chaud et Arnaud, un jeune embauché, n'en peut plus d'imaginer la journée se rallonger encore. Côté coffrage de planchers, avec Bakary et les autres, nous connaissons une problématique inverse : nous avons fini notre tâche du jour, comment nous occuper pendant les vingt ou trente minutes qui restent ? Car si Michel nous voit inactifs, il risque de nous réquisitionner et nous serons bons pour des heures supplémentaires. Nous mimons donc une activité (en déplaçant et replaçant du matériel), avant de partir, discrètement, vers 16 h 25. Bakary pourtant se fait réquisitionner – seulement pour cinq minutes, il est rassuré. Dans notre « fuite », nous croisons Julien, l'apprenti qui lui aussi se cache et se dépêche : « Si je tombe sur Michel, il va encore me donner quelque chose. » Une fois au vestiaire, donc sortis d'affaire, on exulte, et il y a plus que la joie d'avoir échappé à des heures supplémentaires (que, par ailleurs, certains apprécient). C'est très secondairement que l'on plaint ceux qui sont restés là-haut.

Tandis que nous pratiquons l'esquive, il n'y a guère que Moussa qui ose tenir tête à Michel. Il fait au chef des réflexions de chef : « Alors, chef, la grue c'est pour aujourd'hui ou pour demain ? » ; « Bon alors, vous la posez, la gaine, parce que nous, on ne peut pas avancer ! » Michel se prend au jeu : « Tu ne vas pas m'engueuler, quand même ? », semblant chaque fois amusé de cette impertinence. À part, Moussa argumente : « Pourquoi je tremblerais devant Michel ? C'est quelqu'un comme toi, comme moi. » Cette subversion, qui n'est pas sans réjouir d'autres ouvriers plus discrets, permet à Moussa d'éprouver dans le même temps sa place et sa valeur : Michel ne tolérerait pas la même impertinence de tous.

Discrimination : quand l'anticipation rejoint la réalité

Si Moussa se permet une telle insolence, c'est qu'il s'estime d'un côté suffisamment bon ouvrier pour rester indispensable et, de l'autre, trop noir pour espérer une promotion qui justifierait une plus grande servilité. Sénégalais, depuis quatorze ans chez Martin, dont plus de dix passés avec Michel, il compte sur l'indépendance que lui confère son savoir-faire. Bien que sa femme soit en France (ce qui suscite la jalousie affichée et amusée de ses collègues à table : « Toi, tu es un vrai roi. Tu rentres chez toi, tu enlèves tes chaussures, ta chemise, et dans le fauteuil. J'en ai marre, moi, de préparer ma gamelle tous les jours... »), Moussa cherche à économiser pour envoyer de l'argent au pays et y construire une maison. Rester toujours ouvrier, ne jamais devenir chef : selon lui, c'est à la fois un destin inévitable en raison du racisme, et un mode de vie souhaitable pour ne pas être compromis par certaines responsabilités. Nous en discutons un jour où il me prédit une embauche et peut-être une promotion rapide au sein de Martin et où je réponds que ce n'est pas là mon objectif.

> Moi, c'est pareil, je ne veux pas être chef. Surtout à Martin, si tu es chef, tu es obligé d'emmerder les gens. Ça ne correspond pas à ma religion. Moi, quand il y a des gens avec moi, je les laisse travailler comme ils veulent, je ne les emmerde pas. Quand on me dit quelque chose, je dis : « Moi je suis payé pour faire mon boulot, pas pour commander. » Et puis pour être chef, il faut que tu sois soutenu par quelqu'un. Tu ne peux pas être chef à Martin quand tu es noir. C'est vrai. Regarde Bakary, il sait lire des plans, des trucs comme ça, il ne pourra jamais devenir comme Matthieu.

Matthieu, c'est ce jeune traceur appelé à devenir chef d'équipe sur les prochains chantiers. Issu de la même promotion de l'école Martin que Bakary, il était encore récemment son égal, un coffreur parmi d'autres. Bakary, d'origine malienne, est arrivé enfant dans le sillage de l'immigration de ses parents. Matthieu et Bakary partagent cette caractéristique, rare sur les chantiers, d'être passés par l'école en France. Si Matthieu semble adhérer pleinement aux exigences de Martin, Bakary est toujours plus réticent, voire franchement critique en aparté. Signe de son ambivalence, notamment vis-à-vis de la promotion, lorsqu'il s'efforce d'offrir un profil conforme à ce qu'attend son employeur, il le théorise en résistance. Par exemple :

> Il faut savoir se rendre disponible. Parce qu'il faut être malin aussi. Quand tu remplis les fiches carrière, les trucs comme ça, ils te demandent tes disponibilités, si tu es prêt à être disponible, si tu aimes l'entreprise... Alors il faut leur faire croire.

Mais l'entreprise a-t-elle réellement besoin que ses salariés l'aiment ou lui suffit-il qu'ils fassent comme si ?

Pourtant, on ne peut interpréter cette attitude de Bakary comme une simple mise en conformité. Le discours qui l'accompagne est non seulement une sorte de baume psychologique – Bakary manifeste son existence autonome en se mettant à distance du rôle qui lui est demandé – mais aussi un point d'appui pour d'éventuelles résistances à venir[9]. Même s'il y songe parfois, Bakary se refuse pour l'instant à entrer dans un syndicat contestataire, craignant qu'on lui fasse la vie trop dure et escomptant encore une hypothétique promotion. Dès le premier jour où nous travaillons ensemble, Bakary diagnostique :

> Je suis black. Je ne peux pas avancer comme ça. Tu vois, je suis sincère avec toi.

De temps à autre, il compare sa stagnation à la promotion de Matthieu, tout en sachant que je suis potentiellement un nouveau Matthieu.

> Michel a vu que tu n'étais pas con, il veut te tester, et peut-être t'embaucher. Peut-être même que là, si tu assures, tu vas monter… Tu es un bon petit Blanc !

C'est dit sans animosité à mon égard, et suivi d'un grand éclat de rire.

> Tu vois, je suis franc, je te dis comment je pense que ça marche.

Cette discrimination que soupçonnent Moussa et Bakary est-elle avérée ? C'est ici un des rares cas où la discrimination dans le bâtiment peut être mesurée, car isolée. Ordinairement, comme on l'a vu dans les chapitres précédents, la discrimination se disperse dans la profusion des employeurs et des statuts. Pour parler de discrimination[10], il faut prouver que la rémunération ou la qualification sont liées à l'origine ou à la couleur de peau, en ayant auparavant « neutralisé » les variables qui

9. *Cf.* James C. Scott, *Domination and the Arts of Resistance*, Yale University Press, New Haven et Londres, 1990.

10. Je me repose ici sur cette définition de la discrimination, donnée par Véronique De Rudder (« Discrimination », *in Vocabulaire historique et critique des relations interethniques*, n° 3, p. 34-38, 1995) : « application d'un traitement à la fois différent et inégal à un groupe, à une collectivité, en fonction d'un trait ou d'un ensemble de traits, réels ou imaginaires, socialement construits comme "marques négatives" ou "stigmates" (sexe, couleur de peau, orientation sexuelle, etc.) ».

peuvent également expliquer les différences entre individus, afin de pouvoir raisonner « toutes choses égales par ailleurs ». Autrement dit, il faut d'abord faire comme si tout le monde avait le même âge, la même ancienneté, travaillait pour la même entreprise, sous le même statut d'emploi. À l'échelle d'un chantier, cela impose de neutraliser trop de variables en même temps : quand un collectif de travail est éclaté entre de multiples sociétés de tailles, d'obligations et de rangs différents, et entre plusieurs statuts d'emploi, il devient illusoire de juger d'une discrimination « toutes choses égales par ailleurs ». Si discrimination il y a, elle ne s'ajoute pas à d'autres modes de classement ; elle s'y intègre, s'incorpore à leur logique, les façonne. Dans l'univers des chantiers, toutes les choses sont inégales par ailleurs, et la discrimination n'y est qu'un des moments et un des moyens de la sélection des travailleurs.

Néanmoins, lorsqu'on a affaire à une grosse entreprise comme Martin, on peut se pencher sur le fichier du personnel embauché, même si, encore une fois, on n'aborde la discrimination dans le bâtiment qu'à travers le petit bout de la lorgnette. Malheureusement, ce type de fichier est confidentiel. Je n'ai pas pu me procurer celui de Martin. En revanche, j'ai pu accéder à deux autres sources, concernant d'autres entreprises d'un gabarit comparable. La première, ce sont les statistiques établies par une chercheuse à l'échelle d'un des trois grands groupes du bâtiment [11]. Ses tableaux permettent de comparer, selon les nationalités, l'accès au niveau le plus élevé des qualifications ouvrières et l'ancienneté.

	Total	*Français*	*Étrangers*
Effectif	6 526	3 632	2 894
Effectif niveau IV [12]	1 489	835	653
% niveau IV	22,8 %	22,9 %	22,6 %
Ancienneté moyenne des ouvriers	13 ans et 9 mois	11 ans et 4 mois	16 ans et 10 mois

11. Isabelle Van de Walle, *Recrutement, intégration et professionnalisation des jeunes ouvriers du bâtiment. Devenir ouvrier du gros œuvre dans le groupe X*, CREDOC, Paris, 2003.

12. Le niveau IV regroupe des ouvriers hautement qualifiés et des chefs d'équipe. Les niveaux II et III sont composés d'ouvriers qualifiés. Le niveau I concerne les ouvriers non qualifiés.

	Portugais	*Espagnols*	*Marocains*	**Algériens**	*Tunisiens*	*Turcs*	*Autres*
Effectif	**1 455**	98	410	**457**	125	163	186
Effectif niveau IV	**438**	40	36	**68**	19	18	35
% niveau IV	**30,1 %**	40,8 %	8,8 %	**14,9 %**	15,2 %	11 %	18,8 %
Ancienneté moyenne des ouvriers	**17 ans et 1 mois**	20 ans	15 ans et 7 mois	**20 ans et 1 mois**	16 ans et 11 mois	12 ans et 4 mois	

Il apparaît que l'ancienneté ne peut expliquer, seule, l'accès aux qualifications. Des disparités apparaissent selon les nationalités. D'une part, entre Français et étrangers pris globalement, puisque leur accès au niveau IV des qualifications ouvrières est équivalent alors que les Français ont moins d'ancienneté. D'autre part, à l'intérieur du groupe des étrangers, de manière flagrante lorsqu'on compare Algériens et Portugais : les premiers ont plus d'ancienneté que les seconds, mais accèdent moins aux hautes qualifications.

Obtiendrait-on le même résultat s'il s'agissait non plus d'étrangers, mais plus généralement d'immigrés ? La seconde source que j'utilise est le fichier du personnel ouvrier d'une entreprise générale (qui appartient au groupe étudié ci-dessus), d'un effectif de trois cents personnes dont deux cents ouvriers environ. Le fichier comporte pour chacun le taux de salaire horaire, la qualification, l'ancienneté, l'âge et le lieu de naissance. En empruntant un raccourci qui consiste à dire que tous ceux qui sont nés à l'étranger sont immigrés [13], on obtient les deux tableaux suivants qui présentent, pour les salariés classés selon leur pays d'origine, l'ancienneté, le salaire et la qualification :

	Âge moyen (années)	*Ancienneté moyenne (années dans le groupe)*	*Taux horaire moyen (euros)*
Portugal (n = 105)	49	20	11,24
Hors Europe (n = 51)	52	21	10,40
France (n = 26)	38	13	10,91
Non rens. (n = 14)	Nr	4	9,52
TOTAL (n = 196)	48	18	10,85

13. On exclut ainsi l'hypothèse qu'il puisse s'agir de Français nés à l'étranger, très minoritaires dans l'ensemble de la population et sans doute encore plus ici.

	Niveau de qualification							
	I-1	*I-2*	*II-1*	*III-1*	*III-2*	*IV-1*	*IV-2*	*TOTAL*
Portugal	0 (0)	0 (0)	1,0 (5,9)	12,4 (44,8)	41 (57,3)	34,3 (70,6)	11,4 (66,7)	100 (53,6)
Hors Europe	0 (0)	0 (0)	23,5 (70,6)*	21,6 (37,9)	37,3 (25,3)	15,7 (15,7)	2,0 (5,6)	100 (26,0)
France	0 (0)	0 (0)	11,5 (17,6)	15,4 (13,8)	38,5 (13,3)	19,2 (9,8)	15,4 (22,2)	100 (13,3)
Non rens.	21,4 (100)	21,4 (100)	7,1 (5,9)	7,1 (3,4)	21,4 (4,0)	14,3 (3,9)	7,1 (5,6)	100 (7,1)
TOTAL	1,5 (100)	1,5 (100)	8,7 (100)	14,8 (100)	38,3 (100)	26,0 (100)	9,2 (100)	100 (100)

Lecture : 23,5 % des ouvriers nés dans un pays non européen appartiennent à la catégorie II-1 ; 70,6 % des ouvriers appartenant à la catégorie II-1 sont nés dans un pays non européen.

(* Cette catégorie hors Europe regroupe principalement des Maghrébins [35] et des personnes originaires d'autres pays africains [11].)

Le résultat est celui-ci : ni l'âge ni l'ancienneté ne permettent de comprendre la distribution des salaires et des qualifications. Si l'on exclut la catégorie des « non renseignés », qui sont principalement des jeunes embauchés, les immigrés non européens sont à la fois globalement les plus âgés, les plus anciens dans le groupe, les plus mal payés et les plus mal classés. De ce point de vue, le salaire ne rattrape pas la qualification, et inversement : la discrimination est manifeste sur les deux tableaux. Les Français de naissance se situent dans la moyenne des salaires et des qualifications, mais avec un âge et une ancienneté inférieurs à la moyenne. Quant aux immigrés portugais, légèrement plus âgés et anciens que la moyenne, ils sont globalement mieux payés, et fortement surreprésentés dans les hautes catégories de qualification. Si l'on s'intéresse au niveau IV des qualifications, le résultat observé plus haut pour le groupe (et pour les étrangers seulement) est ici amplifié : plus de 45 % des immigrés portugais ont accédé à ce niveau, contre moins de 18 % des immigrés non européens.

Certes, d'autres variables qui permettraient peut-être d'expliquer ces disparités n'ont pas été prises en compte (par exemple la situation familiale, l'habitat...). Il reste que les deux variables qui conditionnent *a priori* le plus le niveau de salaire comme celui de la qualification, à savoir l'âge et l'ancienneté, ne suffisent absolument pas à rendre compte des écarts selon les pays d'origine. Ce qui laisse un large espace d'incertitude dans lequel peut se déployer une interprétation en termes de discrimination.

Les responsables du groupe connaissent ces discriminations puisque l'étude citée plus haut leur a été remise. À peu près en même temps, j'ai interviewé le « directeur de recrutement » de ce groupe. Voici son analyse des résultats :

> Il faut chercher à comprendre pourquoi, éventuellement, un Portugais réussit mieux qu'un Maghrébin. Là, c'est pas évident de… Bon, des sociologues vont nous expliquer. […] Je pense que les gens du Maghreb ne raisonnent pas de la même manière que, par exemple, des Portugais ou des gens de l'Est. […] Les gens des îles, tout ça, c'est des gens qui ont de la difficulté à s'adapter aux rythmes de vie qu'on peut avoir en France aujourd'hui, notamment sur nos chantiers, où il y a une pression de mise assez importante. […] Alors c'est vrai qu'un Portugais est très réactif, très très vif, quitte à faire des bêtises, mais il réagit très très vite. Il fonce. Sans trop réfléchir. On pourrait dire que le Maghrébin c'est l'inverse, il réfléchit peut-être de trop avant de faire les choses. […] ça, je sais que les sociologues n'aiment pas beaucoup ce genre de positions. Mais je ne peux pas non plus gommer tout ce que j'ai vécu avant en tant que responsable de chantier, donc… […] Mais je ne disconviens pas non plus que peut-être on sait pas, des Français ou… ne savent pas manager peut-être bien ces personnes-là.

Mis en demeure d'expliquer les inégales réussites des salariés de son groupe selon l'origine, ce cadre n'admet au plus qu'un « management » inapproprié des « différences », différences qui découleraient de « cultures » globalisantes et figées. Sans quitter le domaine du racisme, donc, il adopte une position défensive, qui diffère un peu de la revendication calme et joyeuse de la ségrégation exposée, quinze ans plus tôt, dans le journal de référence de la profession. En effet, dès l'introduction d'une de ses rares enquêtes consacrées aux salariés du bâtiment, et plus particulièrement aux salariés immigrés, *Le Moniteur des travaux publics et du bâtiment* annonçait une répartition raciste des tâches : « [Les dirigeants d'entreprise] ne mettent pas en avant une égalité entre salariés, quelle que soit leur nationalité ou la couleur de leur peau, mais parlent de différences de compétences et d'ambitions qui font bon ménage entre elles. » Tout l'article, fondé sur des témoignages de dirigeants, soutient cette vision d'un modèle « ensemble et inégaux », inversion du célèbre « séparés mais égaux » de la ségrégation américaine, mais qui se prétend tout aussi harmonieux : « Les dirigeants d'entreprise que nous avons interrogés affichent pas mal de sérénité et évoquent une “cohabitation convenable". » Un premier dirigeant « décrit "une bonne ambiance, un bon esprit de chantier, sans jamais un seul licenciement pour rixe". Il ajoute : "Les Européens profitent de leur situation hiérarchique, par rapport aux Maghrébins, mais ceux-ci sont d'accord, comme s'il s'agissait, pour les uns et pour les autres, d'un ordre normal des choses !" » Un second « reproche à la presse "un excès de battage sur le racisme en France. Tel, dit-il, qu'il conduit les Français à devenir racistes. La réalité est tout autre sur nos chantiers ; l'ambiance est bonne, la main-d'œuvre de bonne qualité et bien adaptée à ses différentes tâches. Je regrette pourtant que les Maghrébins n'accèdent pas davantage à la maîtrise. Parmi les causes, il y a aussi leurs propres comportements. Ils ont une formation un peu courte et se montrent souvent peu entreprenants. Cela dit, on a besoin d'eux. Ils tiennent des métiers durs, souvent testés, puis délaissés par de jeunes Français qui préfèrent l'industrie !" [14] ».

En établissant ces tableaux, en rapportant ces propos, on rend objective l'existence de la discrimination, mais on n'apprend rien aux premiers concernés, par exemple Moussa et Bakary. La discrimination n'est pas qu'une idée abstraite qui se lit dans des tableaux ; c'est d'abord une chose tout à fait palpable, sensible dans le quotidien des chantiers. Sédimentée, intériorisée dans l'expérience des individus, elle est susceptible de créer des anticipations et des comportements correspondants. Un ouvrier portugais (éventuellement introduit par un proche) s'imagine (et il a raison) un avenir plus prometteur qu'un ouvrier africain. Sans doute cette promesse peut être déçue, sans doute bien des vies d'ouvriers portugais sont traversées de trahisons d'employeurs, de déceptions et de précarités. Mais il est question ici de probabilités : un ouvrier portugais a moins de chances d'affronter de telles déconvenues. C'est ici peut-être que se rejoignent les attentes des employeurs et celles des salariés : les premiers sont prêts à favoriser une fraction des seconds ; les ouvriers « privilégiés » s'investissent dans leur travail avec une loyauté à la mesure de leurs espoirs ; et c'est ainsi qu'ils méritent la confiance qu'on leur a accordée. Cependant que d'autres partaient perdants (et en termes de probabilités on peut penser que c'est à raison), et ont pu, par leur comportement, confirmer le verdict qui pesait déjà sur eux.

14. *Le Moniteur des travaux publics et du bâtiment*, n° 4511, 11 mai 1990, p. 30-37.

Au quotidien, sur le chantier, Moussa et Bakary se trouvent parfois en butte à des propos racistes. Mais n'étant ni manœuvres ni intérimaires comme ceux qu'on appelle « Mamadou » (*cf.* chapitre 1), le racisme à leur encontre est plus modéré, ou ambigu. Comme une bonne part de l'humour en chantier repose sur la mise en jeu de catégories racistes, il est difficile de déterminer à quel moment on passe de la « simple plaisanterie » à l'intention de nuire symboliquement. Condition d'une « bonne ambiance » ou serviteur déguisé de tensions très sérieuses : l'humour en chantier est sans doute les deux à la fois. À nouveau, en tenant des propos parfois contradictoires, Bakary n'est pas incohérent, mais reflète l'ambiguïté de la situation :

> C'est comme ça. Tu es obligé de parler comme ça dans le bâtiment, il faut rigoler pour faire passer le temps. Des fois tu dis ça à des types, ça pourrait être ton père, ou eux, ils te disent ça. Le truc, c'est qu'il faut pas dépasser les limites. [...] J'ai travaillé avec un chef, c'était un enculé, il gueulait tout le temps, pire que Michel. Et puis, tu sais, il faisait des blagues... Il y a un type, il l'engueulait parce qu'il était lent, il lui a dit en me montrant : « Regarde, lui, il est noir et il travaille plus vite que toi ! » [...] Tu vois entre nous, on se dit des trucs, pour plaisanter. « J'aime pas les Noirs », on rigole... Mais tu sais, ça se répète, on dit qu'on rigole, et au bout d'un moment tu ne sais plus si c'est sincère ou pas...

La plaisanterie est peut-être moins équivoque, et plus plaisante, lorsque c'est Bakary qui l'adresse à Moussa ou réciproquement. « Eh le Noir ! T'es un vrai Noir, toi ! » lance Bakary pour signifier à Moussa qu'il s'est trompé dans son travail. Moussa est le premier à détourner les clichés racistes, comme cette fois où il arrête un jeune coffreur, blanc et blond, en quête de matériel dans notre bâtiment : « Eh non, normalement c'est les Arabes et les Noirs, les voleurs ! » Pourtant, l'insulte favorite de Moussa n'est pas sans ambiguïté. « Malien ! T'es un vrai Malien ! » affectionne-t-il de dire en toute occasion et à tout individu, blanc ou noir. On peut l'interpréter de deux manières, sachant que Moussa a souvent été (et continue d'être) appelé « Malien » ou « le Malien » par certains de ses collègues. Il est ainsi, selon un procédé raciste banal, enfermé dans une identité collective, réduit à un fragment de groupe [15]. D'un côté, en retournant l'injure qui lui est adressée, on peut penser que

15. *Cf.* Colette GUILLAUMIN, *L'Idéologie raciste*, *op. cit.*

Moussa en détruit la portée et fait œuvre de subversion de l'ordre raciste. De l'autre, on peut le voir comme un moyen de se distinguer individuellement, en tant que Sénégalais, des Maliens et du stigmate qui s'y attache. Sans doute serait-il vain de vouloir trancher entre les deux interprétations.

Rendus à l'intérim

Me voilà déjà depuis cinq semaines et demie sur le chantier. Les journées sont de plus en plus chaudes, nous transpirons dès le matin. Certains retirent leurs gants ; ils prennent le risque de se blesser les mains, mais ils veulent absolument se débarrasser de cette puanteur, résistante aux lavages les plus acharnés, qui naît de la rencontre entre la sueur et la matière synthétique des gants. C'est le milieu de semaine : le week-end est loin, vu du mercredi. Pourtant, l'atmosphère est assez joyeuse. Nous n'avons pas croisé Michel de la matinée, nous nous organisons comme nous l'entendons. Bien entendu, pas d'écart ni de ralentissement sur le programme, mais au moins nous échappons à sa surveillance constante, et c'est en soi appréciable.

Le voilà qui nous rejoint cependant vers 11 heures. Pas pour nous demander d'accélérer, mais pour annoncer à Abdelaziz et moi-même :

> Le chantier va bientôt se terminer. On est en sureffectif. Donc tous les intérimaires vont partir vendredi, sans exception. Je garde juste le manœuvre et un maçon. Croyez bien que ça ne me fait pas plaisir, on a pris la décision hier soir. On a fait le bilan financier… Un chantier, c'est organiser des hommes, mais aussi de l'argent.

Il a l'air sincèrement désolé, en tout cas nettement moins brutal qu'à l'accoutumée.

> Mais je commence un chantier en septembre. Et comme vous êtes des gars compétents, normalement je devrais prendre des intérimaires, je vous rappellerai. Je préfère prendre des gars que je connais, dont je sais comment ils travaillent [16]… Demandez au maçon, ça fait des années.

Il nous quitte sans aucun commentaire sur notre travail de la matinée.

16. À part, il suggère même qu'il pourrait m'embaucher à cette occasion. Pour l'instant, dit-il, la branche de Martin à laquelle il appartient refuse de recruter.

« C'est pour ça qu'il est pas venu nous voir ce matin, ironise Abdelaziz un peu plus tard. Normalement, s'il avait vu ce qu'on a fait ce matin, il aurait gueulé : "Vous avez rien fait !" » Nous rions, mais l'ambiance est plombée. Bakary et Moussa envisagent avec inquiétude de devoir travailler avec André ou Alain. Finalement, nous étions quand même une « belle équipe », susceptible de nous donner du courage et de l'enthousiasme pour affronter le travail. À midi, Michel nous prend de nouveau à part, Abdelaziz et moi :

> Si vous voulez, vous pouvez partir plus tôt vendredi, je vous compterai les heures. Vous travaillez jusqu'à midi, et puis vous y allez, de toute façon j'envoie le relevé d'heures à l'agence d'intérim le matin. Si je peux faire un geste…

Cela nous permettra de consacrer le vendredi après-midi à la recherche d'une nouvelle mission, Michel le sait. Nous prévenir deux jours avant notre renvoi, nous donner une demi-journée : de l'avis général, voilà une faveur peu commune, dans un environnement qui certes en est avare.

Il est vrai aussi que, durant les deux jours qui nous restent, Abdelaziz et moi continuons de travailler à cadence inchangée. C'est d'ailleurs curieux car, en quelques mots, notre situation a changé du tout au tout : d'une précarité à durée indéterminée, nous voilà rendus à la certitude du licenciement. Après tout, que devons-nous à Martin, qui nous promet simplement de nous renvoyer ? Mais les choses sont plus compliquées. Nous avons cette promesse de Michel de nous reprendre. Ce qu'elle vaut, nous n'en savons rien, mais il serait idiot de courir maintenant le risque de le décevoir. Et puis, il y a l'habitude de travailler avec Bakary et Moussa, nos collègues malgré tout, presque nos amis. Se tourner les pouces auprès d'eux, pendant qu'ils travaillent ? Nous ne l'imaginons pas.

Le vendredi après-midi, Abdelaziz et moi revenons donc à Prestintérim, notre employeur, dont je ne connais rien et qui ne connaît rien de moi puisque nous n'avons échangé que des photocopies. Mais Prestintérim n'a pas de mission pour nous et nous faisons, séparément, le tour des agences du quartier Magenta, tous deux sans succès. Abdelaziz préfère, explique-t-il lorsque nous nous retrouvons, car il souhaite retourner à Lille une semaine pour se reposer. S'il a fait le tour des agences, c'est davantage pour signaler sa présence, dit-il, que pour trouver du travail :

> Il faut toujours leur mettre la pression, leur dire que tu cherches du travail, même si tu as envie de te reposer ou si tu trouves mieux ailleurs, tu ne te casses pas la tête. Parce qu'ils sont hypocrites. Quand ils ont besoin de toi, ils te joignent par tous les moyens. Et quand tu n'as pas de boulot et que tu es limite, là on te fait rappeler le lendemain, puis après l'après-midi, puis après la personne est partie, tu rappelles le lendemain…

Je sais qu'il a raison, et une certaine lassitude me gagne. Exhiber en permanence sa disponibilité, c'est fatigant. Néanmoins, les deux semaines qui suivent ne sont pas qu'une redite de ce que j'ai déjà vécu. Comme on le verra au chapitre 8, je finis même par obtenir un certificat de travail comme ouvrier qualifié. Malgré tout, il faudra un petit coup de pouce supplémentaire, celui de la police, pour que je sois envoyé durablement sur un chantier à ce niveau de qualification.

7

« Arrêtez, je suis le premier concerné par la sécurité ! »[1]

Avant de terminer le récit de l'enquête, il s'agit ici de revenir sur la question de la sécurité, à partir d'exemples issus de l'ensemble des chantiers où j'ai travaillé. On ne comprend qu'imparfaitement les conditions de travail et la répulsion qu'elles suscitent chez de nombreux ouvriers, tant que l'on n'a pas abordé ce point crucial. En 2004, le BTP comptait officiellement 20 % des 52 000 accidents du travail ayant entraîné une incapacité permanente dénombrés en France, et 27 % des 626 accidents ayant causé un décès, alors que les salariés du BTP ne représentaient que 8 % de l'ensemble des effectifs salariés. La même année, on a compté dans le BTP un accident du travail avec arrêt pour onze salariés ; et un accident du travail ayant entraîné une incapacité permanente pour cent trente salariés[2].

Il faut se souvenir de ces chiffres, mais ce chapitre n'a pas vocation à démontrer la dureté des conditions de travail ou à faire l'inventaire des risques que rencontrent les ouvriers du bâtiment. Pourquoi, alors, aborder la question de la sécurité ? Parce que son étude ne peut se cantonner à une mesure ; parce

1. Une forme sensiblement différente de ce chapitre a fait l'objet d'un article sous le titre : « La sécurité au travail accaparée par les directions. Quand les ouvriers du bâtiment affrontent clandestinement le danger », *Actes de la recherche en sciences sociales*, n° 165, 2006.

2. Chiffres de la Caisse nationale d'assurance maladie des travailleurs salariés. Ils sont à prendre avec des pincettes pour deux raisons : 1) le nombre d'accidents, en particulier les plus bénins, est sous-estimé, car beaucoup ne sont pas déclarés ; 2) ces statistiques ne prennent en compte que les salariés directs d'entreprises du bâtiment, et pas les intérimaires.

que l'insécurité n'est pas une donnée brute, irréductible à toute emprise humaine, mais qu'elle fait l'objet d'une prise en charge, d'une gestion à travers laquelle se définissent des statuts et des hiérarchies. C'est sincèrement peut-être que les professionnels de la sécurité vantent un monde homogène et unanime où la sécurité serait l'« affaire de tous ». Mais cela ne doit pas masquer qu'il s'agit d'un enjeu qui cristallise des divisions et des rapports de force.

L'« union sacrée » contre les inspecteurs : la sécurité en représentation

Lors de mon arrivée sur Ilovu 1 (*cf.* chapitre 2), il y a un panneau qui annonce fièrement : « 146e jour sans accident pour 146 jours de travail. » Pourtant, le gardien de chantier m'apprend plus tard que, quelques mois auparavant, un ouvrier a dû être transporté à l'hôpital (et s'y trouve toujours) après avoir pris une charge de ferraille dans le dos (la charge était portée par la grue, et le grutier manœuvrait sans visibilité, gêné par la façade conservée de ce vieil immeuble haussmannien). Selon le gardien, le directeur du chantier a interdit de modifier le panneau sur la sécurité. Quelques semaines après mon départ du chantier, un chef d'équipe intérimaire se blesse à la jambe. Le panneau disparaît alors, accroché dans un coin reculé d'algeco, et le blanc indiquant le nombre de jours sans accident n'est plus renseigné. Quand je signale ce fait à un conducteur de travaux, en entretien, il répond de manière un peu gênée : « Ouais, mais il y avait un moment qu'il n'avait pas été mis à jour, ce panneau » ; un autre conducteur de travaux, qui entend la conversation, rit et ajoute : « À partir du moment où il y a un accident, on ne le met plus à jour. »

Sur ce même chantier, nous avons droit à deux visites en six semaines d'une inspectrice de l'Organisme professionnel de prévention du bâtiment et des travaux publics (OPPBTP). Cela occasionne des scènes de panique qui réduisent, le temps de quelques heures, la productivité du chantier. La seconde fois, j'aperçois depuis mon poste de travail le chef de chantier qui accompagne l'inspectrice avec de grands sourires. Il y a aussi un type des bureaux que je connais à peine. Ce dernier laisse un moment le chef et l'inspectrice et s'approche de moi avec un grand sourire : « Ça va ? » « Ça va. » « Encore deux semaines de stage, c'est ça ? » « Oui. » Je hoche la tête, reprends mon travail : installer des tours (petits échafaudages qui servent à soutenir les coffrages de planchers), dont les pieds reposent sur des bastaings[3], car le sol est friable. Puis je relève la tête et comprends pourquoi il s'est subitement intéressé à moi en voyant qu'il me fait signe, mimant un marteau qui cogne. Je déduis qu'il faut clouer les pieds des tours sur les bastaings, ce que j'ai déjà vu faire mais très rarement. Quand j'ambitionne un peu plus tard, une fois l'inspectrice partie, de faire de même pour les autres tours, on m'arrête[4].

Chaque fois qu'une direction de chantier, un coordinateur de sécurité (qui dépend de l'entreprise générale), un contrôleur de l'OPPBTP ou un inspecteur du travail fait irruption sur les chantiers, les cadres et les ouvriers ne donnent à voir qu'une parodie de travail de chantier. Malgré tout, la parodie ne peut éradiquer miraculeusement toute trace de réalité, et il arrive que les entreprises soient sanctionnées. Ce qui frappe dans ces scènes, c'est l'union qui prévaut entre ouvriers et cadres dans la tentative de masquer toutes les carences en matière de sécurité.

Certes, il y a des réfractaires, comme Bemba, sur le chantier Martin 1 (*cf.* chapitre 1) :

> Tu vois, s'il y a un inspecteur du travail qui vient, ils donnent des masques à tout le monde. Moi, l'autre jour, j'ai refusé de prendre le masque. On m'a dit : « Ouais, prends le masque, il y a un inspecteur du travail qui passe. » J'ai dit : « Moi, non. Je prends pas. Parce que l'autre jour, j'en ai demandé et vous m'avez dit qu'il y avait plus de masques. » Donc moi, je prends pas. Si moi on me demande, je dis que le chef ne m'en a pas donné. S'il y a des inspecteurs du travail qui passent, ils donnent les lunettes, ils donnent les masques, ils donnent tout ce qu'il faut. Mais les autres jours, on n'a rien. On a seulement la brouette et la pelle, c'est tout.

---

3. Les bastaings sont des pièces de bois se situant, du point de vue de l'épaisseur, entre les planches et les madriers.

4. Dans son étude consacrée à la sécurité sur les chantiers, Pierre Trinquet donne des exemples identiques, et dit pouvoir en « citer des dizaines » : « Lors d'une visite de chantier, à l'occasion d'une enquête, au titre du CHSCT [Comité d'hygiène, de sécurité et des conditions de travail], à la suite d'un accident grave, je m'appuyai négligemment sur un garde-corps de sécurité. Le chef de chantier, qui était à côté de moi, me tira vivement par le bras : "T'appuie pas contre ça, c'est pas solide." Devant mon étonnement – en effet pourquoi un garde-corps de sécurité n'était-il pas solide ? – il répondit, textuellement : "C'est un trompe-inspecteur. Ils veulent qu'on mette des garde-corps partout, alors on en met, mais ça ne sert à rien. Nous, on sait (qui nous ?) et on fait attention." » Pierre TRINQUET, *Maîtriser les risques du travail*, PUF, Paris, 1996, p. 50. Je reprends ici, implicitement, l'idée de « taylorisation de la sécurité » que cet auteur développe dans son ouvrage.

En signalant ainsi les risques que Martin lui fait prendre, Bemba, manœuvre intérimaire, en prend un autre : celui de perdre son emploi. Les réfractaires ne sont pas forcément bien vus, y compris par leurs collègues. Les politiques d'entreprise misent sur ce contrôle des pairs, en instituant notamment un intéressement dépendant du nombre d'accidents dans une équipe : cela incite les salariés non seulement à cacher leurs propres accidents, mais aussi à faire pression sur leurs collègues pour qu'ils fassent de même.

Quel que soit l'avis des ouvriers vis-à-vis des politiques de sécurité de leurs directions, ils ne voient jamais les contrôleurs comme des sauveurs, et leurs commentaires sont souvent désobligeants. Ainsi, sur Ilovu 1, Jorge, quoique critiquant fréquemment les consignes de ses chefs au nom du danger qu'elles occasionnent, dit de l'inspectrice de l'OPPBTP que c'est une « conne » qui ne « connaît rien » :

> Reprocher à quelqu'un de mal avoir fait son boulot, d'accord, si on sait mieux le faire que lui. Elle est là juste pour dire que ça ne va pas. Elle est payée pour ça.

Sur Ilovu 2 (*cf.* chapitre 3), après une visite d'un coordinateur sécurité, Cunha et Saïd la commentent :

> – [Cunha :] Ils ont dit que c'était pas normal qu'on travaille comme ça. Il y a des fers partout, on ne peut pas bouger, des crosses, des amorces [5]…
>
> – [Saïd :] Ouais, ils ont dit et après ils sont partis. Ils te disent un truc et après ils ne font rien.

Même chose sur le chantier Ralle (*cf.* chapitre 5), où Abdelkader a participé à une réunion de sécurité :

> – Tu as vu comme on a travaillé, là ? On a fait les attaches en étant sur l'échelle, c'est interdit. Quand les chefs passent, ils te disent : « Ça, c'est interdit. » Mais alors il faut des tours, des planches, des garde-corps, des échafaudages, c'est pas notre travail de les trouver.

---

5. Armatures dépassant d'un élément en béton armé et permettant de le raccrocher à un futur élément. Lorsque ces amorces sont déjà sorties (par exemple des amorces d'un voile attendant qu'un voile identique soit coulé dessus, ou dans un poteau qui attend d'être prolongé), on parle de « fers en attente ». Ces derniers sont historiquement responsables de bien des accidents du travail : si l'on chute lourdement sur ces fers, on peut être transpercé, si bien que l'obligation a été faite (et est aujourd'hui respectée) de courber le bout de ces fers. Lorsque ces amorces sont à l'intérieur du béton, il faut ensuite les « sortir » en piochant le béton.

Hier, il y avait une réunion avec la sécurité, les chefs, l'inspection du travail… Je représentais les ferrailleurs. J'ai dit ça.

– *Et alors ?*

– Ils ont noté, et ça continue pareil. [Rires] Les Français, ils deviennent comme les Arabes !

Si les inspecteurs ne peuvent rien, si les directions n'écoutent pas, il reste théoriquement un moyen de se faire entendre : c'est le droit de retrait d'une situation dangereuse, inscrit dans la loi en 1982. Pourtant, je n'ai presque jamais observé de salariés contestant le danger auquel ils sont confrontés. C'est même tout autre chose : non seulement des ouvriers prennent des risques pour tenir les cadences qui leur sont imposées, mais ils cachent aux cadres qu'ils prennent des risques, par peur de sanctions.

Un affrontement clandestin du danger

Avec Jorge, sur Ilovu 1, où les conducteurs de travaux nous guettent depuis l'immeuble voisin déjà construit, nous avons appris à nous cacher. Par exemple, avec Dominique, chef d'équipe intérimaire, nous posons des dalles de béton préfabriquées, descendues par la grue, sur des piliers et des poutres. C'est l'heure du déjeuner, nous sommes seuls sur le chantier. Mais un des conducteurs de travaux est dans les parages. C'est pourquoi à chaque pré-dalle posée, Dominique ou Tonio me dit de mettre des garde-corps sur le bord de la dalle, « sinon on va être emmerdés », m'explique Dominique.

Fais semblant de mettre un garde-corps, prends ton temps, parce qu'on va les enlever tout de suite pour mettre la pré-dalle.

Quelques jours plus tard, Jorge et moi sommes pris par une opération particulièrement délicate qui consiste à placer des poutres en béton, préfabriquées. Elles sont tenues et descendues par la grue, mais doivent être guidées à la main. Chaque poutre va d'un pilier à l'autre. De chaque poutre préfabriquée en béton armé sortent une dizaine d'amorces (des barres de fer) horizontales. De même, des amorces verticales sortent des piliers. Mais ces dernières étant toujours très hautes, il est impossible de guider la poutre descendue par la grue et de faire glisser ces amorces entre celles du pilier en demeurant sur le plateau de la tour sur lequel on est encore protégé par les madriers[6]. Il faut donc systématiquement monter sur ces derniers, et même parfois mettre un pied sur la poutre encore en suspension, pour pouvoir guider cette dernière correctement. Ce qui implique de travailler à cinq mètres du sol environ sans aucune protection, pour guider la poutre dont on maîtrise difficilement la force et la trajectoire. À un moment, alors que nous sommes plusieurs à être juchés sur les madriers, Tonio me dit soudain : « Redescends, on va être vus ! » Lui aussi redescend vite fait et avertit les deux coffreurs positionnés sur l'autre pilier qui retournent alors dans le plateau. Depuis un étage du bâtiment attenant, je vois un des conducteurs de travaux nous regarder. Nous attendons qu'il disparaisse pour reprendre la pose de la poutre. Car, sauf à changer l'ensemble du mode opératoire, il n'y a rien d'autre à faire que monter sur les madriers.

Dans ces cas-là, ce sont indissociablement l'équipement et l'organisation du travail qui créent l'insécurité – indissociablement, car il faudrait plus de temps, donc modifier l'organisation du travail, pour ajuster le matériel (par exemple, pour la pose des poutres, ajouter des garde-corps et les enlever ensuite). Ce sont donc des éléments sur lesquels les ouvriers n'ont aucune prise : ni dans l'organisation prescrite ni dans l'organisation réelle du travail. Rien ne peut être amélioré du point de vue de la sécurité dans ces opérations sans la volonté des cadres de chantier. Et pourtant, les ouvriers, face aux cadres, font comme s'ils étaient coupables.

Culpabilité que nourrit toute une pédagogie institutionnelle qui se persuade, et persuade, que tout, en matière de sécurité, est affaire de respect des normes prescrites. Aucune contradiction d'intérêts ne venant troubler la marche du « tous ensemble pour la sécurité », l'insécurité ne peut résulter que de gestes fautifs. Et c'est ainsi que la pédagogie intime, prescrit, commande et recommande : « Installez des protections efficaces », « Éliminez les causes de chute », « Choisissez les outils appropriés », « Adaptez vos gestes et postures », « Respectez votre corps, réfléchissez avant d'agir », pouvait-on lire sur les affiches de l'entreprise d'Ilovu.

6. Pièce de bois la plus massive parmi celles utilisées en coffrage.

Cadence et prudence : des exigences contradictoires portées par une même hiérarchie

Arrêtons-nous sur le discours de Bruno, un conducteur de travaux d'Ilovu 1, que j'ai interviewé après avoir quitté le chantier. Au début de l'entretien, la question de la sécurité lui inspire un discours proche de celui des institutionnels : l'insécurité au travail n'est qu'une somme de mauvaises habitudes à combattre l'une après l'autre, même si les résultats de ce combat sont nécessairement longs à venir et si « le risque zéro n'existe pas ».

> Au final, il y a eu plein de choses qui sont devenues des habitudes, foutre un garde-corps, vérifier lorsque t'élingues [7] la grue, que c'est bien élingué, plein de choses qui sont des habitudes. Porter le casque, c'est rentré, ça a mis du temps à rentrer… Les casques et les bottes de sécurité, ça a mis du temps à rentrer dans les mœurs. Maintenant c'est rentré. Il faut que tout devienne une habitude. Faut juste qu'ils le fassent, mais c'est pas facile. Il faut toujours vérifier, toujours être là, toujours leur redire. C'est ça le plus dur, en fait, c'est de tout le temps le redire, tout le temps le redire, pour que ça rentre et que ça devienne une habitude. Et c'est pas des choses qui se changent en une semaine, en un mois ou en un an. […] On essaie de le diminuer, le diminuer, le diminuer, notre objectif c'est toujours zéro accident, mais… c'est une limite presque inatteignable. C'est mathématique. Quand tu bricoles chez toi… Sur toute ta vie pendant trente ans, tu vas bricoler un petit peu, tu vas te péter le doigt une fois, voilà. Tu vas te taper sur le doigt une fois. Sauf que sur un chantier, il y a plus d'heures, parce que tu fais ça toute la journée, donc tu vas te taper sur le doigt une fois par semaine. En probabilité.

On trouve là un condensé des visions patronales et institutionnelles sur la sécurité, caractérisées par une série de postulats [8] :

1) techniciste : la question de la sécurité n'est que celle de la recherche et de l'application des mesures adéquates ;

2) évolutionniste : les mentalités changent inéluctablement sous l'effet de la pédagogie (l'évolutionnisme autorisant à

---

7. Verbe formé à partir du nom « élingues », qui désigne les chaînes terminées par des crochets qui, une fois fixées au gros crochet de la grue, permettent de lever les bennes, les chariots, etc.

8. *Cf.* Annie Thébaud-Mony, *L'Industrie nucléaire*, *op. cit.*, ainsi que Sami Dassa et Dominique Maillard, « Exigences de qualité et nouvelles formes d'aliénation », *Actes de la recherche en sciences sociales*, n° 115, 1996.

pester, *a contrario*, contre le « retard des mentalités », en particulier quand elles sont « étrangères ») ;

3) fataliste : le risque ne sera jamais écarté, puisque toute activité humaine est risquée ;

4) découlant de tout le reste, apolitique : la question de la sécurité est ramenée à la condition et à l'activité humaines en général (ce que reflète la comparaison avec le bricolage), extirpée des cadres, des enjeux et des intérêts antagonistes du travail salarié.

De l'inconséquence des ouvriers découle le fardeau du conducteur de travaux : « toujours leur redire », inlassablement. Pourtant, Bruno lui-même laisser percer une certaine perplexité quant à son statut de contrôleur de la sécurité.

> Les responsables de la sécurité, c'est mon chef, c'est moi, enfin c'est les conducteurs de travaux, ou éventuellement le chef de chantier. C'est pas forcément les mêmes personnes qui sont responsables et qui s'en occupent, en fait. […] C'est quelque chose qui est contradictoire à la base, presque. Ou disons, enfin… C'est, ouais, c'est une espèce de contradiction entre le planning, respecter le planning, et respecter la sécurité. Et c'est quelque chose qu'on n'arrive pas forcément à vendre, par exemple, au client, quand on fait le planning. On n'arrive pas forcément à lui vendre : « Je peux le faire en dix-huit mois, mais pour le faire vraiment en sécurité, il me faudrait vingt mois », il va te dire : « Faites-le en dix-huit mois. » Parce qu'il s'en fout. C'est quelque chose qu'on n'arrive pas à vendre. Même nous, volontairement, on le tire. Parce que par exemple, si Martin dit dix-huit mois, si on est tous les deux en position de le faire en dix-huit ou vingt mois, si Martin dit dix-huit mois et toi tu dis vingt mois, c'est donné. On te le retire.

Double contradiction, donc : entre la cadence et la sécurité, dont la responsabilité incombe aux mêmes individus ; et entre les personnes « qui sont responsables » de la sécurité (les concepteurs) et celles « qui s'en occupent » (les exécutants). La répartition de la prise en charge de la sécurité se fait donc à l'inverse de la répartition du danger. Ce constat prend une tonalité particulière lorsque Bruno livre un peu plus tard ses propres peurs :

> Moi je dirais que la chose la plus dangereuse sur le chantier, c'est la grue. […] On perd la notion du poids et que, en fait, si le câble pète, si elle est mal accrochée, ça peut devenir super grave. Moi je sais que je suis jamais passé sous une charge de la grue. Mais en fait on peut passer, mais moi je suis jamais passé dessous. Et quand

on travaille… Quand t'es un ouvrier, tu travailles huit heures sous la grue, tu t'en rends même plus compte. T'as perdu la notion que t'avais des trucs de quatre tonnes qui te passent au-dessus de la tête.

Comme le pressent Bruno, un ouvrier qui se préoccuperait à ce point de ne pas passer sous une charge de la grue ne travaillerait plus. Le décalage entre les conditions de travail du conducteur de travaux qui doit organiser la sécurité et celles de l'ouvrier mis à l'épreuve sur le chantier est ici flagrant. Le premier, technicien, garant de règles « objectives » de sécurité, n'envisagerait pas de se mettre dans la peau du second, d'éprouver le danger qu'il est pourtant censé réguler. De leur côté, confrontés à l'impossibilité de respecter en même temps la cadence et la sécurité, les ouvriers assument la contradiction clandestinement, puisque leur expérience subjective n'a pas droit de cité, qu'elle se heurte toujours aux règles « objectives » de sécurité. Aussi, une partie du savoir-faire des ouvriers (savoir-faire qui par définition ne sera jamais reconnu) consiste à déterminer où, quand et comment ne pas respecter les règles de sécurité afin de respecter les exigences de cadence.

Par exemple, lors de mon premier jour sur le chantier Martin 2, mon collègue Bakary se fait très pédagogue. Nous décoffrons plusieurs planchers coulés la veille. Lorsqu'on décoffre le premier plancher, Bakary me fait allonger par terre les étais enlevés : « C'est comme ça, la sécurité. » Posés debout contre un mur, les étais risqueraient de tomber et blesser quelqu'un. Au deuxième plancher, changement de technique, il me les fait mettre debout contre le mur :

Je te les ai fait mettre par terre la première fois pour que tu saches pour la sécurité, mais maintenant on met contre le mur. Sinon tu te fatigues à chaque fois à les prendre. Il faut que tu t'économises. Si tu suis tous les règlements, tu n'avances pas.

On ne peut prétendre, dans ces conditions, que les règles de sécurité « ne rentrent pas » dans la tête des ouvriers ; elles « rentrent » suffisamment en tout cas pour qu'ils aient conscience de les enfreindre. Ils les enfreignent parfois pour respecter la cadence, et parfois parce qu'elles ne leur semblent pas adaptées. Mais leur avis compte peu : il faut donc se cacher.

Ainsi, un jour, alors que chez Martin un nouveau type d'étais métalliques a été introduit – équipés de vérins hydrauliques, ce qui facilite notamment le décoffrage –, une équipe de cadres employés par Martin, ainsi que des cadres d'entreprises concurrentes, viennent nous observer dans notre travail. Ils veulent voir le déroulement d'un décoffrage avec ces étais particuliers. Michel, le chef de chantier, les accompagne et commente. Bakary et moi décoffrons, sans parler et à toute vitesse, conscients d'être l'attraction, ou du moins l'appendice de l'attraction. Sans nous concerter, nous pensons à desserrer les étais sans taper dessus, comme nous avons coutume de le faire, mais en utilisant le marteau comme levier. Ce qui nous vaut les compliments d'un des cadres, qui se présente comme directeur de la conception du matériel :

> Je voulais vous faire mes félicitations, parce que j'ai vu que vous ne tapiez pas sur les étais. Vous respectez le matériel, et vous respectez vos oreilles. C'est important de travailler en sécurité, c'est bien.

Bakary et moi échangeons un sourire complice. Car, comme nous le faisions hier, nous recommencerons demain à taper sur les étais : tant pis pour nos oreilles, mais nous savons que faire levier avec le marteau est trop mauvais pour le dos. Une fois les cadres partis, c'est Bakary qui rompt le silence :

> Les félicitations, c'est mon salaire. J'en ai rien à foutre de ses félicitations.

En temps normal, la contradiction entre les règles officielles et les pratiques des ouvriers reste souterraine, silencieuse. Comme on va le voir à présent, refuser d'assumer clandestinement l'impossibilité de respecter ensemble les règles de sécurité et les exigences de cadence, prétendre prendre en charge la sécurité soi-même, c'est, de fait, mener une contestation du pouvoir des directions.

Beau temps ou intempéries ? Tout dépend du rapport de forces

Dans *Âge de pierre, âge d'abondance*, l'anthropologue Marshall Sahlins évoque ces sociétés où « le travail est peu intensif, intermittent, et tout lui est prétexte à s'interrompre : n'importe quels activité ou empêchement culturels, depuis le rituel le plus pesant jusqu'à l'averse la plus légère [9] ». Il souligne l'arbitraire

9. Marshall SAHLINS, *Âge de pierre, âge d'abondance*, Gallimard, Paris, 1976, p. 130.

des « nombreuses définitions culturelles des “intempéries”, prétexte à interrompre une activité de production qu'on ne saurait poursuivre dans des conditions qui outrepassent l'humaine capacité d'endurance [10] ! » En lisant ces mots, l'habitué des chantiers ne peut effectivement que s'étonner de la diversité des cultures, car il faut plus qu'une averse pour que la situation d'intempérie y soit décrétée [11]. Mais la culture de chantier, comme toute culture, n'est pas un tout homogène et unanime. Et, en matière d'intempéries, parler de culture constitue même un doux euphémisme quand il s'agit ni plus ni moins d'une lutte portant sur la définition du temps qu'il fait.

La scène se passe en janvier 2004, sur le chantier Ilovu 2 (*cf.* chapitre 3), qui compte une centaine d'ouvriers. Je suis alors stagiaire dans l'entreprise sous-traitante de ferraillage, Bâtarmat'. Tout commence par le froid, aiguisé et crispant. « Je n'ai vraiment pas envie de bosser, me dit Saïd. Mais c'est ça, les Portugais, tu bosses quand même. » Sur le chantier, il se dit déjà qu'on pourrait arrêter pour intempéries. Saïd, Kaïs et moi montons au bâtiment 3. Le temps que Saïd se renseigne sur ce qu'il y a à faire, il nous dit : « Allez faire un tour, cachez-vous, protégez-vous du froid. »

Après le froid, la neige. Deux semaines plus tôt, en travaillant accroupi sous un échafaudage, j'avais pris la chute de grains de polystyrène pour de la neige, mais là pas de confusion possible. Elle tombe, sans discontinuer, de 8 h 30 à midi. Il faut compter au milieu deux heures de franche tempête de neige sur le total. Au début, beaucoup d'ouvriers croient (et espèrent) qu'on va s'arrêter pour intempéries. Saïd, qui a pourtant dix-sept ans de chantiers derrière lui, se déclare stupéfait lors du déjeuner : « J'étais persuadé qu'on allait s'arrêter. » Certains, d'ailleurs, cessent ostensiblement de travailler et s'abritent. Quelques instants seulement. Il y a du travail, un planning (des murs à couler cet après-midi) et l'ordre d'arrêter n'arrive toujours pas. Plusieurs ouvriers interpellent le délégué du personnel – il n'y a de délégué que dans l'entreprise générale, Ilovu – pour qu'on s'arrête. Dont Saïd : tous les ouvriers de Bâtarmat' sont suspendus à la décision d'Ilovu. Personne ne

10. *Ibid.*, p. 106.

11. Une commerciale d'intérim interrogée en avril 2007 se réjouissait ainsi de ce que les deux années précédentes s'étaient déroulées sans aucune intempérie. C'est, implicitement, restreindre la notion à des situations météorologiques exceptionnelles.

comprend qu'une neige aussi abondante ne justifie pas la déclaration en intempéries. Mais, comme le dit un coffreur d'Ilovu :

> S'il neige, c'est intempéries. S'il pleut, on est mouillés. Je crois qu'aujourd'hui on va être très mouillés…

La vérité nue, qui est qu'on va trimer toute la journée, ne semble se découvrir qu'au fur et à mesure. Saïd, pour nous remettre au travail alors que nous sommes abrités sous une banche, nous dit : « On va faire semblant de faire le voile, en attendant. » Des feintes pareilles, les chefs en rêvent : avec l'aide supplémentaire de Youssef, on assemble et pose deux voiles avant midi, complètement glacés, et avec ça pressés. Le bruit court que, « après ça, on part ». De même au déjeuner, Saïd dit : « On travaille une heure et après on s'en va cet après-midi. » En réalité, la journée est travaillée en entier. Les trois jours qui suivent, en revanche, sont déclarés en intempéries, à nouveau en raison de la neige. Chaque matin, les ouvriers viennent au chantier pour s'entendre dire, au bout d'une demi-heure au plus, qu'ils peuvent repartir.

La situation du vendredi est en revanche plus délicate. Quand j'arrive, Saïd subodore qu'on ne va pas plus travailler aujourd'hui que les autres jours. Il y a du soleil, mais tout a gelé, le chantier s'est transformé en patinoire. On attend la décision de travailler ou non, plus lente à venir que les jours précédents. On discute par-ci par-là : je parle avec un nouveau ferrailleur arrivé mardi, je lui demande s'il est payé en cas d'intempéries, il pense que non « mais c'est pas grave ». Sans le savoir, il est frappé par l'illégale « loi des 200 heures » (*cf.* plus bas).

Soudain, plusieurs ouvriers appellent les autres à se réunir dans le réfectoire. Tous les ouvriers d'Ilovu y sont, une bonne part d'entre nous également. Les chefs sont absents, y compris les chefs d'équipe. C'est le délégué du personnel (CFTC) qui parle, un coffreur français (l'un des seuls), secouriste, et semble-t-il membre du CHSCT d'Ilovu. Il dit avoir parcouru le chantier, constaté qu'il était presque entièrement verglacé, et considéré par conséquent qu'il était trop dangereux de travailler aujourd'hui. Mais les chefs (le chef de chantier, les deux conducteurs de travaux et surtout le « chef de service », comme tout le monde l'appelle ici) ne l'entendent pas ainsi, refusent de déclarer la journée en intempéries et ordonnent aux ouvriers d'attendre deux heures que la glace fonde. Le délégué a alors demandé au chef de chantier de signer un papier indiquant qu'il assumerait la responsabilité d'un éventuel accident. Le chef de chantier a refusé.

À ce récit, les réactions dans le réfectoire sont vives. Elles émanent principalement, sinon exclusivement, des embauchés d'Ilovu – d'ailleurs, ceux qui sont restés en dehors du réfectoire sont des sous-traitants et des intérimaires. Ceux qui prennent la parole sont unanimes : hors de question de rester, on a le droit de partir tout de suite. Le délégué retourne voir le chef de chantier puis revient. Il dit avoir reproché au chef qu'il préférait « respecter le planning plutôt que la sécurité », et le chef aurait répondu : « Vous commencez à me faire chier avec la sécurité ! » Il aurait ajouté que la prime de productivité sera supprimée ce mois-ci, car « les ouvriers ne font pas d'effort ». La menace énerve les embauchés et même les coffreurs intérimaires d'Ilovu – seraient-ils concernés par cette prime ? Plusieurs voix s'élèvent, notamment celles des jeunes coffreurs, pour réaffirmer qu'on ne travaillera pas aujourd'hui, et que si la journée n'est pas déclarée en intempéries, alors lundi il y aura grève et le chantier sera bloqué. Motion approuvée, sans vote formel, mais sans aucune protestation (la plupart des sous-traitants et intérimaires ne disent rien mais ceux avec qui j'en parle disent qu'« ils ont raison de ne pas se laisser faire »). Nouvel aller-retour du délégué. Quand il revient, il annonce que le chef va répondre dans un moment. Le chef de service lui aurait dit : « Quand on veut travailler, on peut. » Un peu plus tard, le chef de service sort de son bureau pour dire aux ouvriers qui sont là qu'on peut aller travailler, qu'il fait beau, et que de toute façon la journée ne sera pas comptée en intempéries. Un jeune d'Ilovu, l'un des plus virulents, lui répond vertement qu'« on verra bien ».

En retrait, un vieil intérimaire est moins ferme : « Nous les intérimaires, on va être niqués. » Même son de cloche dans une conversation entre Cunha (chef d'équipe intérimaire à Bâtarmat'), des intérimaires d'Ilovu (des manœuvres notamment) et d'autres gens de Bâtarmat', qui n'ont pas assisté à la réunion informelle. « Leur délégué c'est pas pour nous, on n'a rien à voir avec Ilovu, dit Cunha. Si les Ilovu ne travaillent pas, ils seront payés, mais nous on va être niqués. » En haut des vestiaires, là où se concentrent les ouvriers d'Ilovu et la « rébellion », la question des intérimaires est également posée. D'abord comme obstacle à la grève annoncée lundi : « Mais de toute façon on bloque le chantier lundi. Le premier qui travaille, un coup de barre à mine ! » dit un jeune. Puis sur le fait que les intérimaires doivent obtenir la même chose que les embauchés – une partie des jeunes coffreurs participant au mouvement sont intérimaires. Selon le délégué, il y a en ce moment soixante personnes dépendant d'Ilovu sur le chantier : trente embauchés et trente intérimaires.

De toute façon on se bat pour tout le monde. On ne lâche pas tant que tout le monde n'a pas eu la même chose.

Finalement, un ultimatum est fixé à l'initiative d'un vieil embauché d'Ilovu : « À 9 h 30, on part. Si le chef ne se décide pas, c'est nous qui décidons lundi ! » À 9 h 30, exécution. Les Ilovu restent encore un moment dehors à discuter, notamment avec les chefs d'équipe, qui ont l'air d'accord sur le fond, quoiqu'ils n'aient pas participé au mouvement. Le chef de service vient faire une petite harangue.

– Messieurs, vous êtes des grands garçons, je ne vais pas vous retenir. Mais aujourd'hui on pouvait travailler. Vous faites du tort à la boîte.

– [Le délégué :] Notre priorité, c'est la sécurité, pas le planning. Les profits d'Ilovu, c'est pas notre priorité.

– Arrêtez, je suis le premier concerné par la sécurité ! Je ne vous ferais pas prendre de risques inutiles. Mais aujourd'hui, il fait beau. En prenant les mesures de sécurité il était possible de travailler.

Puis il quitte le groupe. Les Ilovu partent peu à peu. Nous, les Bâtarmat', sommes toujours là. On se retrouve tous dans le bureau d'Amadeo, le chef, qui nous demande :

– Ils sont tous partis ?

– Oui.

– Mais nous, on est des sous-traitants, on doit attendre la décision d'Ilovu. Ils n'ont toujours pas pris leur décision, ces cons.

À Momo :

– Toi tu vas te faire avoir. J'ai eu Gilles hier [le commercial de l'intérim dont dépend Momo], il m'a dit que tu n'aurais rien [comme indemnités d'intempéries], car tu n'as pas tes deux cents heures.

Amadeo sort du bureau, Saïd nous dit :

– De toute façon, Amadeo a déjà marqué « intempéries ».

– Ah bon ?

– Oui, il vient de le faxer à l'intérim.

– Alors on ne va pas travailler de toute façon. On ne va pas travailler pour rien.

Quelques minutes plus tard, l'annonce est faite : on peut partir. Le lundi suivant, il n'y a aucun mouvement de grève. Le travail reprend comme si de rien n'était. Le temps s'est radouci, et la direction de chantier a classé la journée du vendredi en intempéries.

L'épisode connaît quelques soubresauts discrets, qui ne concernent plus que les intérimaires. En effet, certains se plaignent de ne pas avoir été payés pour leurs journées d'intempéries (la réglementation prévoyant 70 % du revenu habituel). D'autres sont victimes de la « loi des 200 heures » : tous ceux qui n'ont pas travaillé au moins deux cents heures pour leur agence d'intérim avant les journées d'intempéries ne reçoivent aucune indemnisation pour ces journées. Présentée par les agences d'intérim, et par les intérimaires qui l'ont intégrée, comme « loi du bâtiment », cette mesure est parfaitement illégale [12].

Les effectifs intérimaires du chantier se répartissent grossièrement en trois catégories : les ferrailleurs dépendant de Bâtarmat', les manœuvres dépendant d'Ilovu, les coffreurs dépendant d'Ilovu. Seuls les coffreurs, c'est-à-dire ceux exerçant le métier le plus recherché (et donc le mieux rémunéré) ont mené un mouvement de protestation contre leur agence, deux semaines après la grève spontanée liée au verglas. Le matin, ils sont une dizaine à stationner plus que de coutume devant les vestiaires, alors que tout le monde s'est mis au travail. Ils refusent de travailler parce que l'agence d'intérim n'a pas payé les intempéries. Ils ont prévenu leur agence vendredi dernier qu'ils feraient grève aujourd'hui. Une commerciale de l'intérim arrive

12. Article L. 124-4-5 du code du travail : l'indemnisation « doit être versée par l'entrepreneur de travail temporaire et n'est soumise à aucune condition d'ancienneté du salarié ». Les agences d'intérim se justifient en disant que cela leur coûterait cher s'il fallait indemniser tous les intérimaires, dont beaucoup n'ont pas eu le temps de cotiser au sein de l'agence pour cette indemnité (d'autant que les entreprises utilisatrices ne dédommageraient pas toujours l'agence). Si c'est vrai, cela illustre que le recours rentable à l'intérim ne peut se satisfaire des règles légales et de l'égalité des droits entre salariés.

assez vite, et la négociation dure environ une heure. Tout autour, on continue de travailler, même si on discute par-ci par-là de ce mouvement isolé [13]. Le chef de chantier inspecte le chantier comme si de rien n'était, comme s'il n'y avait pas une partie de ses ouvriers en grève. D'ailleurs, la négociation ne concerne que les intérimaires et la commerciale. En passant devant eux, Saïd leur lance : « Allez-y, les gars, ne vous laissez pas faire ! » Puis il croise un manœuvre intérimaire et lui fait un reproche : « Pendant que les autres font grève, toi tu travailles ! » Il semble en effet que ce dernier soit employé par la même agence d'intérim que les grévistes. Mais, de toute manière, il n'y a aucun manœuvre dans le mouvement de contestation. Vers 9 heures passées, les intérimaires se remettent au travail. On en croise un peu plus tard et Saïd leur demande ce qu'ils ont obtenu :

– Alors, vous avez eu la grève ? Cette salope, il fallait la prendre et la niquer [14] !

– [Un coffreur :] Un par un.

– [Un autre coffreur :] Elle a dit qu'elle va voir et elle revient.

– Il n'y a rien à voir, il faut qu'ils paient. C'est quelle [agence d'] intérim ?

– [Premier coffreur :] Forcintérim.

– Normalement ils sont corrects. Et Ilovu ils ne disent rien ? Normalement, c'est à eux de les obliger.

– Non.

L'affaire en reste là. Cet épisode est significatif d'au moins deux choses. Si le droit est médiateur du rapport entre patrons et salariés, il n'en reste pas moins que l'activation ou non des catégories légales (même « évidentes » comme celle d'« intempéries ») est le produit d'un rapport de forces. Et ce rapport de

13. Les délégués du personnel de l'entreprise donneuse d'ordre ne peuvent-ils relayer les plaintes des intérimaires ou des sous-traitants ? C'est légalement possible (article L. 422-1 du code du travail), mais dans la pratique peu appliqué. De plus, ce n'est légalement possible que si ces plaintes concernent les conditions d'exercice du travail, et non les modalités d'emploi, par exemple les conditions de conclusion et de rupture du contrat. Dans le cas présent, le délégué du personnel d'Ilovu n'aurait pas le droit de contrôler que les indemnités d'intempéries ont bien été versées aux intérimaires.

14. Il n'est pas rare que la contestation ouvrière à l'égard des commerciaux d'intérim, qui sont souvent des commerciales, prenne des accents sexistes. Dans ces relations d'emploi, la domination masculine est subvertie par la subordination salariale (et cherche en retour à la subvertir).

forces est en partie déterminé par le niveau d'externalisation et d'éclatement du collectif ouvrier, car les retombées (positives et négatives) d'un éventuel mouvement de protestation sont éparpillées, dépendant des réactions de chaque employeur et du potentiel de mobilisation de ses salariés. Dans cette lutte, l'issue est incertaine, comme l'illustre un ferrailleur, Ahmed (*cf.* chapitre 5), qui raconte une histoire similaire, dont seule la fin diffère :

– Un jour j'étais à… Marne-la-Vallée, de ce côté-là. Non, Pontoise. On était en intempéries. C'était pas intempéries, mais… il a cessé de pleuvoir à 8 h 30, les autres ils voulaient pas sortir, les boiseurs. Ils nous ont dit que personne ne sorte, de rester tous là, qu'il y avait intempéries. Notre chef, j'étais avec Ernesto, il est sorti, il nous a demandé de rentrer au chantier pour travailler. Moi j'ai bien réfléchi, parce que eux, qu'ils sortent ou qu'ils sortent pas, ils gagnent leur salaire pour la journée. Nous, si on sort pas… Le chef il a appelé, il a dit : « Qu'est-ce que vous attendez ? Vous descendez ou quoi ? » Moi j'ai dit au gars, c'était un délégué : « Excuse-moi, moi je suis pas de la boîte, je dois sortir, sinon je vais perdre ma journée. » Alors je suis sorti tout seul, tu sais, pour travailler, parce que, s'il m'arrive quelque chose, si le chef me vire, s'il me donne fin de mission, personne ne réclame. Tu vois ? Alors les autres ferrailleurs, ils sont venus aussi, ils sont rentrés sur le chantier. On a travaillé ce jour-là.

– *Sans les boiseurs ?*

– Non, non, même les boiseurs. C'était pas intempéries.

– *Alors finalement les boiseurs aussi ?*

– Oui, les boiseurs aussi. J'ai dit qu'il n'y avait pas de loi qui nous couvre, nous, les intérimaires. Par exemple, si tu travailles pas, même si les boiseurs font intempéries et les chefs veulent pas signer intempéries, qui va te payer ? Le chef a dit qu'il pleut pas, tu dois travailler.

Ouvriers coupables, mais pas responsables

« La sécurité, c'est de la responsabilité de tous », proclament volontiers les promoteurs et prescripteurs de la sécurité. Mais le terme polysémique de « responsabilité » masque que la responsabilité dont sont investis les cadres en matière de sécurité est de l'ordre du pouvoir, tandis que celle des ouvriers est de l'ordre de la culpabilité : coupables mais pas responsables. Aux uns la charge de surveiller que la sécurité est respectée, aux autres celle de rendre compte de leurs actions, à l'occasion jugées « irresponsables ». Entre les deux : le « réel du travail [15] », organisation, matériel, cadence, qui empêche concrètement les ouvriers de respecter les règles de sécurité prescrites. Quand survient l'accident, la direction se doit, assure-t-elle, de chercher des coupables. Il y en aura forcément, comme l'explique Dominique, chef d'équipe intérimaire sur le chantier Ilovu 1, désabusé, à propos d'un accident récent qui a fait deux morts sur un précédent chantier d'Ilovu :

> Ils sont toujours à chercher un coupable, il faut qu'ils en trouvent un. Mais tu pousses, tu pousses à aller plus vite, c'est ça le truc, les mecs ils ont serré trop vite et voilà…

Quelques semaines après, Dominique, régulièrement pressé par ses supérieurs, souvent stressé, effectuant de nombreuses heures supplémentaires, se casse la jambe en essayant d'installer, seul, un coffrage de poteau descendu par la grue. Keïta, manœuvre sur le chantier, commente l'accident dans des termes proches de ceux de Dominique :

> C'est toujours comme ça, ils ont dit que c'était de sa faute. Alors que c'est eux qui poussent. Ils crient sur toi « je veux que le travail avance ». Et quand ils arrivent, ils disent que c'est ta faute.

Le geste néfaste sera toujours, nécessairement, celui d'un exécutant. Ce sera toujours un exécutant qui n'aura pas bien serré, fixé, ou posé telle sécurité… L'argument est d'autant plus fort qu'il est vrai. C'est en mettant en procès ces gestes au cas par cas, comme autant d'infractions particulières, isolées, que la direction de chantier passe sous silence le cadre organisationnel de ces gestes et procède à son propre acquittement.

Aussi, tout incite les ouvriers à devenir de plus en plus « irresponsables » et notamment à masquer leurs erreurs, à fuir les responsabilités, à éviter les zones critiques pour ne pas être critiqués, quand bien même leur intervention serait utile. Par exemple sur le chantier Martin 1 (*cf.* chapitre 1), un jour où je travaille avec Frédéric, coffreur qualifié, nous entrons dans une

15. « Qu'entend-on par "réel du travail" ? Le réel est défini comme ce qui résiste aux connaissances, aux savoirs, aux savoir-faire et d'une façon plus générale à la maîtrise. Dans le travail, le réel prend une forme que les sciences du travail ont mise en évidence depuis les années 1970. Il se fait essentiellement connaître au sujet par le décalage irréductible entre l'organisation prescrite du travail et l'organisation réelle du travail. » Christophe DEJOURS, *Souffrance en France*, Seuil, Paris, 1998, p. 32-33.

pièce où des vitres sont déjà posées aux fenêtres. Sans que nous touchions à rien, un courant d'air fait se refermer violemment la fenêtre laissée ouverte. Le carreau se brise, une partie tombe à l'extérieur, côté rue, on a l'impression d'entendre un cri de femme. Je veux aller voir, Frédéric me dit :

> Ça va pas, non ? Allez viens, on se casse. Si on te demande, tu dis que tu n'as rien vu.

Quelques minutes plus tard, des chefs montent, et nous demandent si on a vu la vitre tomber. Réponse de Frédéric :

> Ouais, on a entendu un grand blam, on était dans la pièce à côté...
> – Non, mais on sait bien que ce n'est pas votre faute, mais il faut prévenir le chef. Après, le client, il sait, ça fait moyen...

Il semblerait qu'il n'y ait pas eu de blessé, mais le pare-brise d'un taxi qui stationnait en bas est détruit.

La déresponsabilisation en cascade : la sécurité à l'épreuve de l'externalisation

Sur le chantier Raymond Forte (*cf.* chapitre 8), je travaille comme ferrailleur intérimaire pour l'entreprise sous-traitante Construfer. Cela fait quatre semaines que j'y suis, quand Marco, le chef, m'envoie à une réunion de sécurité – légalement, il en faut une tous les trois mois. Je dois m'y rendre sur-le-champ. « Tu dis oui oui, si on te demande, tu dis que tu ne parles pas français », rigole Marco, avant de répéter plus sérieusement la consigne : « Tu dis que oui tout va bien, même si ça ne va pas, tu dis oui... »

À cette réunion, je ne suis pas seul de Construfer. En fait, j'accompagne Patrick Renoir, le conducteur de travaux. Ce dernier m'explique que la réunion rassemble le coordinateur de sécurité, des représentants de la Caisse régionale d'assurance maladie, de l'OPPBTP, du maître d'ouvrage, parfois de l'inspection du travail (« alors eux, il faut espérer que non parce qu'ils sont vraiment casse-couilles »), ainsi que des représentants des entreprises et des salariés.

> Normalement, j'aurais dû prendre un ouvrier de chez nous, mais comme on n'a que des chefs sur ce chantier, et qu'on ne peut pas prendre de chef, j'ai pris un intérimaire. D'habitude, je prends un

gars qui parle à peine français, il dit juste : « Travail tris bien, tris content. »

La réunion débute par une visite rapide du chantier, avec quelques arrêts devant des endroits où le coordinateur de sécurité, lors de ses visites précédentes, a vu des manquements à la sécurité. De retour en salle de réunion, le coordinateur dresse une liste, « éloquente » dit-il, des problèmes qu'il a relevés lors de ses visites, et le nombre de fois où il les a relevés (exemple : « travail sur une échelle : neuf fois », utiliser la tronçonneuse sans lunettes, manque d'équipements de protections individuelles et surtout de protections collectives, etc.). M. Renoir écoute d'une oreille distraite, préférant discuter avec moi de l'inanité d'une telle réunion :

> Prends le Plan de sécurité et de protection de la santé. Chaque entreprise doit le remplir avant d'intervenir sur le chantier. C'est là que tu dis tout ce que tu comptes faire pour la sécurité, même si généralement tu ne l'appliques pas. Par exemple, on dit qu'on ne va pas travailler sur une échelle, mais tu ne vas pas me dire que tu n'es jamais monté sur une échelle pour poser un stabox [16] par exemple.

Puis il me répète les mêmes consignes que Marco :

> Ils vont demander à la fin aux représentants de salariés s'ils ont quelque chose à dire sur la sécurité, ou l'hygiène des vestiaires, donc là il faut dire que tout va bien. Parce que, aussi, notre position de sous-traitant fait que, si on dit que quelque chose va mal, c'est contre notre client, et après il va se retourner contre nous. Par contre, souvent il y a des gars du client qui vont dire des choses sur les ferrailleurs, qu'on laisse des aciers non protégés, etc. Mais là je fais confiance au directeur du chantier, il a bien choisi son gars à mon avis.

La parole des ouvriers sur la sécurité est encore plus impossible, encore plus illégitime, quand elle vient de sous-traitants. En séparant plus haut concepteurs et exécutants, cadres et ouvriers, j'ai voulu souligner la frontière qui paraît la plus significative. Mais c'est une frontière qui se reproduit à l'intérieur du collectif ouvrier lui-même : la dynamique qui insécurise du fait des conditions de travail et, dans le même temps,

16. Les stabox sont une forme particulière des amorces enfouies dans le béton permettant de raccrocher un voile ou un plancher à une poutre, un voile ou un poteau : elles sont préfabriquées et réunies dans des gaines métalliques de deux ou trois mètres, qui empêchent théoriquement le béton de s'agglutiner autour des amorces.

déresponsabilise et culpabilise ceux qui sont en danger se vérifie d'autant plus que les travailleurs appartiennent aux périphéries du collectif. Les sous-traitants sont confrontés à une minimisation de leurs tarifs qui sacrifie, encore plus que pour les travailleurs de l'entreprise générale, la sécurité à la vitesse d'exécution. Pour les intérimaires, la précarité de l'emploi incite à prendre des risques qu'ils éviteraient autrement : se trouvent mis en balance un risque contre un autre, le risque corporel contre le risque (plus immédiat et tangible dans l'intérim) de perdre son emploi.

On sait aujourd'hui que l'intérim est un facteur d'accroissement des accidents du travail [17], en raison notamment de la faiblesse de la formation dispensée aux intérimaires. Dans le cas des chantiers, « faiblesse de la formation » est un euphémisme. Lors de mon arrivée sur Martin 1 comme manœuvre intérimaire – c'est ma première expérience –, j'apprends tout sur le tas, sans visite ou explication préalable. Une semaine après mon arrivée, Serge, l'assistant du chef de chantier, me dit : « Tiens, signe ça », en me tendant un papier jaune. « C'est pour dire qu'on t'a bien montré les vestiaires, et tout. » En réalité, le document indique que je garantis qu'en tant qu'intérimaire, on m'a bien expliqué les règles de sécurité quand je suis arrivé. Je sens que Serge ne s'attend pas vraiment à ce que je me pose pour lire le papier, alors je signe sans lire les consignes qu'il contient. Sur les autres chantiers, je n'ai jamais eu droit à plus de « formation » que ça [18].

---

17. *Cf.* par exemple Marie BOUVET et Nouara YAHOU, « Le risque d'accident du travail varie avec la conjoncture économique », *Premières synthèses*, ministère de l'Emploi et de la Solidarité, n° 31.1, août 2001. On peut se reporter aussi à l'inventaire des études établi par Annie THÉBAUD-MONY, *L'Industrie nucléaire*, *op. cit.*, p. 5-7.

18. Si les entreprises respectaient l'exigence de formation systématique des intérimaires (comme les autres règles légales encadrant l'intérim), cette forme d'emploi flexible perdrait son intérêt économique (*cf.* chapitre 4). Légalement et dans ces conditions, l'entreprise utilisatrice risque gros si l'intérimaire a un accident, car « l'existence de la faute inexcusable de l'employeur [...] est présumée établie pour les salariés sous contrat à durée déterminée et les salariés mis à la disposition d'une entreprise utilisatrice par une entreprise de travail temporaire, victimes d'un accident de travail ou d'une maladie professionnelle alors qu'affectés à des postes de travail présentant des risques particuliers pour leur santé ou leur sécurité, ils n'auraient pas bénéficié de la formation à la sécurité renforcée prévue par l'article L. 231-3-1 » (article L. 231-8 du code du travail) : autrement dit, le travailleur aurait droit à une réparation de la part de l'entreprise bien au-delà de ce que permet le régime des accidents du travail. Que, dans la pratique, les entreprises ne soient pas menacées prouve, une fois encore, que l'impunité légale et la rentabilité économique dont elles bénéficient ne seraient pas possibles sans la vulnérabilité sociale des travailleurs qu'elles utilisent.

Spécifiquement insécurisés, les travailleurs intérimaires et/ou sous-traitants sont également spécifiquement déresponsabilisés. Par exemple, si l'on considère la distribution des postes de secouristes : ceux qui ont le statut de secouriste sont des conducteurs de travaux de l'entreprise générale, des chefs de chantier et d'équipe de l'entreprise générale ou d'une entreprise sous-traitante, et plus rarement des ouvriers qualifiés embauchés par l'entreprise générale. Les seuls à être exclus systématiquement de la fonction de secouriste sont les exécutants des entreprises sous-traitantes et les intérimaires. Cela s'explique en partie par le fait qu'ils sont les éléments les moins stables du chantier, alors que l'entreprise générale doit justifier en permanence auprès de l'inspection du travail d'une proportion minimale de secouristes. Mais, en réalité, un certain nombre d'exécutants sous-traitants et intérimaires, fidélisés par l'entreprise ou par le chef de chantier, ne sont pas moins stables que les autres (*cf.* chapitres précédents). Ceux qui ont le plus de chances d'avoir un accident sont les ouvriers. Et la personne la plus proche d'un ouvrier, dans ces cas-là, est presque toujours un autre ouvrier. Aussi, la formation des ouvriers au secourisme, et des ouvriers davantage que des cadres, trouverait sa justification sur le plan strict de la sécurité. Mais les directions s'en accomoderaient difficilement : ce serait une brèche dans leur pouvoir si leur autorité était écartée précisément dans les situations extrêmes.

La présence de sous-traitants et d'intérimaires, qui composent souvent la majorité des effectifs, a une double conséquence au regard de la sécurité. D'une part, elle provoque un éclatement du collectif ouvrier, et un éclatement hiérarchisé. Les sous-traitants et les intérimaires ont généralement moins de droits que les ouvriers de l'entreprise générale, et moins de possibilités de les faire valoir, ce qui fragilise une éventuelle coalition visant à prendre en charge collectivement la sécurité. On le voit dans la grève sauvage racontée plus haut : le mouvement était mené par les ouvriers embauchés de l'entreprise générale, et quelques-uns des intérimaires de l'entreprise générale. La prédiction d'un intérimaire de Bâtarmat', selon laquelle « si les Ilovu ne travaillent pas, ils seront payés, mais nous, on va être niqués », s'est révélée réaliste pour une part des intérimaires, en dépit des proclamations de solidarité « jusqu'au bout » des embauchés lors du mouvement.

D'autre part, au quotidien, les ouvriers de l'entreprise générale occupent vis-à-vis des sous-traitants et des intérimaires une position analogue à celle des cadres vis-à-vis des ouvriers dans leur ensemble : celle de gardiens de la sécurité face à des exécutants présumés (et rendus) irresponsables. Il n'est pas rare que des ouvriers de l'entreprise générale menacent de dénoncer les pratiques des sous-traitants, notamment des ferrailleurs. Par exemple, sur le chantier Ralle, où je travaille pour Bâtarmat', nous nous empoignons souvent avec les coffreurs de Ralle. Lorsque Ernesto, notre chef, veut que nous ferraillions un plancher dont le coffrage est encore inachevé, il est arrêté par un coffreur : « Non, n'y touchez pas ! » « Si, ils vont le faire ! », insiste Ernesto. « S'il y a un accident, je serai le premier à parler ! Je serai témoin ! », prévient le coffreur. Ernesto s'incline. Plus tard, je démonte avec Abdelkader un garde-corps pour faire passer du treillis soudé d'un étage à l'autre, car nous n'avons pas d'autre passage. Un coffreur de Ralle nous tombe dessus :

– Tu remets cette porte tout de suite !

– [Abdelkader, se justifiant :] C'est juste pour passer les plaques.

– Je m'en fiche ! Tu te démerdes, après c'est moi qui vais me faire engueuler ! Tu refermes cette porte tout de suite !

– Va te faire enculer !

Et l'on descend une nouvelle plaque de treillis soudé, avant, quand même, de replacer le garde-corps.

Les salariés de l'entreprise générale ont raison de penser que les travailleurs sous-traitants ou intérimaires ont tendance à prendre plus de risques et à être moins regardants sur la sécurité. Cela s'explique par le fait qu'ils sont plus précaires et plus contraints par les exigences de cadence. Mais lorsqu'ils veulent prendre soin de la sécurité, on ne les laisse pas toujours faire, puisqu'ils n'en sont pas les responsables officiels. Sur le chantier Ralle, ce contraste avec les embauchés est d'autant plus flagrant que, au sein de l'équipe de ferrailleurs, deux d'entre eux, Messaoud et Amar, sont des ouvriers embauchés de Ralle prêtés à Bâtarmat' (*cf.* chapitre 5), qui plus est délégués du personnel (donc très protégés relativement aux autres ferrailleurs, intérimaires). Lorsque nous ferraillons, ils s'occupent souvent, d'eux-mêmes, des tâches annexes de sécurité (désinstaller et réinstaller les garde-corps notamment), nous rappelant régulièrement à l'ordre sur la sécurité. Mais un jour que nous décidons de prendre en charge, nous aussi, la sécurité et d'aider l'un des deux à installer les garde-corps, il nous dit d'aller faire autre chose : « Les garde-corps ne sont pas à Bâtarmat'. » En effet, quoique nous travaillions avec et en soyons dépendants pour notre sécurité, ils appartiennent à Ralle. Aussi un sous-traitant qui veut en prendre en charge la sécurité s'expose-t-il à être renvoyé à ses attributions : la production et rien d'autre.

Pour conclure, non seulement ceux qui conçoivent la sécurité ne sont pas ceux qui la font ; mais ce ne sont pas non plus ceux qui sont supposés en bénéficier. Pris entre les exigences de cadence et les prescriptions de sécurité, les ouvriers n'ont plus le choix que de prendre des risques, et de cacher qu'ils prennent des risques. La réglementation de l'entreprise en matière de sécurité n'a donc pas pour unique effet la protection de l'intégrité physique des ouvriers. À la limite, elle est même susceptible d'avoir l'effet inverse : sans éliminer les conduites à risque, elle impose le silence à leur sujet et fait ainsi obstacle aux tentatives de reprise en main de leur sécurité par les salariés.

8

L'ouvrier impossible

Aller-retour des qualifications

Après le chantier Martin 2 (*cf.* chapitre 6), quoique peinant à trouver de nouvelles missions, je n'en suis pas revenu complètement aux galères du début de l'enquête. Certes, je suis envoyé sur de courtes missions de manœuvre, où l'on nous ment (*cf.* introduction) et où l'on nous gruge (*cf.* chapitre 4). Je suis même envoyé en grande banlieue sur un chantier dont le chef me remercie immédiatement : « Finalement on n'a plus besoin d'intérimaire. » Mais je déniche aussi l'occasion de travailler pour la première fois comme ouvrier qualifié intérimaire, par le biais d'Interfrance. Jusqu'ici, Sabrina, la jeune commerciale de l'agence, m'avait toujours éconduit quand je venais demander du travail. Là, elle me dit d'abord – presque un réflexe – qu'elle n'a pas de mission à me proposer, mais se reprend : « Attendez, j'ai peut-être quelque chose pour vous. Ferrailleur, OQ3 [ouvrier qualifié niveau III]. » Elle me demande si je sais lire des plans, je réponds que non ; si je sais attacher, « oui, mais... » ; si j'ai déjà travaillé tout seul, « non, jamais complètement tout seul ». Je précise que j'ai toujours travaillé comme aide, et que je n'ai d'ailleurs aucun certificat de travail en ferraillage. Elle décide de m'envoyer quand même.

> Vous ne dites pas que vous êtes aide, là-bas, vous dites que vous êtes ferrailleur. Vous essayez demain, et si ça ne va pas ils me le diront, je vous remplacerai. C'est un bon tarif en plus.

L'entreprise utilisatrice n'est pas un de ses gros clients, si bien qu'elle peut la décevoir sans trop de dommages. Quant à moi, pour m'appâter, elle m'a légèrement menti puisque, contrairement à ce qu'elle a suggéré, la mission était dès le départ prévue pour durer une seule journée. Mais j'y ai doublement trouvé mon compte : d'abord parce que, travaillant en binôme avec un coffreur peu calé en ferraillage et me laissant tranquille, j'ai pris du plaisir à façonner les armatures selon les plans qu'on m'avait confiés ; ensuite parce que je sors de cette courte mission muni d'un certificat de travail attestant que j'ai travaillé comme ferrailleur qualifié. Le « bluff » de Sabrina m'a permis de gravir l'échelon sans doute plus rapidement qu'en étant embauché. Je peux désormais courir les agences en arguant de mon titre.

Bien sûr, ce titre n'est qu'une condition nécessaire, loin d'être suffisante pour obtenir une mission correspondante. Quand on est embauché, un changement de qualification est généralement irréversible : à moins d'une refonte des grilles de classification, l'ouvrier qualifié ne sera plus jamais non qualifié. Dans l'intérim, le certificat de travail ne sert qu'à l'information de l'agence d'intérim, en attestant un niveau d'aptitude. Il ne donne aucune garantie à l'intérimaire qui, selon l'état du marché, peut « redégringoler ». Les allers-retours ne sont pas rares, y compris pour les chefs qui doivent parfois se (re)faire ouvriers. C'est dire que mon certificat de ferrailleur m'autorise à chercher, mais ne me garantit rien.

D'ailleurs, ma mission suivante est à nouveau sur un poste de manœuvre, dans une riche banlieue de l'Ouest parisien, au pied d'un bâtiment neuf déjà habité. Seul un local au rez-de-chaussée est encore en travaux, réclamant un peu de maçonnerie et beaucoup de manutention, que j'assure avec Mamadou, un autre manœuvre. Nous devons descendre de lourds casiers de vestiaires au parking, gênant parfois les belles voitures des résidents qui en sortent. Ceux-ci nous jettent des regards peu amènes, qui redoublent les ordres du conducteur de travaux, lancés d'une manière systématiquement désagréable. Jacky, un maçon d'une cinquantaine d'années, n'en revient pas :

> C'est fou comment il parle aux gens, comment il me parle, à quelqu'un qui pourrait être son père.

Il me conseille :

Il ne faut pas se dépêcher. Si tu finis trop tôt, celui-là ne te compte pas les heures. Je sais, il me l'a fait, une heure en moins parce que j'avais fini à 15 h 30. L'agence me l'a quand même comptée, mais tu vois le geste.

Dix minutes avant la fin de la journée, le conducteur de travaux nous fait déborder sur l'heure pour déplacer à toute vitesse une série de casiers, avant de nous annoncer, comme attendu, notre fin de mission. On est mercredi. Le milieu de semaine, la saison morte, si l'on peut dire, dans ce monde de l'intérim qui recrée des cycles à l'échelle de quelques jours.

Mais, cette fois, je m'en fiche. Dominique, gérante de Forcintérim, m'a appelé dès 10 heures ce matin pour savoir si j'acceptais une mission comme ferrailleur près de Roissy. Pour qu'elle s'en inquiète aussi tôt, cela doit être du sérieux, pas comme toutes ces fois où elle m'a fait des fausses promesses. J'accepte, bien sûr. Le soir, je suis donc pressé de retourner à l'agence afin qu'elle me donne toutes les indications, et de peur qu'elle m'ait remplacé par un autre : j'ai beau lui avoir donné des gages de fiabilité, rien ne l'oblige à m'attendre. Une fois changé, je vais donc immédiatement dans le bureau du conducteur de travaux pour qu'il remplisse ma feuille d'heures. Là, j'attends plus de dix minutes, car le conducteur est au téléphone avec sa banque, semble-t-il pour préparer un achat personnel de titres financiers. La scène est étrange, elle serait presque comique si elle n'était pas exaspérante : de mon arrivée jusqu'à ce qu'il raccroche, il ne me regarde à aucun moment, ne me fait même pas signe d'attendre. À se demander si je suis bien là dans son bureau, s'il n'y a pas une glace sans tain qui nous sépare. Peut-être ne perçoit-il même pas l'humiliation.

Muni enfin de ma feuille d'heures, je fonce à Forcintérim. On ne m'a pas remplacé. Dominique est partie, mais Leïla, une jeune commerciale, est au courant de tout. Je demande : « C'est comme ferrailleur ? » « Attacheur. » Petite nuance : ça ne change pas le contenu du travail, mais la qualification est moindre. Leïla vérifie, comme Dominique l'avait fait au téléphone, que j'ai bien une tenaille, que je ne suis pas un faux ferrailleur[1]. Elle téléphone, sans doute à Dominique : « Oui, il

1. En théorie, c'est l'employeur qui fournit ce genre d'équipement. Mais ne pas en avoir, face à l'intérim, c'est s'exposer au soupçon de la triche sur la qualification qu'on annonce. Il vaut donc mieux se procurer des outils par ses propres moyens. On ne peut réclamer qu'une fois bien connu de l'agence.

y a Nicolas qui est venu, le petit Noir ce matin et trois Beurs tout à l'heure, avec Khalifa qui a déjà travaillé pour nous… L'équipe est au complet. » C'est donc toute une équipe qu'on recrute, en milieu de semaine ? Curieux. Leïla raccroche et m'indique le lieu de la mission : un chantier près de l'aéroport de Roissy. Je fais remarquer que c'est loin et cher en transports en commun, sollicitant une compensation pour le déplacement. Leïla répond seulement par un haussement d'épaules, un sourire désolé, et puis : « Par contre, ne prends pas d'abonnement au mois ou même à la semaine, on ne sait jamais, si tu ne fais pas l'affaire… »

Un sans-papiers vous manque et tout est désorganisé

C'est un gros chantier de quatre grues, dont le sous-sol n'est pas encore fini lorsque j'arrive. Pour une fois, le site est spacieux. Il y a deux bétonneuses, on peut stocker des matériaux aux alentours, bref on respire, on est moins obligé de regarder toujours où mettre ses pieds. Le chantier est dirigé par l'entreprise Raymond Forte : un gros indépendant, l'une des rares entreprises de taille qui n'appartient pas à un groupe. Cela ne change pas grand-chose à l'organisation : le recours à l'intérim et à la sous-traitance est équivalent. Seuls les coffreurs et les maçons dépendent directement de l'entreprise, et encore une moitié d'entre eux sont-ils intérimaires. Le coulage du béton et le ferraillage sont sous-traités. L'entreprise de ferraillage se nomme Construfer (*cf.* chapitre 3) : même gabarit que Bâtarmat', même proportion d'intérimaires (60 à 75 %). Ici, hormis les chefs (et encore, pas tous), les ferrailleurs sont intérimaires.

J'arrive sur le chantier à 7 h 45. Un ouvrier m'indique l'algeco qui sert de bureau à Construfer. J'y suis accueilli par quelques jeunes hommes en bleu de travail, debout, et un autre en costume, assis. Marco, dont j'apprendrai après qu'il est le chef de chantier pour Construfer, est le premier à m'accueillir, un sourire au coin de la bouche :

– Tu es portugais ?

– *Non.*

– Alors dégage.

Hier soir, l'équipe de foot du Portugal a gagné sa demi-finale de l'Euro. Ça justifiera quelques manifestations nationalistes sur le chantier, plutôt sur le mode de la plaisanterie. L'homme en costume reprend plus sérieusement :

– Nicolas Jounin ?

– *C'est ça.*

– [L'homme en costume, à la cantonade :] Vous avez vu, je suis fort.

– [Marco :] C'était facile, pour une fois que c'est pas un Arabe qui entre !

Je ne suis pas le seul nouveau, loin de là. Au moins six autres ferrailleurs sont arrivés aujourd'hui sur le chantier. Plusieurs autres n'y sont que depuis hier. Or l'équipe de ferraillage compte une quinzaine de personnes, chefs inclus. Ce sont donc plus des deux tiers des effectifs qui ont été recrutés en deux jours. Les effectifs des chantiers ont beau ne pas être très stables, cela sort quand même de l'ordinaire. Youssef, ferrailleur arrivé hier, me donne la clé du mystère : il y a deux jours, la police a effectué un contrôle sur le chantier. Environ cent policiers auraient bouclé le site. Dix ferrailleurs sans papiers ont alors disparu, soit arrêtés, soit enfuis. J'en apprends un peu plus les jours suivants. Le patron de Construfer est entendu par la police mais pas inquiété. L'entreprise Raymond Forte, qui a sous-traité la pose d'armatures à Construfer, l'est encore moins. L'agence d'intérim qui employait la plupart des ferrailleurs pourrait être davantage menacée : elle joue un rôle d'assurance pour ses commanditaires, dans cette chaîne d'externalisation des illégalités. Toutefois, cette agence, qui appartient à un petit groupe assez connu, n'a pas sombré et a toujours pignon sur rue. Quant aux ouvriers arrêtés, personne ne sait ce qu'il est advenu d'eux.

Le principal dommage pour Construfer, c'est la désorganisation de l'équipe et l'accumulation du retard, sous le feu des consignes de Raymond Forte que cette affaire ne concerne pas. Paradoxe apparent : les ferrailleurs disparus avaient beau être intérimaires et sans papiers, précaires parmi les précaires, ils travaillaient avec Construfer, pour certains depuis des années. Avec eux, Marco, le chef, avait pu relativement stabiliser un savoir-faire et une routine de travail, qui sont désormais perdus. Le jour de mon arrivée, où nous sommes donc sept nouveaux, trois ferrailleurs sont renvoyés par Marco. « Ils ne travaillent pas », justifie-t-il. J'échappe à la charrette, comme aux suivantes. Il est vrai que plusieurs ferrailleurs récemment embauchés savent à peine manier le fil de fer et la tenaille. La baisse brutale de l'effectif et l'appel d'air qu'elle a engendré ont drainé toutes sortes de candidats que les agences d'intérim n'ont pas eu le temps de tester. C'est à peine si elles vérifient que les aspirants ferrailleurs possèdent bien une tenaille. Or même les plus novices des candidats connaissent cette sélection élémentaire, et achètent pour la surmonter une tenaille dans des magasins de bricolage. Parfois, ils se trompent : on en voit sur le chantier se débattre avec des tenailles trop petites.

Chaque jour ou presque, Marco commande de nouveaux ferrailleurs à différentes agences d'intérim. En cette période estivale, il ne semble pas si facile de trouver des « bons ». Les agences sont à la peine, sollicitent leurs intérimaires pour qu'ils amènent des proches. Il semble par ailleurs que Construfer cherche à limiter les frais : aucun salaire au-delà du tarif de base n'est permis, alors que le déplacement jusqu'à Roissy coûte cher. Du coup, les « bons » ne sont pas pressés de venir y travailler. L'un d'eux, Denis, ferrailleur congolais d'une quarantaine d'années, quitte le chantier, dégoûté par la faiblesse de sa rémunération, même pas 300 euros par semaine. Un autre, Houari, est remercié pour avoir réclamé trop fort une augmentation.

Chaque soir ou presque, de manière symétrique avec les arrivées du matin, Marco renvoie des ferrailleurs, tandis que d'autres partent d'eux-mêmes. La valse des arrivées et des départs donne le tournis. J'essaie d'en tenir le compte, mais ce n'est pas facile, car il faut chaque jour recenser les visages nouveaux et les visages perdus. Je me renseigne aussi auprès de mes collègues et de Marco. J'en ai tiré un graphique, qui recense le nombre de ferrailleurs recrutés et renvoyés, chaque jour (*cf.* graphique 4 en annexe).

La cadence s'en ressent également. Tantôt relativement calme, lorsque Marco décide de faire venir plusieurs ferrailleurs. Tantôt infernale, lorsqu'il est en attente d'une nouvelle commande et que nous sommes en sous-effectif. Nous faisons de nombreuses heures supplémentaires, le soir et les samedis. Pour les samedis, Marco ne nous l'impose pas, contrairement à ce que j'ai vu faire sur d'autres chantiers. Peut-être parce qu'il a suffisamment de volontaires, comme John, ferrailleur congolais d'une trentaine d'années, qui accepte sans hésiter toutes les heures supplémentaires pour compenser le chômage de deux mois qu'il vient de traverser. Il sera mal récompensé : arrivé en même temps que moi, il est renvoyé au bout de deux semaines. Pour les heures supplémentaires du soir, Marco est plus pressant. Pas d'ordre direct, mais : « Tu n'habites pas loin, tu peux rester. » Les ferrailleurs ordinaires ne refusent pas, d'autant que Marco sait jouer des faveurs qu'il octroie pour en réclamer en retour. Ainsi Youssef, qui a des démarches à effectuer car il est en passe d'être régularisé, doit s'absenter une journée. Marco lui compte quand même ses heures. Mais, comme le raconte Youssef :

> Après il me faisait faire une heure par-ci, une heure par-là, et chaque fois il me disait : « Reste ce soir parce que je t'ai compté la journée… » Comme si on était mariés, on n'est pas mariés quand même !

En revanche, Gabriel, un chef d'équipe intérimaire, décline systématiquement :

– Allez, Gabriel, tu restes avec nous.

– Je ne peux pas, j'ai des choses à faire.

– Mais tu as toujours des choses à faire !

– Un autre jour.

Gabriel est protégé par son haut niveau de qualification. Chef d'équipe, il a de plus cette particularité exceptionnelle de sortir d'une formation en ferraillage, suivie en Martinique où il est né. Dans le métier depuis vingt ans, Gabriel est venu en métropole il y a trois ans, en quête d'un meilleur salaire. Mais il ne se sent pas à l'aise et veut retourner en Martinique, ce que refuse sa compagne. Gabriel n'est pas le seul de l'équipe à être né dans les Antilles françaises. Max, chef d'équipe embauché de Construfer, est dans le même cas. Cela peut sembler curieux, quand on sait que les Antillais sont très peu nombreux dans le bâtiment en général, et dans le ferraillage en particulier. Mais que ces deux « exceptions » se retrouvent sur un même site ne doit pas étonner outre mesure : le recrutement par cooptation l'explique très bien. C'est Max qui a introduit Gabriel dans le giron de Construfer. La même logique rend compte de la petite concentration, par endroits, de ferrailleurs congolais (Congo-Kinshasa). Mais le gros des troupes reste constitué par des immigrés originaires des pays du Maghreb, souvent jeunes, pas toujours réguliers.

Parmi eux, Youssef (*cf.* chapitre 4). Algérien, venu en France il y a quelques années pour des vacances, il a laissé expirer son visa, repoussant toujours un peu plus son départ, à mesure qu'on lui proposait des petits boulots. « Tu sais, tu commences à avoir de l'argent, tu en veux toujours plus. » Il est en train d'obtenir des papiers, suite à son mariage avec une Française. Dans ce mariage, il s'est affronté à son beau-père, raciste autoproclamé qui a cependant révisé son jugement. « Il a compris que les Arabes c'est pas… Mais il faut dire que les Arabes nés ici, c'est de la merde. » Youssef rejoint ici le verdict d'autres immigrés maghrébins récents, soucieux de se démarquer d'une autre jeunesse, née ici et stigmatisée, et qui prennent argument de leur acceptation des durs travaux du bâtiment pour se distinguer. Youssef est depuis deux ans dans le ferraillage. Il a dû repousser une embauche comme coffreur, parce qu'il n'avait pas de papiers. Cela dit, à présent qu'il est en passe d'être régularisé, il hésite à se laisser embaucher, car il y voit une perte de liberté. De plus, le gros œuvre ne lui plaît pas. Avant d'arriver sur ce chantier, il faisait, pour son compte et au noir, la peinture et le papier dans la maison de son beau-frère. Un maçon, avec qui Youssef travaillait, lui a proposé une association, au noir toujours. Youssef a refusé pour le moment, voulant obtenir des fiches de paie pendant encore quelques mois, au moment où il régularise sa situation. Pour la suite, il ne récuse pas l'idée, non seulement parce que la pénibilité serait moindre, mais aussi parce que la maîtrise de son temps serait plus grande :

> Si tu veux venir plus tard, tu peux, si tu veux partir plus tôt, tu peux, si un jour tu as quelqu'un ou tu peux pas, tu viens pas… Et un jour tu peux mettre un grand coup. Tandis que là, tous les jours, 8-12 heures, 13-17 heures, parfois des heures supplémentaires, ou tu déjeunes à quatre heures, c'est pas bon…

Autre ferrailleur nouvellement arrivé sur le chantier : Mounir. Un jour, nous discutons en volant une dizaine de minutes à la cadence, cachés au fond du chantier derrière une banche. Intérimaire, Mounir travaille avec Construfer depuis plusieurs années, fait parfois fonction de chef d'équipe sans en avoir le titre, avec une maigre compensation salariale. Il faut dire qu'il est sans papiers[2], quoique lui aussi espère bientôt être régularisé suite à son mariage avec une Française. Marocain d'une trentaine d'années, ancien conducteur de tracteurs, Mounir a quitté le Maroc car le travail était trop intermittent. Il raconte être arrivé en Europe en passant par l'enclave espagnole de Melilla. Aidé par un ami, il était déguisé en serveur sur un bateau de croisière pour touristes français. Il a ensuite traversé l'Espagne en voiture pour venir en France. Depuis, il travaille dans le ferraillage, et son genou droit s'en ressent déjà. Un médecin a prédit à Mounir qu'il pourrait être handicapé dans quelques années s'il ne change pas de métier. Cela lui rappelle de mauvais précédents : son père, qui a vécu quarante-cinq ans en France, est mort à cinquante-neuf ans, paralysé par ses genoux.

– Dans quoi il travaillait ?

– Je ne sais pas trop. Il portait la ferraille, je crois.

C'est pourquoi Mounir conclut :

Dès que j'ai mes papiers, je quitte la ferraille.

Nous arrêtons là la discussion, interrompus par un coffreur portugais de Raymond Forte qui nous avertit qu'il nous a sauvés la mise :

Votre chef vous cherche. Comme vous étiez cachés sous le panneau, j'ai dit que vous étiez déjà descendus, donc s'il vous demande, vous dites que je ne vous avais pas vus.

Youssef comme Mounir se plaignent de la fatigue. Le premier dit avoir perdu neuf kilos en un an. Le second craint pour son genou. Pourtant, l'un et l'autre n'ont passé « que » quelques années dans le ferraillage. Ils hésitent parfois à abandonner. L'usure rend le rapport au travail ambivalent. Ainsi, lorsqu'un jour un ferrailleur disparaît du chantier le sourire aux lèvres en déclarant : « Je ne reviens plus jamais », nous hésitons. Est-il parti de lui-même ou l'a-t-on renvoyé ? Son sourire me laisse penser qu'il a démissionné, mais pour Youssef :

2. Le contrôle de police n'a donc pas changé grand-chose : des sans-papiers continuent d'être utilisés sur ce chantier. Par ailleurs, Marco dit avoir vu l'un des ferrailleurs enfuis lors du contrôle travailler, quelques semaines plus tard, sur un chantier tout proche du nôtre.

> Dans ce métier, c'est tellement dur, des fois tu es content quand on te dit fin de mission.

Vieillir dans la ferraille ? Youssef et Mounir n'y songent pas. Et ce n'est pas l'exemple de Tahar, qui approche les soixante ans, qui les fera changer d'avis. Pourtant, Tahar est plus sûr de son poste que les autres ferrailleurs. Auparavant, il a travaillé vingt-sept ans comme embauché dans une entreprise qui a fermé quand le patron est parti à la retraite. Mais Tahar a été recommandé au patron de Construfer par son ex-employeur. On lui a donné le choix entre l'embauche et l'intérim.

> J'ai préféré l'intérim. Pour un jeune, c'est pas bon, tu n'es jamais sûr de rien. Mais moi, je suis sûr.

Il travaille en effet pour Construfer depuis six ans, employé par la même boîte d'intérim. Pourtant, affecté à l'équipe de José, un chef d'équipe éruptif, Tahar paie cher sa stabilisation, comme lorsque, un jour, José jette violemment son casque sur le vieux ferrailleur. Pour Youssef, il représente un contre-modèle : « Il faut me parler bien, à moi, dit-il en évoquant José. Je ne suis pas comme le vieux. »

Un autre choisit sans ambiguïté de quitter le chantier, c'est Lasmine. Le sens commun du bâtiment le dirait « arabe », en raison de son prénom et de son pays de naissance, l'Algérie. Lui a un autre avis. Il a plus de cinquante ans, et raconte être arrivé en France avant ses vingt ans : « Paris, c'est toute ma vie. » Dès le départ, il annonce qu'il va quitter le chantier. « C'est mal organisé, il y a trop de barres à porter… » Il faut dire qu'il a plusieurs métiers, notamment chauffeur. La ferraille, il connaît, mais dans un autre cadre :

> J'ai été formé à la ferraille en usine, on coupe, on coude… Du travail de qualité. Les barres sont amenées par la machine, pas comme ici où on porte tout.

Le lendemain, il n'attend pas la fin de la journée pour déguerpir. Je le croise alors qu'il va se changer, vers 10 heures :

> Il y a trop de cris, j'en ai marre. Je suis un ouvrier français, moi, je ne suis pas n'importe qui.

Vaine protestation : il en est peu sur le chantier qui seraient prêts à lui reconnaître ce statut. Pas Marco en tout cas, le chef, si l'on en juge par les vannes qu'il distribue bruyamment. Lorsqu'un coffreur portugais avance que « l'arabe, c'est une belle langue », Marco rétorque : « Oui, la langue est belle, mais eux, ils sont cons. » Une autre fois, il lance au milieu du chantier :

> Mais il y a combien d'Arabes en France ? C'est bon, avec les Arabes, on a notre quota d'handicapés !

Manière d'exorciser la pression qui pèse sur lui et qu'il fait peser en retour sur les ferrailleurs ? C'est possible. Ses relations avec les chefs d'équipe de Raymond Forte rappellent les pires heures du chantier Ilovu 2 (*cf.* chapitre 3) : retard accumulé, reproches mutuels, menaces. Marco a beau se défendre (« Il faut pas m'énerver ! Vous savez très bien pourquoi je suis en retard. Avant que les flics viennent, on avait une bonne équipe, ça roulait tout seul »), ce n'est pas le problème de Raymond Forte. Avec les ferrailleurs, Marco se fait rude, comme lorsqu'il lance : « Allez, on fonce, sinon c'était pas la peine de se lever ce matin. » La phrase n'est pas si anodine quand on sait qu'il peut dès le soir nous renvoyer nous coucher.

Pourtant, quoique brutal, Marco n'est pas vraiment méprisant et, en face, les ferrailleurs ne lui sont pas unanimement hostiles. C'est que Marco, quoiqu'il lance des vannes sur « les Arabes » (qui peuvent être reçues comme du banal humour de chantier), ne désigne jamais les individus de manière dégradante. Pas de « Mohammed » pour appeler un ferrailleur : s'il ne connaît pas son prénom, ce qui est rare, ce sera « le monsieur ». C'est aussi que Marco, pour un chef, participe beaucoup au travail. Un coffreur de Raymond Forte lui fait d'ailleurs remarquer : « Je trouve pas ça normal, un chef qui travaille. » Je demande à Marco s'il participe en raison de la désorganisation actuelle.

> Non, c'est mon habitude. J'aime bien attacher. J'ai jamais ce que je veux. Je voulais être chef quand j'attachais. C'est vrai que c'est bien, tu gagnes plus, mais tu as plein d'emmerdes.

Il faut dire que Marco est un jeune et fringant chef de trente-deux ans : l'accès à ce niveau n'a représenté pour lui qu'une promotion, tandis qu'il signifie souvent pour des ferrailleurs plus âgés une fuite hors de l'épuisant travail productif. L'embauche puis la promotion de Marco à l'intérieur de Construfer rappellent le parcours d'Ernesto à Bâtarmat' (*cf.* chapitre 5). À la fondation de Construfer, dans les années 1980, le P-DG cherchait des relations de confiance.

C'est pourquoi il a d'abord embauché M. Renoir comme conducteur de travaux : non pas un homme du métier, mais un commercial ignorant des armatures, qui avait pour principale qualité d'être son gendre. Puis le P-DG a recruté, comme cadres de chantier, deux immigrés portugais, Paulo et Jacky. Jacky a un beau-fils : c'est Marco, arrivé en France à l'âge de dix-neuf ans, au début des années 1990. Jacky le fait entrer dans l'entreprise. Marco croit que c'est juste le temps de gagner un peu d'argent ; en réalité, il s'éternise, en même temps qu'il est choisi par Construfer pour occuper des positions de chef d'équipe puis, cinq ans seulement après son arrivée dans l'entreprise, de chef de chantier. Son frère suit exactement le même parcours ; il devient d'ailleurs notre chef, remplaçant Marco lorsque celui-ci part en vacances.

C'est ce genre de liens personnels, qui créent des relations de confiance, des allégeances, et donc une certaine fiabilité, qui fait défaut côté ferrailleurs depuis la descente de police. Il n'y a plus l'équivalent de la famille Boukhari ou du noyau constitué par Ernesto à Bâtarmat' (*cf.* chapitre 5). Marco avait son noyau, mais il a éclaté. Il doit désormais en reconstituer un nouveau, et c'est le sens des arrivées et des départs multiples (exposés dans le graphique 4 en annexe). Cependant, au bout de trois semaines environ, l'effectif se stabilise, renforcé par quelques intérimaires habituels revenus de vacances. Le contrôle de police n'est déjà plus qu'un souvenir.

Les Portugais : des petits chefs incarnés ethniquement

Un jour, un électricien du chantier, que j'ai déjà rencontré sur Ilovu 2, me prend à part pour me conseiller :

> Tu devrais faire autre chose que le bâtiment. En plus, tu as pris un métier dur. La ferraille ce sera toujours la merde. Et puis là, ce genre de chantier, c'est pas bon, tu travailles avec des Portugais, c'est du bâtiment pur et dur.

Les « Portugais » : symbole de toutes les avanies du bâtiment. Ils en sont le symbole, non comme les sans-papiers qui signalent la dévalorisation du métier, mais comme vecteurs supposés de la dureté des chantiers.

C'est durant les années 1960 et 1970 que l'immigration portugaise est la plus intense. Si elle a depuis ralenti, la présence importante de Portugais continue de drainer des jeunes gens dont les liens et les opportunités sont plus importants en France qu'au Portugal, bien qu'ils ne parlent pas toujours français à leur arrivée. Ainsi en est-il de Fernando, coffreur sur le chantier Raymond Forte, qui a tout juste la trentaine. Employé de commerce au Portugal, il s'est retrouvé au chômage quand son magasin a fermé. Bien que n'ayant jamais touché au bâtiment et ne parlant pas français, il est venu à Paris dans les traces de son oncle, apprenant le métier de coffreur, demeurant en intérim pour retourner voir régulièrement sa femme et sa fille. Autre exemple : Jaime, plus proche de la quarantaine. Venu en France en 1985, théoriquement pour un mois de vacances auprès de son père, il a prolongé son séjour pour amasser un peu d'argent de poche. Son père l'introduit dans l'entreprise où il travaille comme chef d'équipe. Deux ou trois mois et Jaime rentre au Portugal, croit-il. Mais en réalité, depuis lors, il n'y est retourné que pour des vacances. Entre-temps, son père est allé monter une entreprise de bâtiment au Portugal, mais Jaime est resté, retenu par la famille qu'il a fondée en France.

Quoique l'immigration portugaise soit plus récente que l'immigration algérienne par exemple, les Portugais ont été (relativement) favorisés par le secteur du bâtiment. C'est ce que raconte un chef de chantier portugais proche de la retraite :

> – Quand je suis arrivé [dans les années 1960], non, entre les Portugais et les Arabes, ça n'allait pas à 100 %. Parce que bon, les Arabes, ça faisait longtemps qu'ils étaient là. Ils étaient déjà en France, c'était comme ça. Et puis les Portugais ils ont pris la place. C'est pour ça qu'il y avait un petit peu… Mais on a toujours bossé ensemble, sans racisme. Au contraire, on s'amuse. Moi j'avais des amis marocains, j'en avais un, très ami, il est mort ça fait pas très longtemps, d'un cancer. Et puis j'ai un grutier algérien, depuis vingt-cinq ans c'est un pote. Il a son fils qui travaille là. Je suis content de le voir, parce qu'il a le même nom. […]
>
> – *Comment vous expliquez que les Portugais aient un peu pris la place des Maghrébins alors que… ?*
>
> – On va pas dire que les autres sont plus bêtes. Déjà c'est un métier facile. Bon, c'est un métier où… je ne sais pas. Est-ce que les entreprises, aussi… Parce que c'est ça qu'il faut voir. Elles nous ont donné plus de chances ? Ça je pense. Je crois qu'un patron, quand il y a un jeune Portugais, et de l'autre côté un Arabe, ou même un non-Arabe… À l'époque c'était comme ça. Parce que moi je me rappelle il y avait des bons compagnons arabes. Pas mal, ils étaient

pas mal. Et puis un compagnon moyen, c'est lui qui est monté. Les stages, c'était pour les Portugais. Pourquoi, je ne sais pas…

On peut avancer plusieurs raisons à cette discrimination qui a eu tendance à favoriser les Portugais relativement à leurs collègues d'autres origines. D'abord, la préférence que leur ont accordée les politiques migratoires, avant même l'intégration du Portugal dans la Communauté économique européenne (CEE) et l'obtention pour ses ressortissants, en 1991, de la liberté de circulation et d'installation. Ensuite, le recrutement par cooptation, dont on a vu qu'il est pratiqué par tous les employeurs, et qui favorise par définition les groupes déjà implantés. Et, enfin, les discriminations directes, le racisme, dont témoignent les discours de responsables de recrutement, et qui favorisent relativement les immigrés ou descendants d'immigrés portugais (*cf.* chapitres 1, 4 et 6). Le résultat est que la majorité des postes de chefs d'équipe et de chantier sont tenus par des Portugais, même si à l'inverse – et cela est moins vu par les ouvriers non portugais – les Portugais sont loin d'être majoritairement à ces postes [3]. Sans savoir cela, on ne comprendrait pas les commentaires répétés à l'encontre des Portugais, et dont voici un assortiment glané sur différents chantiers :

> Les Arabes, ça va, ils sont compréhensifs, mais les Portugais, il faut toujours qu'ils te fassent faire de leur manière, ils croient qu'ils savent mieux que toi. C'est toujours de la manière la plus difficile, même pour quelque chose qui est facile. […] Les caralho [4], ils croient toujours qu'ils connaissent le boulot mieux que tout le monde. (Stagiaire en coffrage, congolais)

> Tous les Portugais sont des salauds. On est là pour travailler, pas pour courir. Mais eux te font courir. C'est ça qui rend le travail fatigant. Les Portugais, ils sont infatigables ! (Maçon intérimaire, haïtien)

3. On se référera au chapitre 6 pour une estimation chiffrée de cette affirmation. Par exemple, dans l'entreprise dont on a étudié le fichier du personnel, seulement 11 % des ouvriers nés au Portugal sont chefs d'équipe, mais 67 % des chefs d'équipe sont nés au Portugal. Notons que les effectifs mentionnés au chapitre 6 ne distinguent que les étrangers ou immigrés portugais, alors qu'un certain nombre de Français et de personnes nées en France sont des descendants d'immigrés portugais et par conséquent considérés comme « portugais » par les travailleurs des chantiers.

4. « Caralho » signifie « bite » en portugais. Juron de la langue portugaise devenu juron universel des chantiers, il est parfois utilisé pour désigner les Portugais dans leur ensemble, mais pas aussi souvent que « Mamadou » pour désigner les manœuvres ouest-africains.

> Moi, quand il y a un chef, je ne travaille pas : « Quoi ? Qu'est-ce que tu fous là derrière moi ? T'as rien à faire ? » C'est ça, les Portugais, toujours derrière toi. (Coffreur intérimaire, algérien)

> Les vrais racistes dans les chantiers, c'est les Portugais. (Coffreur au chômage, malien)

> J'avais un chef portugais la semaine dernière, il picolait, le matin, le midi, et puis c'était « vite ! vite ! Non ! Viens par ici ! vite ! vite ! vite ! », c'est pas possible. Tous pareils, les Portugais. (Manœuvre intérimaire, haïtien)

> Il y a deux types à problème : les Portugais et les Turcs. [...] Mais les Portugais, ils ont une faiblesse. Il y a un seul moyen de s'intégrer avec eux. Si tu travailles avec un Portugais et que tu connais le boulot mieux que lui, là c'est bon, tu t'intègres. Mais sinon il t'écrase. (Formateur en coffrage d'origine algérienne, avertissement à ses stagiaires avant leur période en entreprise. Aucun des stagiaires n'est portugais.)

> Le bâtiment, c'est un boulot de merde, et c'est un Portugais qui a inventé ce boulot. Quand on l'attrapera celui-là, on va bien le niquer. (Poseur de pré-dalles congolais)

Le dernier commentaire résume sur le mode de la plaisanterie des réflexions courantes et souvent plus sérieuses[5]. Toutes ces réflexions convergent dans une description des Portugais qui renvoie principalement à leur comportement au travail (et non à leurs mœurs, leur physique ou quoi que ce soit d'autre). Contrôler, inférioriser, imposer des modes opératoires... Ce qu'on attribue aux Portugais, c'est ce que l'organisation hiérarchisée des chantiers réserve aux chefs d'équipe (ou aux ouvriers remplissant cette fonction). Or, comme on l'a vu, si les Portugais sont loin d'être tous à des fonctions d'encadrement de chantier, ces fonctions sont principalement occupées par des Portugais. Ce fait permet de mieux comprendre le contenu des stéréotypes portés sur les Portugais par les ouvriers du bâtiment. Toutefois, il ne faut pas franchir le pas qui consisterait à dire que ces généralisations décrivent fidèlement la réalité, car ce serait reproduire l'invisibilisation qui frappe les nombreux Portugais sans pouvoir. Ces derniers, facilement soupçonnés d'être

5. Il faut préciser qu'aucun de ces commentaires n'a été suscité par une question portant spécifiquement sur les Portugais. Soit ils ont été recueillis en situation, pendant le travail ou dans les vestiaires, produits d'une expression non provoquée, soit ils l'ont été en entretien suite à des questions portant plus généralement sur les conditions de travail.

des relais souterrains de l'encadrement, se retrouvent prisonniers de stéréotypes qu'ils ne contribuent pas, ou peu, à forger.

Par ailleurs, il est frappant de relever la symétrie entre la stigmatisation des Portugais comme « mauvais chefs » et l'indulgence envers les chefs français. Dans les discours, soit absents, soit absous, les Français bénéficient d'une comparaison flatteuse, censément dépourvus de tous les défauts attribués aux Portugais. Là encore, les exemples sont nombreux et renvoient aux conditions d'emploi et de travail :

> J'ai vu embaucher deux Portugais devant moi, qu'est-ce que tu peux faire. Parce que le chef de chantier, il est portugais. [...] Si c'est un chef de chantier français, là peut-être il voit les gens qui travaillent, les gens qui travaillent pas, donc il sait. Mais le chef de chantier, il montait que les bras droits. Surtout les Portugais. (Coffreur au chômage)

> C'est au chef de déclarer « j'ai un ouvrier qui a eu un accident ». Mais la plupart... bon j'accuse pas, tu vois, parce que, les Portugais sont racistes, souvent... Mais avec les chefs français, on n'a jamais eu de ces problèmes. (Coffreur)

> « Fais ça ! Fais ça ! » Attends, faut pas trop se presser non plus, faut pas déconner. Les chefs français, ça va. Il s'en fout, il dit rien, il te dit de faire, tu fais, et c'est tout. Dans les chefs portugais, il y en a qui sont bien, mais il y en a qui sont cons. Il y en a qui sont très cons. Mais des fois, il faut l'accepter. Quand on n'a pas les moyens. (Manœuvre)

Il est vrai que les Français sont physiquement absents des chantiers, ou bien présents de plus loin car hiérarchiquement supérieurs. Ils délivrent des ordres plus généraux et exercent un contrôle plus lâche que les chefs d'équipe ou les ouvriers disposant de fonctions de commandement. Ainsi, dans un contexte d'affaiblissement de la notion d'employeur, de brouillage de la visibilité du « commanditaire », les enjeux et les luttes sont ramenés à l'espace du chantier. Les patrons ou les cadres « français » sont épargnés, bien qu'ils déterminent depuis leurs bureaux l'organisation du travail sur le chantier. Quant aux ouvriers considérés comme « français », ils sont l'exception, et perçus d'une manière ambivalente.

Être français sur un chantier : soit « con » soit « chef »

Sur le chantier Raymond Forte, si je ne suis pas renvoyé comme bien d'autres ferrailleurs le sont au fil des jours, dont certains sont plus habiles et expérimentés que moi, c'est que je bénéficie du favoritisme flagrant de Marco. Ce dernier me fait beaucoup travailler en duo avec lui, notamment pour la pose de têtes de poteaux. On le fait sans escabeau, par manque de temps, sauf quand un conducteur de travaux ou un coordinateur sécurité pointe son nez. Marco est manifestement intrigué par ma nationalité française. Dès le deuxième jour, il m'apostrophe, comme le fera son frère quelques semaines plus tard :

> Il faut que tu m'expliques pourquoi un Français se trouve dans la ferraille. Ça fait treize ans que je fais ce métier, j'en ai pas vu un seul. Enfin si, mais des cons.

J'éprouve, comme sur de précédents chantiers, l'embarras dans lequel plonge le statut de Français. Dans le gros œuvre parisien, il est symboliquement délicat d'être un « Français » (c'est-à-dire né en France, blanc et doté au minimum d'un prénom « traditionnel » français). On y est vite pris soit pour un chef, soit pour un « con ». Parce que les Français sont promis à davantage, parce qu'ils n'ont pas les parcours et les obstacles de leurs collègues étrangers ou immigrés, ceux qui travaillent sur les chantiers sont suspects. Le fait d'être plongé dans la « masse » des ouvriers engendre paradoxalement un sentiment de solitude. En témoignent toutes les fois où, rencontrant un ouvrier français qui s'apercevait que je l'étais aussi, j'ai reçu des témoignages de son contentement (« Ah, enfin ! », « il n'y en a plus beaucoup », etc.). Le discours des quelques Français rencontrés est ambivalent : conscients, par leur classe et leur métier, d'être dans une situation qui les expose soit à dominer, soit à concurrencer (et être concurrencés par) des travailleurs immigrés, ils ne peuvent que difficilement faire le partage entre les torts attribués à cette concurrence et la revendication de privilèges en tant que Français.

Cependant, il serait faux de dire que les commentaires concernant ma qualité de Français ne constituent qu'un handicap, du moins lorsqu'ils émanent de la hiérarchie. Peu à peu, ils esquissent une préférence, expriment un souhait. M. Renoir, le conducteur de travaux de Construfer, fait des remarques à mon propos chaque fois qu'il passe sur le chantier.

Ça fait plaisir de voir quelqu'un de son pays dans les armatures. Faites attention à lui !

Un autre jour, il s'adresse à moi :

C'est vraiment rare un Français dans la ferraille. Nous, on n'en a qu'un seul. Évidemment c'est notre meilleur chef.

Est-ce que je serais intéressé de continuer, me demande-t-il ensuite ? Car si l'on en croit Marco lorsqu'il me présente : « C'est lui, le ferrailleur comme on en voudrait. » À peu près en même temps, le chef de chantier Michel, de l'entreprise Martin (*cf.* chapitre 6), me rappelle pour m'embaucher. Un petit succès.

Et un drôle de retournement. Au tout début de mon terrain, je pensais que je ne trouverais pas de mission ; ou bien que la force, la poigne, l'habileté me manqueraient. Il me serait peut-être impossible d'être un ouvrier du béton. Erreur. En dépit de difficultés initiales – quand on n'est pas encore introduit, la peau blanche est un handicap –, j'ai pu travailler sur des chantiers. Suffisamment longtemps pour que certains me repèrent et voient en moi l'ouvrier qu'il leur faut. Autre erreur, cette fois la leur. Je ne suis devenu cet ouvrier idéal qu'un moment, le temps d'une enquête. Car la combinaison que je représente est improbable, presque impossible. Carte d'identité française – à l'abri des contrôles de police –, blanc, passé par l'école d'ici ; assidu, ponctuel, endurant au travail de chantier, à peu près docile : deux séries de qualités d'ordinaire incompatibles. Ce n'est pas tous les jours que des sociologues endossent cette combinaison pour complaire à des entreprises du bâtiment. On ne peut avoir le beurre et l'argent du beurre, les avantages du sans-papiers et ceux du Français, alors que la (relative) docilité du premier ne se comprend que par les discriminations dont il fait l'objet, et dont le Français est l'envers favorisé [6]. Pendant qu'on valorise mon profil irréaliste – valorisation qui rejoint le discours de la pénurie de main-d'œuvre (*cf.* introduction) –, on déconsidère les ouvriers habituels qui réellement construisent nos bâtiments.

6. Je désigne ainsi, caricaturalement, deux pôles juridiques et sociologiques au milieu desquels on trouve la figure intermédiaire des étrangers réguliers. Et, parmi les Français, la distinction n'est pas neutre, sur le terrain, entre les immigrés et les Français de naissance ; et, parmi ces derniers, entre les Blancs et les membres de groupes racisés.

Conclusion

La chronique de chantiers donne à voir et à sentir un certain quotidien. Mais, une fois celle-ci achevée, le lecteur risque de se retrouver perdu et frustré, comme je l'étais souvent en rédigeant au jour le jour mes notes de terrain. Derrière l'écran des palissades de chantier, on découvre un enchevêtrement d'employeurs, de qualifications et de statuts d'emploi à la fois différents et inégaux ; on peine à saisir le *turn-over* quotidien ; on rencontre beaucoup de gens ; on multiplie les contacts et les discussions ; on se perd dans les cas d'espèce et les trajectoires particulières, dans la dispersion des projets, l'hétérogénéité des identifications, la disparité des ressources (elles-mêmes diverses : argent, qualification, relations…) ; comme Stéphane Beaud et Michel Pialoux sur le terrain d'une usine automobile, on s'affronte à « la question du "heurt" sur un même lieu entre des individus qui peuvent tous être désignés comme "ouvriers", mais qui le sont de manière si radicalement différente qu'on peut se demander si le terme a encore un sens [1] ». Il y a d'abord la complexité des statuts formels (qui est employé par qui, qui a tel type de contrat ?), ensuite la complexité des dérogations à ces statuts (par exemple, illégalités routinières des agences d'intérim), enfin la complexité des statuts informels (relations personnelles, origines imputées) qui interfèrent avec les premiers. À l'aide des indices glissés tout au long du récit qui précède, je vais à présent proposer une interprétation qui

1. Stéphane et BEAUD et Michel PIALOUX, *Retour sur la condition ouvrière*, Fayard, Paris, 2004 (1re éd. 1999), p. 294.

tente d'articuler tous ces phénomènes, et plus particulièrement les discriminations.

Le travail et le travailleur dissociés ?

Toute analyse du racisme au travail – point de départ de cette enquête – questionne la prise en considération de la *personne* même du travailleur. Or cette personne est en théorie éclipsée, gardée à l'ombre d'un contrat de travail qui convient « simplement » de la mise à disposition d'une force de travail : le travailleur « loue ses services », selon l'ancienne expression du code civil, pour un temps déterminé. Il met à disposition ses bras et sa tête, il permet qu'on utilise son corps et son savoir-faire comme un outil, vivant certes, mais un outil. Le patron est fondé à juger des moyens que le travailleur fournit, non de la personne de ce dernier.

Du moins est-ce là le cadre juridique du salariat. C'est au nom de la présomption d'indifférenciation des travailleurs, ou, du moins, au nom de l'obligation faite aux employeurs de ne pas les différencier autrement que par leurs aptitudes professionnelles, que l'on met en œuvre des analyses statistiques de la discrimination, « toutes choses égales par ailleurs ». Découvrir que les employeurs ne sont pas, selon l'expression anglo-saxonne, « *color-blind* », aveugles à la couleur, amène à un constat plus général et pas si banal qu'il n'y paraît : non seulement l'employeur n'est pas toujours aveugle à la personnalité de son salarié, mais il peut même en être très soucieux [2].

Même le droit civil « bourgeois » au XIXe siècle, qui faisait du travail une marchandise et réglait sa fourniture selon le droit commun des contrats, comportait quelques dispositions rappelant sa spécificité. Contrairement aux autres, et parce qu'elle a pour support nécessaire une personne, cette marchandise pouvait se faire rebelle à son acquéreur. C'est pourquoi il fallut

2. Et il l'était bien avant l'invention de la notion managériale de « savoir-être » qui recouvre aujourd'hui un mélange flou de qualités morales et comportementales des salariés. Notion à la limite de la contradiction, puisqu'elle allie l'idée d'acquisition de connaissances ou d'aptitudes (le « savoir ») à celle d'entité durable voire essentielle (l'« être »), le « savoir-être » est lié « à deux évolutions du travail : l'importance reconnue du client et l'intellectualisation du travail » (Sandra BELLIER, *Le Savoir-être dans l'entreprise*, Vuibert, Paris, 2004 [1re éd. 1997], p. 185). C'est pourquoi on la rencontre peu à propos du bâtiment, quoique les problématiques qui s'y trouvent engagées (implication, loyauté, fidélité, etc.) ne soient pas absentes de ce secteur.

interdire les grèves et les coalitions, instaurer un livret ouvrier pour fixer la main-d'œuvre[3], accréditer le patron d'une présomption d'honnêteté (et donc présumer la malhonnêteté du salarié)[4]. Ces règles visaient à faire du travail une marchandise, c'est-à-dire à le rendre entièrement malléable et soumis aux intentions de son acheteur. Mais la nécessité de les poser montrait qu'il s'agissait d'un objectif inatteignable. On observe donc, dès les origines du contrat de travail, dès l'institution d'un *marché* du travail, deux tendances contradictoires : d'un côté, une dénégation du travailleur, effacé derrière la force de travail qu'il vend ; et sa mise en avant, une mise en lumière, en premier lieu comme élément perturbateur de l'acte de vente. La séparation artificielle entre la force de travail (marchandise) et le travailleur (personne, support de la marchandise) hante le droit[5] comme la théorie économique. C'est que, d'abord et avant tout, elle hante la pratique des capitalistes : embarrassés par ce travailleur, ils mettent en œuvre des politiques qui tour à tour visent à l'éliminer et à le fiabiliser.

Même les économistes « orthodoxes » se trouvent embarrassés, comme en témoignent les développements de la théorie néoclassique. Cette dernière, s'avisant que la fourniture de force de travail n'est pas équivalente à celle d'une autre marchandise, puisque au moment de l'échange il n'y a que des promesses et non de réels produits, a conclu qu'il pouvait exister des solutions sous-optimales : l'employeur et le salarié se défient l'un de l'autre, le premier accorde une faible rémunération tandis que le second fournit un effort également minimal, ce qui nuit à la productivité. Des économistes néoclassiques ont imaginé une solution baptisée « théorie des contrats implicites ». Elle montre qu'il peut être avantageux pour les deux parties de maintenir un salaire plus élevé et/ou plus rigide que celui

3. Jean-François GERME, « Le livret ouvrier : mobilité et identification des salariés », *in* Robert SALAIS et Laurent THÉVENOT, *Le Travail. Marchès, règles, conventions*, Économica, Paris, 1986.

4. Article 1781 du code civil napoléonien : « En cas de litige sur le paiement et la quotité des gages [du salaire] le maître est cru sur son affirmation. » Cité par Michèle BONNECHÈRE, *Le Droit du travail*, La Découverte, Paris, 1997, p. 9.

5. Alain Supiot écrit ainsi que le droit du travail « a vocation à s'appliquer à chaque fois que le travail est traité comme une marchandise, c'est-à-dire lorsqu'il constitue l'objet même d'une négociation. La difficulté juridique vient justement de ce que le travail n'est pas une marchandise : il est inséparable de la personne du travailleur. Il y a donc dans cette notion abstraite de travail – nécessaire à l'émergence d'un marché du travail – une fiction économique qui pose au droit une redoutable énigme ». Alain SUPIOT, *Critique du droit du travail*, PUF, Paris, 2002 (1re éd. 1994), p. 8.

déterminé par le marché : le patron y gagne la stabilité de son salarié, et le salarié la stabilité de son emploi[6]. La solution est astucieuse mais, en cherchant à préserver le cadre théorique d'ensemble (individualisme méthodologique et contractualisme), elle en révèle les contradictions. Avec l'expression de « contrat implicite », on frôle l'oxymore, si l'on considère que le contrat est au contraire le royaume de l'explicite, de l'enregistrement d'engagements « en bonne et due forme ». Il s'agit moins d'un concept explicatif que d'un aveu d'impuissance théorique, une boîte noire qui est une invitation à l'empirie. De retour sur le terrain, la vision contractualiste peut être battue en brèche par la réalité de rapports de force inégaux : rien n'interdit de penser que la « poignée de main invisible » (l'autre nom des contrats implicites) puisse être un « pistolet sur la tempe invisible ».

Ce que l'institution d'un *marché* du travail suggère, et que la théorie économique orthodoxe recommande, c'est que les moyens mis à disposition par un salarié devraient être traités comme une marchandise, « discriminée » simplement en raison de sa qualité et de son prix. Les forces de travail ne devraient être comparées et distinguées les unes par rapport aux autres qu'en fonction des attributs qu'elles incorporent : comme des fruits s'apprécient selon leur fraîcheur et leur goût, comme des voitures se singularisent par leur forme ou leur vitesse, les forces de travail ne se différencieraient que par la puissance et le savoir-faire dont elles sont porteuses. Il ne reste plus à l'acheteur qu'à faire son choix.

Mais il existe une différence fondamentale entre ces « marchandises » : les fruits, les voitures sont déjà réalisés lorsqu'on les achète. Le goût est déjà dans le fruit, le moteur sous le capot de la voiture : leurs caractéristiques sont connues, il ne reste plus qu'à les consommer. Le choix de l'acheteur porte sur un produit fini qui, s'il n'est pas acheté, ira pourrir dans un cageot ou une décharge. La force de travail, elle, ne se réalise, ne déploie ses capacités qu'une fois jaugée et achetée. En tant que « puissance de travail », elle est déjà produite : le travailleur a déjà été suffisamment nourri et logé pour pouvoir se présenter sur le marché en étant apte à travailler. Mais cette « puissance »

---

6. *Cf.* Olivier GARNIER, « La théorie néo-classique face au contrat de travail : de la "main invisible" à la "poignée de main invisible" », *in* Robert SALAIS et Laurent THÉVENOT, *Le Travail. Marchès, règles, conventions*, *op. cit.*

demande encore à être mise en œuvre [7]. Elle ne peut être pleinement réalisée que parce qu'elle est consommée, que parce que son acheteur a trouvé à l'utiliser, en lui désignant une tâche, un travail. Autrement dit, le contrat de travail ne pose pas au salarié d'obligation de résultat, sans quoi ce dernier deviendrait entrepreneur ou artisan ; il ne fixe qu'une obligation de moyens, à charge pour l'entrepreneur de les employer au mieux. Telle est la règle du salariat, quoique les contournements soient nombreux, depuis le travail à la pièce jusqu'à la « gestion par objectifs », qui visent à réduire ce hiatus et à « indépendantiser » les salariés, à les transformer en fournisseurs de produits (sous contrôle) plutôt que de force de travail.

L'employeur, qui voudrait n'avoir qu'une marchandise comme une autre, écope, avec la force de travail, du travailleur : une personne qui a ses sentiments et ses intérêts, qui peut « y mettre du sien » comme renâcler, se montrer fiable et disponible ou bien déloyale et instable – bref qui est imprévisible. Tous les efforts de l'employeur visent à réduire l'imprévisibilité, à dompter l'incertitude. En domptant le salarié ? Pas seulement. Certes, le besoin et la contrainte sont des motifs puissants qui poussent le salarié à travailler, en particulier le salarié précaire. Mais cela suffit-il ? « Leurs bras nous sont soumis, mais nous avons aussi besoin de leur cœur, et plus encore que dans toute industrie » : la phrase est de Francis Bouygues, fondateur de ce qui est aujourd'hui le deuxième groupe mondial de BTP [8]. Avoir le « cœur » de ses salariés, c'est-à-dire leur loyauté, leur fidélité, leur fiabilité, voilà l'espoir du patron qui fait l'expérience quotidienne des dégâts occasionnés par une exécution distanciée du travail. Mais comme on ne peut avoir le cœur de l'ensemble de ses salariés, surtout lorsqu'on veut par ailleurs préserver la précarité des emplois, il faudra en élire quelques-uns.

---

7. Comme l'écrit Karl Polanyi, qui range le travail parmi les « marchandises fictives », « le travail n'est que l'autre nom de l'activité économique qui accompagne la vie elle-même – laquelle, de son côté, n'est pas produite pour la vente mais pour des raisons entièrement différentes –, et cette activité ne peut pas non plus être détachée du reste de la vie, être entreposée ou mobilisée ». Karl POLANYI, *La Grande Transformation*, Gallimard, Paris, 1983 (1re éd. 1944), p. 107.

8. Dans sa *Contribution à l'élaboration d'une politique à long terme de la main-d'œuvre dans le bâtiment*, reproduite dans Élisabeth CAMPAGNAC et Vincent NOUZILLE, *Citizen Bouygues*, *op. cit.*

Logique marchande et logique personnelle

Pour schématiser, on dira qu'un employeur du bâtiment peut justifier l'emploi d'un ouvrier de deux manières : 1) « parce qu'il sait faire et fait ceci, qu'il a telle qualification et telle expérience » ; et 2) « parce que c'est lui, lui et personne d'autre, le parent d'un tel, le copain de tel autre, le débiteur ou le créditeur moral de telle personne, que c'est un Français, un Portugais, un Arabe, un Africain... ».

D'un côté, une logique technique, qui est aussi une logique marchande : l'ouvrier ne se distingue de ses concurrents que par le type et le volume de son savoir-faire. De l'autre, une logique personnelle, liée à des êtres définis, des identités, des assignations, des relations durables (un « fils de... » ne peut être le fils de quelqu'un d'autre comme, dans une logique raciste, un Africain ne peut devenir européen). Évidemment, il ne s'agit que de pôles théoriques entre lesquels oscille la réalité. Les individus n'appartiennent entièrement ni à l'un ni à l'autre, et la communication est permanente : par exemple, c'est parce qu'on est le fils d'un tel qu'on acquiert tel savoir-faire dans telle entreprise ; c'est parce qu'on a acquis un savoir-faire qu'on commence à lier des relations personnelles durables avec une équipe ou un chef.

On se fourvoierait sans doute si l'on se contentait de dire que la logique personnelle pollue la logique technique et marchande, que seule la seconde est rationnelle tandis que la première est le produit d'affects nuisibles à la production. Ce fourvoiement est typique d'une partie de la pensée néoclassique des discriminations [9], qui suppose que la discrimination ne peut résulter que d'un « goût pour la discrimination », personnel, inexplicable et pour tout dire irrationnel, ou d'une information imparfaite. Mais alors cette discrimination elle-même, à terme, devrait être sanctionnée par le marché qui, lui au moins, est rationnel. Sans même attaquer les postulats d'une telle théorie, on peut en pointer une faiblesse : tant que sont maintenues les hypothèses d'une concurrence pure et parfaite, cela ne permet de rendre compte que de la disparition des

---

9. *Cf.* la présentation qu'en fait Nathalie RICHEBÉ, « La discrimination dans le recrutement aux États-Unis : controverses juridiques et économiques », *in* Christian BESSY et François EYMARD-DUVERNAY, *Les Intermédiaires du marché du travail*, PUF, Paris, 1997 ; ou bien encore la critique de Yann MOULIER-BOUTANG, *De l'esclavage au salariat, op. cit.*, p. 443-459.

discriminations, mais pas de leur persistance, de leur renaissance ou de leur renouvellement.

En tout cas, les deux logiques, personnelle et marchande, sont observables en permanence : aux affichettes des agences d'intérim qui réclament à la foule anonyme un « coffreur N3P2 [niveau III position 2] », des « ferrailleurs » ou des « manœuvres », répond le recrutement par cooptation mis en place, parfois très officiellement, par tous les types d'employeurs. Aux qualifications et aux tarifs – normes universalistes – que proposent les employeurs répond à l'occasion leur conviction que « seuls les Portugais (les Algériens, les Maliens...) peuvent faire ça ». Dans les entretiens, ce balancement se présente généralement sous l'affirmation d'une norme de recrutement et de promotion universaliste (« je juge les gens en fonction de leurs aptitudes ») qui s'effrite lorsque sont abordés les cas particuliers (« celui-là, je l'aime bien, je le garde », « j'ai pris le fils de mon chef de chantier », « c'est vrai que les Portugais sont plus vifs », etc.). L'universalisme n'est pas que de façade, y compris lorsque se trouvent mobilisées les dénégations du type « je ne suis pas raciste mais... ». Il y a conflit entre les deux logiques, comme si les patrons ne savaient pas choisir. Ou, plutôt, on peut supposer que leur indécision en paroles traduit un va-et-vient dans la pratique.

Analytiquement, la logique marchande est première, ne serait-ce que parce qu'elle est imposée par le droit. *La* relation de travail, en tant qu'institution, est marchande, elle consiste en une mise à disposition de force de travail d'où est exclue la personnalité du travailleur. *Les* relations de travail en revanche, concrètes, quotidiennes, différenciées, voient se déployer divers arrangements auxquels prend part une logique personnelle, généralement hiérarchique, parfois raciste (sans qu'il y ait nécessairement une infraction juridique constatable, puisque l'autorité de l'employeur sur ses salariés et la liberté de sa politique de main-d'œuvre sont consacrées par la loi [10]).

Comment et pourquoi passe-t-on d'une logique à l'autre ? Il n'y a pas de « goûts » ou de « préférences » aléatoires, les patrons ne sont pas pour la marchandisation universelle quand ils se lèvent du pied droit, et en faveur de la discrimination

10. *Cf.* Alain MORICE, *Recherches sur le paternalisme et le clientélisme contemporains : méthodes et interprétations*, mémoire pour l'habilitation à diriger des recherches, EHESS, Paris, 1999, p. 176.

lorsque c'est du gauche. Entre les deux logiques, entre les deux types de pratiques (qui d'un côté accentuent la marchandisation de la force de travail, et de l'autre la « personnalisation » des relations de travail) s'intercale le moment de la production. C'est-à-dire le moment où se trouve mise en œuvre concrètement la force de travail, avec ses réussites et ses ratés, ses relations sociales, ses conflits, ses impasses. C'est pourquoi chaque chapitre de ce livre s'est attaché à décrire la production en train de se faire, en même temps que les rapports sociaux qu'elle engage. Et c'est pourquoi j'en suis venu à résumer toutes ces observations par une thèse : *contre les risques contre-productifs d'un travail marchandisé où le seul ressort de la fourniture de force de travail est la discipline (par la surveillance en chantier, mais aussi les statuts d'emploi, le chômage, les conditions de séjour...), le secteur du bâtiment développe parallèlement aux mécanismes de marché des protections ponctuelles, locales, informelles, créatrices de loyautés, qui dépassent le contrat de travail. Ces protections prennent la forme d'allégeances individuelles, mais aussi de « préférences ethniques », de discriminations racistes (la valorisation des uns impliquant la dévalorisation des autres). Le passage entre ces deux formes de protection est assuré par la généralité du recrutement par cooptation.*

La question n'est pas de déterminer si le travail salarié dans le bâtiment est tout entier orienté par la précarité, les recrutements impersonnels, la concurrence entre les travailleurs, la mise au travail fondée sur la seule relation marchande ; ou si, au contraire, ce sont le paternalisme, les recrutements sélectifs et protégés, les connivences et le favoritisme, les loyautés et dettes personnelles, les concentrations et discriminations ethniques qui dominent. Il s'agit plutôt de comprendre en quoi la tension pratique et permanente entre ces deux pôles permet d'assurer, bon an mal an, la production de bâtiments.

Loyautés incertaines : les travailleurs du bâtiment entre discrimination et précarité

Pour cela, il a fallu analyser les différents niveaux de gestion et de mobilisation de la main-d'œuvre : depuis les politiques des services de ressources humaines des grands groupes jusqu'aux relations concrètes sur les chantiers, en passant par les différents intermédiaires que sont les entreprises sous-traitantes, les agences d'intérim ou l'encadrement de chantier.

Les grands groupes du bâtiment se satisfont d'une faible valorisation de la main-d'œuvre (ce qu'avaient montré d'autres travaux pour des périodes antérieures, et ce qui semble se confirmer aujourd'hui, même si c'est sous d'autres formes). Les entreprises générales, c'est-à-dire celles qui obtiennent et dirigent les grands chantiers, emploient de moins en moins la main-d'œuvre qu'elles utilisent. La précarisation du travail et l'atomisation des travailleurs sont assurées par le recours à de multiples employeurs intermédiaires (entreprises sous-traitantes et agences d'intérim). L'intérim, en particulier, apparaît comme un vecteur privilégié de la mise en concurrence permanente des travailleurs entre eux, et de la négociation au plus court et au plus juste de la quantité de force de travail nécessaire à l'utilisateur. Il permet aussi d'employer durablement des salariés qui peuvent cependant être renvoyés du jour au lendemain : dans ces cas-là, les agences d'intérim introduisent moins l'instabilité que l'incertitude. Dans ce cadre, les travailleurs immigrés, quoiqu'ils apparaissent disqualifiés dans le discours de la pénurie de main-d'œuvre, sont en revanche, sur le terrain, très recherchés par les employeurs. Car les entreprises savent que ces travailleurs-là sont légalement et socialement plus vulnérables.

Discipliner la main-d'œuvre par la précarité de l'emploi, empêcher la formation d'un collectif ouvrier en l'atomisant est donc un choix dominant. Néanmoins, il ne peut être exclusif, car il comporte trop de dangers : pour les travailleurs, c'est évident, mais aussi, si l'on prend le point de vue des entreprises du bâtiment, pour la production. Car moins les entreprises s'engagent vis-à-vis de leurs salariés, moins les salariés s'engagent vis-à-vis de leurs employeurs. Ils ont tendance à fuir, et leur savoir-faire avec, dès lors qu'ils ont d'autres opportunités. Et même lorsqu'ils n'ont pas d'autre choix, ils peuvent mettre en place une résistance quotidienne, clandestine, ils peuvent manifester leur pouvoir de nuisance par une mauvaise volonté confinant au sabotage, par l'absentéisme, par les mensonges… Une telle résistance, décrite au fil des chapitres en même temps que (le ressenti de) l'oppression, menace d'avoir un impact sur la qualité des constructions. Cet impact est en partie connu et assumé par les entreprises (le coût chronique des malfaçons semble l'attester[11]), mais il est aussi compensé, contrecarré. Non pas par une remise en cause du système précaire d'emploi, dont on veut préserver les avantages, mais par des aménagements informels de ce système, dont on veut limiter les effets contre-productifs.

Au-delà des contrats de travail, on trouve donc d'autres formes d'engagements, d'obligations, d'attentes, qui renforcent ou contournent les liens formels. Il ne s'agit plus d'engagements entre deux êtres abstraits, un offreur et un demandeur de force de travail, mais entre deux êtres concrets, deux personnes. Tous les acteurs qui ont un rôle dans la gestion de la main-d'œuvre, des entreprises aux agences d'intérim en passant par les chefs de chantier et même certains ouvriers, tous entretiennent des relations privilégiées avec une partie, et une partie seulement, du personnel qu'ils utilisent. En échange de protections particulières, de gratifications spéciales, ces utilisateurs de main-d'œuvre sortent du lot une partie de leurs ouvriers, et ont en contrepartie des attentes spécifiques à leur égard : qu'ils soient plus fiables, plus professionnels, aptes à conduire le travail et éventuellement disposés à contrôler les agissements de leurs collègues.

Cette division fait que les salariés sont disciplinés de deux manières : les uns, rejetés dans la périphérie du collectif de travail, sont disciplinés par la menace et l'atomisation ; les autres, qui seraient dans le centre, sont disciplinés par l'obtention de gratifications, de positions supérieures, ou du moins par l'espoir d'en obtenir. C'est là une division très schématique, et la réalité est plus mélangée : la plupart des ouvriers du gros œuvre connaissent en même temps les deux situations, mais à des degrés divers. On a vu dans ce livre que même un manœuvre intérimaire, précaire parmi les précaires, peut connaître une situation très différente d'un autre manœuvre intérimaire,

11. Un colloque réunissant en 2003 les organisations professionnelles du bâtiment s'émouvait du coût de la « sinistralité » : un milliard d'euros par an, principalement imputé à l'exécution. Le président de l'union professionnelle du gros œuvre envisageait alors une « vulgarisation des DTU » (documents indiquant les normes techniques) à l'usage des ouvriers (*Batiactu*, 11 juin 2003). Que cette suggestion soit faite et qu'en même temps elle reste lettre morte dans la pratique est intéressant. Car la question n'est pas que technique. Cette vulgarisation aurait des répercussions politiques sur le pouvoir et l'autonomie des ouvriers dans leur travail, qui seraient accrus, à l'encontre de ce qu'avait obtenu la rationalisation du travail. De plus, à supposer même que les ouvriers de l'entreprise générale soient formés dans ce sens, la majorité des ouvriers des chantiers de gros œuvre, employés par d'autres sociétés, n'en bénéficieraient pas.

lorsqu'il est par exemple fidélisé à une agence d'intérim, qu'il travaille presque en permanence, et qu'il peut faire recruter certains de ses proches par son employeur. Dans cette dernière hypothèse, lorsqu'il fait recruter quelqu'un de sa connaissance, il endosse une responsabilité supplémentaire : il est l'homme qui a pu procurer d'autres hommes et répond de leur fiabilité, ce qui le rend plus utile mais aussi plus exposé.

La division informelle des collectifs de travail ne repose pas que sur la sélection ponctuelle de quelques individus. Ou, plutôt, cette sélection ponctuelle se recoupe avec un classement des personnes en fonction de leur origine. Autrement dit, cette sélection prend aussi la forme de discriminations. En abordant cette notion de discrimination, il faut éviter deux écueils : d'un côté, celui qui consiste à accuser des méchants discriminateurs qui viendraient polluer la société de leurs préjugés stupides et irrationnels ; et, de l'autre, celui qui pousse à se retrancher derrière l'idée qu'il y a discrimination partout et tout le temps, et qu'il est par conséquent impossible de déceler et d'isoler aucun mécanisme ou acteur particulier. Dans le gros œuvre parisien, on peut distinguer trois sources de discrimination, correspondant à des logiques différentes quoiqu'elles convergent souvent.

La première tient aux politiques migratoires, qui favorisent certaines origines (les européennes, et ce avant même la relance de la construction européenne à partir des années 1980) et en relèguent d'autres (les africaines)[12]. Il s'agit là d'arbitrages qui ne concernent que l'État, mais qui sont réinvestis par les politiques d'entreprises. Ils s'articulent à une division des collectifs de travail entre des « centres » relativement stabilisés (l'ouvrier hautement qualifié et polyvalent, embauché en CDI dans l'entreprise générale, lié à un chef de chantier, en serait le représentant idéaltypique) et des « périphéries » précaires (poste peu qualifié, intérim, entreprise sous-traitante, sans lien personnel avec un responsable). Car cette division a des répercussions sur le type de profil social attendu des travailleurs. Les travailleurs des centres doivent avoir une existence sociale relativement stable, garantissant leur fiabilité. Les Français et les Européens qui disposent de la liberté d'installation sont donc

12. *Cf.* Vincent VIET, *La France immigrée. Construction d'une politique 1914-1997*, Fayard, Paris, 1998. *Cf.* aussi la recherche, plus ancienne, de Marie-Claude HENNERESSE, qui porte plus spécifiquement sur le bâtiment : *Le Patronat et la politique française d'immigration, 1945-1975*, thèse de doctorat, IEP Paris, 1979.

avantagés. En revanche, la vulnérabilité sociale et juridique des travailleurs des périphéries est très recherchée, d'où la présence importante de personnes sans papiers ou disposant de titres de séjour précaires. Les immigrés maghrébins ou ouest-africains « bénéficient » alors de la préférence des employeurs.

La deuxième source tient à la discrimination indirecte que constitue le recrutement par cooptation, que pratiquent et promeuvent tous les employeurs du bâtiment, depuis les entreprises générales jusqu'aux agences d'intérim, en passant par les entreprises sous-traitantes [13]. Si ce mode de recrutement n'a pas une vocation discriminatoire – les entreprises en attendent surtout une économie sur la recherche de personnel et une plus grande fiabilité des personnes recrutées –, il favorise les groupes ethniques déjà implantés puisque le proche d'un Portugais (d'un Algérien, d'un Malien…) est souvent un Portugais (un Algérien, un Malien…). Le recrutement par cooptation n'existerait pas si les entreprises n'y trouvaient pas d'intérêt, mais cela ne signifie pas qu'il n'apporte rien aux salariés : ces derniers, en proposant et en plaçant parfois certains de leurs proches, éprouvent la maîtrise et le respect (relatifs) dont ils bénéficient au sein de l'organisation du travail.

La troisième source, ce sont les discriminations directes, ce qu'on pourrait appeler tout aussi bien une « gestion raciste de la main-d'œuvre ». Le savoir gestionnaire des employeurs intermédiaires, notamment des commerciaux d'intérim parisiens, compose avec une grille raciste qui fait des Portugais les « rois du bâtiment » (coffreurs et chefs d'équipe), des Maghrébins des ferrailleurs trop souvent « vindicatifs » et des Maliens les spécialistes incontestés (et prisonniers) des tâches les plus pénibles (marteau-piqueur et nettoyage) [14]. Ces représentations circulent y compris parmi les commerciaux qui n'y adhèrent pas, car il

---

13. Certaines entreprises vont jusqu'à récompenser officiellement les salariés qui leur ont procuré d'autres salariés. Par exemple chez Bouygues, « on a mis au point un barème de récompense, ça peut représenter plusieurs centaines d'euros en cas d'embauche », explique un responsable ressources humaines en entretien. En 2005, VediorBis organisait comme chaque année ses « rendez-vous du parrainage », ainsi décrits sur le site Internet du groupe : « Cette opération est réservée aux intérimaires VediorBis et leur permet d'aider des proches à trouver du travail. En 2004, 9 000 intérimaires VediorBis ont participé à cette opération et ont permis à 11 000 personnes d'effectuer une ou plusieurs missions chez VediorBis. […] Si la personne recommandée (le filleul) travaille au moins 20 jours dans les 3 mois suivant son inscription, le parrain gagne des chèques-cadeaux. »

14. Les ouvriers d'autres origines, minoritaires, sont moins systématiquement catégorisés.

faut savoir à l'occasion répondre aux exigences racistes des clients.

Cette distinction entre les trois mécanismes discriminatoires semble nécessaire, mais elle peut aussi être frustrante, car les passerelles logiques manquent encore pour les articuler correctement. De même, il reste difficile d'intégrer dans un même cadre d'analyse les logiques interpersonnelles de fidélisation et les logiques de discriminations racistes De même encore, il demeure délicat d'appréhender et de comprendre toute la diversité et tout le sens des réactions des ouvriers à ces mécanismes.

C'est avec le terme de « loyautés » que j'ai essayé de « faire tenir » le tout. Ce terme était au départ étranger à ma recherche. Il s'est imposé aussi bien pour décrire la manière dont les engagements de travail sont remplis que pour analyser les formes de coopération et de solidarité à l'œuvre entre ouvriers des chantiers. Il s'est imposé, immédiatement accompagné de l'adjectif « incertaines » [15], parce que j'accumulais dans mes notes de terrain des manifestations multiples de déloyautés, de mensonges, de trahisons, de méfiances.

Loyauté : on la trouve définie dans les dictionnaires comme « respect, fidélité à la parole donnée, aux engagements pris ». Question cruciale dans le travail où l'employeur n'obtient guère du salarié, au moment où il conclut le contrat, qu'une « promesse de travail [16] ». Un exemple caricatural, mais réel, de ce problème est donné par les agences d'intérim lorsqu'elles font venir plus d'intérimaires qu'elles n'en ont besoin pour une mission, et qu'elles renvoient le surplus le matin même, ce qu'elles justifient par le fait que les intérimaires ne viennent pas toujours (*cf.* chapitre 4). Les deux parties s'enfoncent dans une défiance réciproque : les intérimaires hésitent à se déplacer pour ce qui risque d'être un attrape-nigaud, tandis que les commerciaux d'intérim mentent toujours plus pour compenser les défections que fait naître cette hésitation. On ne sort de cette « spirale de déloyautés » qu'en tissant un peu de confiance et d'engagement entre les uns et les autres.

Question plus difficile : quelle place tiennent les discriminations dans cette problématique de la loyauté ? Je répondrai en me prenant en exemple. Après neuf mois passés sur les

15. *Cf.* le titre de ma thèse, qui sert de base à ce livre : *Loyautés incertaines, les travailleurs du bâtiment entre discrimination et précarité.*
16. Bruno LAUTIER, « Travail salarié et socialisation », *op. cit.*

chantiers, j'ai la certitude que si j'avais continué, j'aurais pu devenir chef d'équipe en quelques années. J'ai reçu de multiples témoignages d'ouvriers ou de chefs disant explicitement ou implicitement que ma carte d'identité française et ma couleur blanche m'ouvraient un tel horizon. Ces témoignages sont par ailleurs confirmés par les quelques statistiques disponibles, qui établissent la discrimination en fonction de l'origine, en faveur des Européens. Et ce n'est pas qu'une abstraction, ces statistiques reflètent ce que chacun expérimente et ressent quotidiennement. Bref : j'ai la certitude qu'un tel avenir est possible. Sans doute plein d'embûches m'attendent en chemin, un retournement de conjoncture, un accident du travail et je suis mis sur la touche. Mais en ayant l'espoir d'un avenir meilleur, il est très possible que je m'investisse fortement dans mon travail, que je m'implique d'une manière qui pourra paraître sans commune mesure avec mon statut précaire et subalterne de manœuvre ou de ferrailleur intérimaire. Les discriminations sont propres à susciter l'engagement, la loyauté de ceux qui se devinent relativement privilégiés (*cf.* chapitre 6).

Les discriminations viennent appuyer le processus de fidélisation de quelques ouvriers, elles lui donnent un argument qui a sa justification (même imaginaire) ailleurs que dans la sphère productive : l'argument ethnique. Les discriminations mobilisent les individus et suscitent leur loyauté, non plus dans le sens de respect de la parole donnée, mais dans ce second sens que l'on trouve dans le dictionnaire : le respect de l'honneur. L'honneur mobilisé ici, c'est, pour reprendre les termes de Max Weber, l'« honneur ethnique[17] », c'est-à-dire l'honneur lié à la croyance en une origine commune et un style de vie distinctif. Mais, et c'est pour ça que là encore on peut parler de loyautés incertaines, cet honneur ethnique fait face à d'autres types d'honneurs, d'engagements, de devoirs, de fiertés, de

17. Max WEBER, « Les relations communautaires ethniques », *Économie et société, tome II*, Plon, Paris, 1995. Il est intéressant de relier l'analyse webérienne des groupes ethniques à sa célèbre distinction entre classes sociales (dont le fondement est économique) et groupes de statut (*Stand*, souvent traduits par « ordres » en français, fondés sur le prestige, l'honneur, le mode de vie). Weber range explicitement le groupe ethnique parmi les groupes de statut. Ainsi les traits de ces derniers (tournés vers la revendication d'une considération particulière et d'un monopole de leur condition) doivent-ils servir à saisir également le groupe ethnique. Une stimulante confrontation de cette perspective avec le marxisme est proposée par Immanuel WALLERSTEIN (« Conflits sociaux en Afrique noire : réexamen des concepts de race et de "status-group" », *in* Étienne BALIBAR et Immanuel WALLERSTEIN, *Race, nation classe, les identités ambiguës*, La Découverte, Paris, 1997 [1re éd. 1988]).

solidarités : ceux liés au métier ou à la classe. Dans un contexte qui est d'abord celui de l'atomisation des travailleurs, la recréation de liens sur le chantier emprunte des voies diverses et parfois antagonistes.

De la liberté du citoyen à celle du travailleur

Dans un supplément du quotidien *Le Monde*, une journaliste raconte le chantier Ilovu 1 (*cf.* chapitre 2), qu'elle a brièvement visité en même temps qu'elle a interviewé ses cadres. Les ouvriers, elle les voit du haut du bâtiment déjà construit, et les décrit comme « des hommes aux casques verts ou jaunes, petits comme des Playmobil [18] ». Dans un autre supplément du même quotidien, un rédacteur évoque, à propos des travailleurs du bâtiment, un « tribalisme archaïque », qui s'opposerait aux « tribus » (post-)modernes constituées dans d'autres métiers autour de relations individualisées et affinitaires [19]. Hommes sans visages pour le premier article, visages fondus dans des « tribus » pour le second : deux manières d'exotiser les travailleurs du bâtiment. Deux représentations faussement contradictoires, réunies dans une position de surplomb et une négation des individualités. Manière bien pratique, aussi, d'expulser le quotidien des chantiers de l'ordinaire de nos sociétés.

Il ne s'agit pas seulement de rappeler ici que, pour étranges – peut-être effrayantes – qu'elles soient, les activités et les relations du bâtiment ne nous sont pas étrangères, puisqu'elles fournissent nos espaces habituels de vie. Il s'agit aussi de dire que, du point de vue du travail lui-même, le bâtiment en dit plus long que sur lui-même. Sans doute les conditions et relations de travail y sont-elles plus rudes que dans d'autres secteurs. Mais c'est ce caractère tranché qui permet de saisir plus nettement certaines dynamiques. Parmi elles, on s'arrêtera sur la facilitation du licenciement, en débat depuis l'institution à l'été 2005 du contrat « nouvelle embauche » (CNE), et plus brièvement en 2006 du contrat « première embauche » (CPE), deux formes de contrat à durée indéterminée permettant durant une période

18. Orianne CHARPENTIER, « Chantiers, côté coulisses », *Aden*, 9 juin 2003.
19. Cédric MAURIN, « La tribu comme avatar d'une classe sociale », *Le Monde initiatives*, février 2004.

de deux ans (dite « d'essai ») de licencier le salarié sans motif[20]. Le « contrat unique » généraliserait l'innovation.

Illégalement et par le biais des agences d'intérim, les entreprises du bâtiment ont déjà fait en sorte de pouvoir se séparer à tout moment de leurs salariés, du moins de certains d'entre eux. Rétrospectivement, on les verra peut-être moins comme des délinquantes que comme des « pionnières ». Laboratoire semi-clandestin des nouvelles relations de travail, le bâtiment révèle certaines de ses implications. Il importe d'en prendre la mesure, car les analyses actuelles de la précarité identifient encore trop souvent l'emploi précaire à la discontinuité et aux CDD. D'où un certain trouble quand il a fallu caractériser le CNE et le CPE qui, malgré leur appartenance à l'espèce des CDI, semblaient aussi mériter le qualificatif de « précaires ».

Les argumentaires autour de la précarité semblent amenés à se déplacer. À ceux qui critiquaient le CPE en avançant qu'il était encore plus précaire qu'un CDD, d'autres répondaient que le CPE n'était qu'une forme de CDI, étalon reconnu de l'emploi stable. À ceux qui accusaient la généralisation de la précarité, d'autres répondaient qu'aucun employeur n'avait intérêt à se séparer du salarié lui donnant satisfaction. Les pratiques des agences d'intérim du bâtiment, qui, ayant anticipé sur les CNE et CPE[21], ne font signer de contrat qu'en fin de mission afin de pouvoir renvoyer leurs salariés du jour au lendemain, obligent à distinguer deux notions historiquement contenues dans celle de précarité : l'instabilité et l'incertitude (*cf.* chapitre 4). On rencontre sur les chantiers de nombreux intérimaires qui travaillent depuis des années, sous cette forme illégale d'emploi, avec la même agence d'intérim, la même entreprise ou le même chef de chantier. Pas d'instabilité donc, mais ici la durée indéterminée

20. Le CNE ne s'applique qu'aux entreprises de moins de vingt salariés. Le CPE ne devait s'appliquer qu'aux jeunes de moins de vingt-six ans.

21. Cependant, il n'est pas sûr que le CNE, même étendu à tous les types d'employeurs, remplace l'intérim dans le bâtiment. D'une part, parce qu'il autorise le licenciement sans motif, mais en maintenant un préavis (de quinze jours entre le deuxième et le sixième mois, d'un mois entre le septième mois et la fin de la deuxième année) encore trop rigide relativement aux pratiques actuelles des agences d'intérim. D'autre part, parce que cela supprimerait l'agence comme employeur intermédiaire, ce qui n'est pas forcément l'intérêt de l'utilisateur, notamment lorsque des illégalités sont commises, l'agence jouant alors un rôle assurantiel de « tampon ». *Cf.* Sébastien CHAUVIN et Nicolas JOUNIN, « L'externalisation des illégalités. Ethnographie des usages du travail "temporaire" à Paris et Chicago », communication au colloque *Économie informelle, travail au noir : enjeux économiques et sociaux*, université de Marne-la-Vallée, 17 septembre 2007.

se mue en menace permanente d'être renvoyé. Les salariés sont les premiers conscients de cette vulnérabilité : ils se savent depuis des années sur la sellette, ce qui réclame une discipline permanente, qui les conduit parfois à masquer leurs problèmes médicaux ou leurs accidents de travail. Ce sont eux-mêmes qui, en revanche, créent à l'occasion l'instabilité, lorsqu'ils « craquent » et abandonnent leur poste, et ce sont les employeurs qui s'en plaignent. Pour ces derniers, l'important, c'est le siège éjectable ; l'éjection est un échec.

L'exemple de ces intérimaires, stables quoique menacés, semble donner raison à ceux qui avancent que l'employeur n'a pas de raison de renvoyer ses salariés à tout bout de champ. Il faut rappeler cependant que, dans le bâtiment, la fidélisation de quelques-uns a pour contrepartie, et même pour objectif, le maintien d'une main-d'œuvre d'appoint, tournante et instable (les « fidélisés » ayant vocation à encadrer les « tournants »). Mais il est vrai que là où domine la précarité, tous ceux qui sont précaires ne le sont pas au même degré. La faiblesse collective des travailleurs permet à l'arbitraire patronal de se déployer, de sélectionner, hiérarchiser, fidéliser une partie de sa main-d'œuvre, de s'attacher des loyautés plus ou moins contraintes. En ce sens, le « contrat unique » n'instaurerait pas une égalité de condition, mais donnerait la liberté aux employeurs de redistribuer les statuts à leur guise. La précarisation de l'emploi n'implique peut-être pas tant une plongée dans les « eaux glacées » du marché qu'une percée vers la « reféodalisation du lien social[22] ».

Pourtant, faciliter le licenciement, n'est-ce pas rétablir une symétrie nécessaire au bon fonctionnement du marché du travail et à la liberté de ses intervenants ? La théorie économique orthodoxe le recommande, la morale libérale l'exige : chacun doit être libre de contracter des engagements, mais aussi de se rétracter. Et l'on citera, à l'appui d'un « assouplissement » du droit du travail, quantité d'exemples de salariés libres et heureux, « sublimes » d'aujourd'hui, naviguant d'un employeur à l'autre, prenant au mot les institutions qui font d'eux des marchandises à vendre au plus offrant.

Liberté mensongère, accusent les adversaires de cette thèse, empruntant à l'occasion la métaphore du « renard libre dans le poulailler libre » : il ne faut pas seulement songer aux volatiles

22. Alain Supiot, *Homo juridicus*, Seuil, Paris, 2005, p. 164-175.

les plus costauds, qui s'en sortiront, mais aussi aux plus chétifs, victimes désignées. Curieuse image cependant, qui ne met pas en doute l'existence de la liberté du modèle contractuel, mais pointe ses effets délétères liés à la faiblesse congénitale de certains. C'est parce qu'il y aurait différentes *espèces* d'humanité que la liberté serait dangereuse, nous dit-elle. Mais, comme dans la réalité il n'existe pas plusieurs humanités, ni humains-renards ni humains-poules, il faut chercher les raisons qui *fabriquent* des renards et des poules, des « forts » et des « faibles ».

Certes, les inégalités économiques expliquent que certains doivent se soumettre à d'autres. Certes aussi, contrairement au modèle néoclassique qui imagine des acteurs équivalents sur un marché atomisé, le « marché » du travail oppose des organisations à des individus, dont la liberté est plus risquée [23]. Mais pour mieux comprendre comment s'accomplit le paradoxe d'une liberté de droit muée en dépendance et en subordination de fait, il faut quitter la sphère économique au sens strict et interroger l'ordre politique qui fixe des frontières, des titres (qu'ils soient scolaires ou « de séjour »), des divisions statutaires, et structure les opportunités individuelles. Il faut revenir à cet acteur central qu'est l'État, en tant qu'il hiérarchise les personnes et organise leur sujétion. Ce qui apparaît nettement dans le cas des immigrés, c'est que le régime de citoyenneté (libertés individuelles et politiques) influe sur le rapport au travail ; que la fragilisation des personnes par la mise en cause de leur droit à être là, à y parler, à y agir, à y résister, a pour pendant leur vulnérabilité face aux stratégies de leurs employeurs.

Et pourtant ils résistent. Silencieusement peut-être, par la fuite surtout, mais ils résistent. La réalité du bâtiment est aussi le produit de ces résistances, et pas seulement des stratégies des entreprises. La notion de résistance n'est pas invoquée ici en des termes moraux ou glorificateurs. Ainsi, ce qui apparaît comme une résistance du point de vue de l'employeur peut aussi bien, du côté du travailleur, être une fête (on quitte le bâtiment, on a joué un bon tour à son chef) ou un drame (on « craque »). L'attention sociologique aux résistances ne porte en elle-même ni célébration, ni apitoiement.

« Nous avons importé de la main-d'œuvre comme si c'était une simple marchandise, et de temps en temps nous sommes

23. *Cf.* Stephen MARGLIN, *À quoi servent les patrons ?*, ENS éditions, Paris, 2004 (1re éd. 1974).

déçus lorsque nous découvrons, comme cela se produit invariablement, que les travailleurs étaient des êtres humains comme nous », écrivait Robert Park, sociologue américain de l'entre-deux-guerres. Ce n'est pas une réhabilitation moraliste des travailleurs immigrés, mais un constat, banal quoique nécessaire : quel que soit l'avis de leurs utilisateurs, tous les travailleurs sont des êtres humains, c'est-à-dire des individus dotés de trajectoires, d'aspirations, de satisfactions et d'insatisfactions. Des êtres humains qui se soumettent quand ils estiment ne pas avoir de meilleur choix, mais cherchent à s'aménager des alternatives, à contester ou contourner les subordinations, ou qui parfois perdent pied ; des êtres humains dont l'intérêt personnel et le sens de la dignité composent en permanence, et selon des modalités diverses, avec l'oppression – et obligent cette dernière à composer avec eux.

Annexes

– Tableau : Effectifs salariés, non-salariés et intérimaires dans la construction de 1990 à 2005

– Graphique 1 : Évolution des effectifs salariés, non-salariés et intérimaires entre 1990 et 2005

– Graphique 2 : Part de la sous-traitance dans le chiffre d'affaires des entreprises de gros œuvre de plus de 200 salariés

– Graphique 3 : Variation des effectifs réels et virtuels (absents inclus) des ferrailleurs sur le chantier Ilovu 2, janvier-février 2004

– Graphique 4 : Nombre de ferrailleurs « recrutés » et renvoyés, par jour, sur le chantier Raymond Forte (juillet 2004)

– Méthodologie. Observer des gens : un problème scientifique et déontologique

TABLEAU. — **Effectifs salariés, non-salariés et intérimaires dans la construction de 1990 à 2005**

(en milliers)

Années	*Salariés*	*Non-salariés*	*Intérimaires*	*Total*
1990	1 345	307	85	1 737
1991	1 321	305	88	1 714
1992	1 258	295	75	1 628
1993	1 195	285	60	1 540
1994	1 205	277	78	1 560
1995	1 190	273	61	1 524
1996	1 146	267	62	1 475
1997	1 137	264	75	1 476
1998	1 149	262	88	1 499
1999	1 188	262	106	1 556
2000	1 237	263	117	1 617
2001	1 265	265	114	1 644
2002	1 266	265	109	1 640
2003	1 279	265	113	1 657
2004	1 304	265	123	1 692
2005	1 350	265	137	1 752

Source : *Formation, qualification, emploi dans la construction*, DAEI, ministère de l'Équipement.

Les emplois salariés et non-salariés sont comptés au 31 décembre de chaque année. L'intérim est mesuré en équivalents emplois temps plein.

GRAPHIQUE 1. — **Évolution des effectifs salariés, non-salariés et intérimaires entre 1990 et 2005**

(base 100 = 1990)

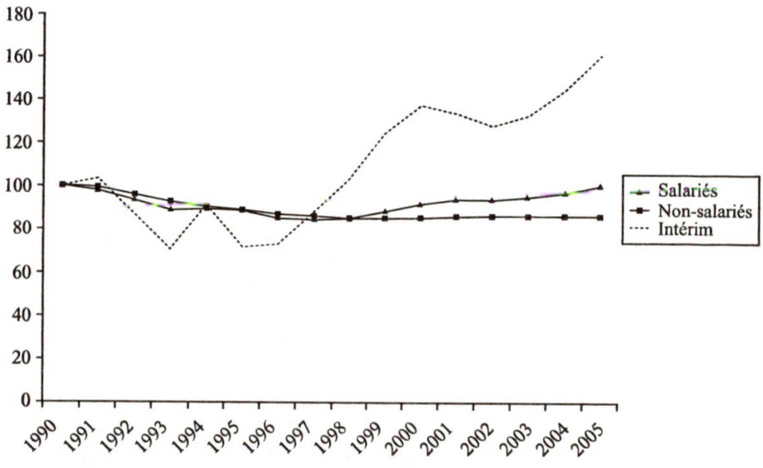

(Graphique construit à partir des plaquettes *Formation, qualification, emploi dans la construction*, DAEI, ministère de l'Équipement.)

GRAPHIQUE 2. — **Part de la sous-traitance dans le chiffre d'affaires des entreprises de gros œuvre de plus de 200 salariés**

(en millions d'euros)

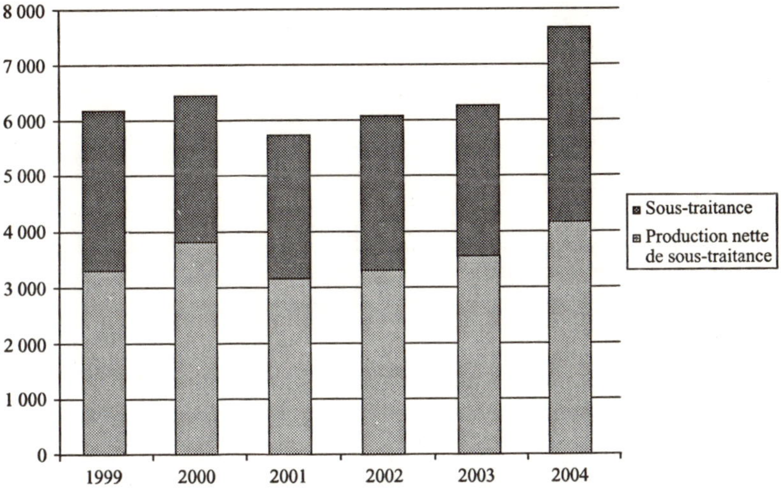

Source : « Enquête annuelle d'entreprises de la construction (EAE) », ministère de l'Équipement.

GRAPHIQUE 3. — **Variation des effectifs réels et virtuels (absents inclus) des ferrailleurs sur le chantier Ilovu 2, janvier-février 2004**

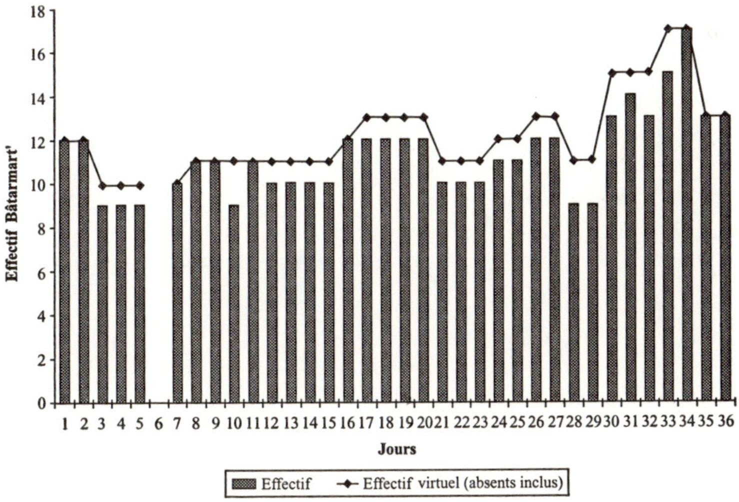

GRAPHIQUE 4. — **Nombre de ferrailleurs « recrutés » et renvoyés, par jour, sur le chantier Raymond Forte (juillet 2004)**

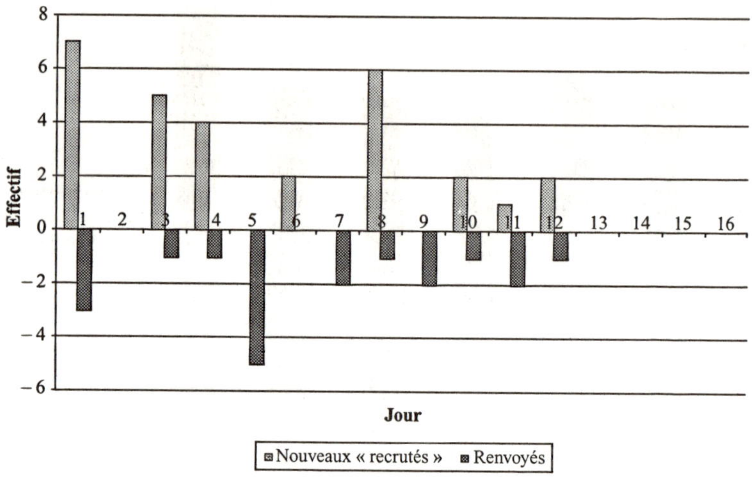

Méthodologie

Observer des gens : un problème scientifique et déontologique

Si j'ai déjà exposé dans l'introduction les méthodes, les temps et les lieux de mon enquête, et si j'ai par ailleurs construit ce livre autour du récit de l'observation participante, j'aimerais malgré tout signaler ici quelques réflexions pratiques, théoriques et déontologiques qui m'ont accompagné. L'observation participante est une méthode courante de la sociologie américaine dès l'école de Chicago (c'est-à-dire les années 1920), y compris dans les lieux de travail [1]. Elle est importée plus tardivement en France, où elle est liée en partie, à l'origine, au mouvement politique d'établissement. Liés à des mouvements maoïstes et secondairement trotskistes, les établis étaient des « intellectuels » qui, à la fin des années 1960 et au début des années 1970, se firent embaucher dans des usines dans un double objectif de réforme personnelle et d'organisation de la classe ouvrière [2]. Robert Linhart en a laissé un témoignage resté célèbre [3], qui conserve encore sa place dans les bibliographies des cours de sociologie du travail, quoiqu'il ne soit pas le seul [4]. Néanmoins, la sociologie française compte quelques ouvrages canoniques où l'observation participante

1. Par exemple Donald ROY (*Un sociologue à l'usine*, La Découverte, Paris, 2006) a mené de nombreuses observations participantes dans plusieurs entreprises aux États-Unis, dont une de dix mois en 1944 dans une usine où Michael BURAWOY (*Manufacturing Consent*, The University of Chicaco Press, Chicago, 1979) a enquêté à son tour, trente ans plus tard, et selon la même méthode.

2. *Cf.* Virginie LINHART, *Volontaires pour l'usine*, Seuil, Paris, 1994.

3. Robert LINHART, *L'Établi*, Éditions de Minuit, 1978.

4. Sans même évoquer l'expérience plus ancienne de Simone Weil, on peut citer Nicolas DUBOST, *Flins sans fin*, Maspero, Paris, 1979.

correspond d'abord à une collecte d'informations au plus près de l'activité [5]. Il faut aussi signaler les ouvrages écrits par des ouvriers, qui se rapprochent parfois de l'ethnographie [6].

Aujourd'hui, la méthode de l'observation participante s'est acclimatée, a gagné sa légitimité et semble être de plus en plus utilisée dans les travaux récents sur le travail [7].

---

5. *Cf.* Philippe BERNOUX, Daniel MOTTE et Jean SAGLIO, *Trois ateliers d'OS*, Éditions ouvrières, Ivry-sur-Seine, 1973. Jean PENEFF (*L'Hôpital en urgence*, Métailié, Paris, 1992), dans son étude classique des urgences menée en tant que brancardier, se réfère quant à lui à la tradition de l'école de Chicago (il y fait une recension, beaucoup plus courte à l'époque, des études par observation directe du travail). Dès les années 1950, Renaud Sainsaulieu avait enquêté en travaillant dans des usines : *cf.* Renaud SAINSAULIEU, *L'Identité au travail*, Presses de la FNSP, Paris, 1988.

6. Par exemple : Jean-Pierre LEVARAY, *Putain d'usine*, Éditions l'Insomniaque, Montreuil, 2002 ; Daniel MARTINEZ, *Carnets d'un intérimaire*, Agone, Marseille, 2003 ; Marcel DURAND, *Grain de sable sous le capot*, Agone, Marseille, 2006 (1re éd. 1990).

7. Quelques exemples (par ordre alphabétique en se limitant aux publications françaises et à un texte par auteur) : Fatima AÏT BEN LMADANI dans le nettoyage (*Migrantes marocaines âgées et reconnaissance sociale : relations de genre, d'âge, de classe et d'origine ethnique*, thèse de doctorat, Université Paris-VII, 2007) ; Tania ANGELOFF dans le même secteur (*Le Temps partiel, un marché de dupes ?*, Syros, Paris, 2000) ; Anne-Marie ARBORIO à l'hôpital pour enquêter sur le métier d'aide-soignante (*Un personnel invisible. Les aides-soignantes à l'hôpital*, Anthropos, Paris, 2001) ; Christelle AVRIL dans le métier d'aide à domicile (« Les compétences féminines des aides à domicile », *in* Florence WEBER *et. al.*, *Charges de famille. Dépendance et parenté dans la France contemporaine*, La Découverte, Paris, 2003) ; Christophe BROCHIER dans le bâtiment, la manutention, la restauration rapide (« Le contrôle du travail par les ouvriers : analyses à partir d'observations participantes », *Sociologie du travail*, n° 48, 2006) ; José CALDERÓN (*La Société contre le marché : des travailleurs à la recherche d'une éthique du travail. Trois études de cas dans l'industrie de process, de série et dans un centre d'appels*, thèse de doctorat, Université Paris X-Nanterre, 2006) ; Damien CARTRON dans les fast-food (« Le sociologue pris en sandwich ! Retour sur une observation participante », *Travail et emploi*, n° 94, 2002) ; Rémy CAVENG en institut de sondage (*Un salariat libéral. Les vacataires des instituts de sondages*, thèse de doctorat en sociologie, EHESS, Paris, 2007) ; Sébastien CHAUVIN dans l'intérim industriel aux États-Unis (*Intérim industriel et mobilisation de travailleurs journaliers à Chicago*, thèse de doctorat, ENS, 2007) ; Marguerite COGNET dans un hôpital psychiatrique (*Migration, groupes « d'origine » et trajectoires : vers une ethnicisation des rapports socioprofessionnels ? Une étude de cas dans un établissement public de santé de la région Île-de-France*, thèse de doctorat, Université Paris-VII, 1998) ; Pierre FOURNIER dans l'industrie nucléaire (« Des observations sous surveillance », *Genèses*, n° 24, 1996) ; Olivier GODECHOT, qui rompt avec l'habitude d'étudier des travaux ouvriers ou subalternes en enquêtant parmi des opérateurs financiers (*Les Traders*, La Découverte, Paris, 2001) ; Nicolas HATZFELD dans l'automobile (*Les Gens d'usine*, Éditions de l'Atelier, Ivry-sur-Seine, 2002) ; Emmanuelle LADA parmi les employés d'une compagnie de transports (« Des "anges" aux "agents d'ambiance et de prévention" : retour sur les conditions d'émergence et de mise au travail de nouvelles figures professionnelles à la Compagnie française », *Recherche sociale*, n° 160, 2001) ; Séverin MULLER dans des abattoirs (« Visites à l'abattoir : la mise en scène du travail », *Genèses*, n° 49, 2002) ; Pierre-Emmanuel SORIGNET dans le métier de danseur (« Danser au-delà de la douleur », *Actes de la recherche en sciences sociales*, n° 163, 2006).

Quoi observer ?

Cette section vise principalement à faire comprendre dans quel esprit et selon quelles modalités pratiques j'ai conduit l'enquête. Bien que l'observation soit une pratique relativement courante de la sociologie du travail, et bien que sa technique soit enseignée, l'apprentissage « sur le tas » est le passage obligé pour inventer, en situation, ses propres « ficelles ». La reproductibilité de la méthode est faible, tant elle est liée aux opportunités que laisse le terrain et à la personnalité même de l'enquêteur. Ceux qui s'y sont livrés ne peuvent donc guère transmettre que des conseils, pas des consignes.

Un premier problème de l'observation tient à la prise de notes. Elle doit être la plus régulière possible, afin d'en oublier le moins possible. Mais la régularité est parfois empêchée : parce que les personnes observées dans leurs activités peuvent s'agacer de voir un enquêteur le carnet à la main prêt à noter tous leurs faits, gestes et paroles (quoique ce soit le meilleur moyen d'être fidèle à ceux-ci) ; parce que, dans le cas de l'observation participante dans un travail ouvrier, il est impossible d'effectuer son travail en même temps que l'on prend des notes ; et parce que, lorsqu'on est un observateur inconnu des autres personnes du site ou de la direction de l'entreprise (ce qui était souvent mon cas), on n'est pas censé exhiber un carnet toutes les cinq minutes. Bref, il faut s'aménager des pauses en des lieux retirés, généralement les toilettes, pour griffonner quelques notes à la volée. C'est ce que je faisais au déjeuner ainsi que, en moyenne, une fois par demi-journée. Entre-temps, pendant deux ou trois heures, il faut relever et garder ce qu'on veut noter dans sa mémoire, par divers moyens mnémotechniques. Ensuite, à raison d'une heure environ chaque soir, j'ai repris et rédigé les notes griffonnées à la va-vite, décrivant les activités de la journée, les événements marquants, les comptages divers, ainsi que mes impressions.

Un autre problème immédiatement relié est : quoi observer ? Tout, se dit-on au départ dans un élan positiviste. Mais, en fait, on sélectionne toujours. Alors, il vaut mieux que cette sélection soit réfléchie et couchée dans une grille ou des fiches thématiques, même si – c'est toute la difficulté – il faut rester ouvert à ce qui se passe, continuer de noter des choses en apparence insignifiantes (elles ne sont peut-être insignifiantes que parce qu'on n'a pas encore réussi à leur donner du sens). Par exemple, dès les débuts, je consignais régulièrement tous les détournements, les pauses cachées, les évasions, les petites révoltes des manœuvres que je côtoyais, voulant rendre une sorte d'hommage à ces résistances qui me paraissaient cependant dérisoires face au « rouleau compresseur » de l'exploitation. Il ne s'agissait alors que d'hommage, et je ne leur donnais aucune place dans les configurations observées, aucune portée analytique. Or, si les résistances de ce type ne semblent en l'état actuel porteuses d'aucune transformation d'envergure, il est apparu au fur et à mesure qu'elles constituent un problème quotidien pour les hiérarchies, contraintes de mettre en place des stratégies correspondantes afin de « limiter les dégâts ». Je retrouvais empiriquement ce constat de Danièle Linhart : « On ne comprend que mal les stratégies patronales si on ne les met pas en regard des réactions et attitudes des travailleurs [8]. »

Si la méthode de l'observation est la plus ouverte, celle qui enferme le moins le terrain dans un questionnement préétabli, et si elle est traditionnellement rattachée aux méthodes qualitatives, elle n'est pas incompatible avec des formes de comptage systématiques. C'est ce que souligne Jean Peneff dans son enquête sur les urgences hospitalières : « Le recensement des actes et des interactions, le comptage des gestes, des malades, du temps (temps de travail intense, de travail lâche, de pause, d'échange d'informations), des parcours, le nombre d'ordres reçus, le nombre d'appels des malades, de lignes d'écriture, tout peut se mesurer. On peut faire le descriptif d'une heure de travail avec la circulation, les charges, les positions, les tâches solitaires ou collectives. On peut faire l'inventaire du tableau d'affichage, recenser les discussions, le nombre d'interventions des familles (appels téléphoniques, questions dans les couloirs). Tout est susceptible d'être compté. Ce contrôle est un moyen utile d'objectivation car il est presque toujours en désaccord avec nos impressions premières (d'où l'intérêt de se poser la question préalable “à quoi est-ce que je m'attends ? Combien vais-je trouver ?”) [9]. » Par exemple, regarder chaque jour qui mange avec qui au réfectoire ; qui sert la main à qui lors de l'arrivée sur le chantier ; combien de fois on voit le chef dans la journée ; etc. Sur n'importe quel lieu de travail, il convient

8. Danièle LINHART, « La sociologie sous-jacente du colloque de Dourdan II », *in* Claude DURAND (dir.), *Le Travail et sa sociologie*, L'Harmattan, Paris, 1985, p. 190.
9. Jean PENEFF, *L'Hôpital en urgence*, *op. cit.*, p. 250.

basiquement de recenser l'effectif. La tâche peut être simple dans des environnements stables, elle devient presque impossible lorsque tout bouge ou bien se trouve segmenté. La difficulté est en soi une information. Sur la plupart des chantiers, il était impossible de faire des recensements exacts au-delà de l'équipe où je travaillais, car le reste était rendu flou par l'espace du chantier et l'écran des statuts (employeurs, types de contrats, etc.). Certes, on n'est pas tout seul et on peut s'aider des autres ouvriers en leur demandant leurs propres estimations des effectifs (et de leurs statuts) présents sur le chantier. On observe alors souvent des écarts importants entre les estimations des uns et des autres. On est modérément plus avancé pour produire une estimation fiable mais, là encore, on tient, dans cette méconnaissance de la configuration du chantier par ses acteurs, une information à part entière.

Quoi raconter ? Les sentiments de l'enquêteur et l'implication sur le terrain

Au-delà des descriptions factuelles reste la question épineuse de l'expression de ses impressions par l'enquêteur dans son journal de terrain. Une fois sur le chantier, l'on vient à comprendre et éprouver des choses inimaginables auparavant. Cependant, on ne peut pas avoir la prétention, sous prétexte qu'on s'est immergé dans le travail de chantier, de ressentir et décrire les émotions, le vécu subjectif « du » travailleur en bâtiment (qui lui-même n'existe pas)[10]. Au contraire, ce que je

10. Cette prétention est reprochée à certains tenants de l'observation participante, par exemple par Jean-Pierre OLIVIER DE SARDAN à Jeanne FAVRET-SAADA pour son travail sur la sorcellerie, conduit sur le terrain en tant que « désensorcelleuse » : il l'accuse ainsi de tirer une « interprétation euphémisée et intellectualisée de la sorcellerie, qui n'est légitime qu'en tant qu'interprétation savante », qu'elle « impute aux "indigènes", dans le but évident de nous convaincre que la réalité sorcellaire vécue et pensée par les paysans et celle vécue et pensée par Favret-Saada étaient identiques, et donc que l'implication de cette dernière était "pour de vrai" même si elle ne croyait pas à l'efficacité des charmes et des incantations ». Jean-Pierre OLIVIER DE SARDAN, « Le "je" méthodologique. Implication et explicitation dans l'enquête de terrain », *Revue française de sociologie*, n° 41-3, 2000, p. 428. Dans le journalisme (dont la frontière avec l'ethnographie n'est pas toujours facile à tracer), la même tension se manifeste, par exemple quand on compare John H. Griffin, Blanc américain qui a temporairement changé sa pigmentation et croit pouvoir, de ce fait, éprouver les sentiments d'un Noir face au racisme (John H. GRIFFIN, *Dans la peau d'un Noir*, Gallimard, Paris, 1962), et Günter Wallraff, Allemand déguisé en Turc, dont l'objectif était plus resserré mais aussi plus réaliste : « Je ne sais toujours pas comment un immigré digère les humiliations

défends en filigrane dans ce livre, c'est que les comportements au travail (et vis-à-vis du travail) résultent d'une rencontre entre des conditions d'emploi et de travail objectives (statuts d'emploi, organisation du travail, cadence, pénibilité, etc.) et un rapport au travail subjectif (construit par les histoires personnelles, les conditions de séjour, les autres opportunités, etc.). De ce point de vue, ma condition d'étudiant venu travailler sur des chantiers pour écrire une thèse, sachant l'étape provisoire et pouvant l'écourter dès qu'il ne la supporte plus, est incommensurable avec celle de la majorité des ouvriers du bâtiment (même si elle n'est pas entièrement isolée : des jeunes travaillant sur des chantiers pendant les vacances peuvent avoir un rapport au travail assez proche).

Cela ne signifie pas, pourtant, que les sensations et sentiments que j'ai éprouvés vis-à-vis de la pénibilité et du danger du travail de chantier par exemple, ou les difficultés et les angoisses que j'ai rencontrées dans l'apprentissage des métiers, ne s'expliquent que par mon statut d'aspirant intellectuel soudainement plongé dans le travail ouvrier. À cet égard, la notion de « site naturel », qui accompagne l'observation participante depuis ses débuts au sein de l'école de Chicago, est équivoque. Elle peut laisser entendre aux plus naturalistes ou folkloristes de ses adeptes que, mis à part l'enquêteur, chacun se moule « naturellement », sans états d'âme et sans recul, dans les rôles du milieu étudié. La notion de « site naturel » n'est valable que dans le sens minimaliste où les comportements, les attitudes et les opinions sont manifestés en situation, hors de toute expérimentation ou provocation du type questionnaire, et uniquement à la condition d'admettre que la présence de l'observateur a toujours une influence qu'il faut tenter de mettre au jour.

Personne ne naît travailleur du bâtiment ; on le devient [11]. À exagérer la rupture que j'ai (provisoirement) provoquée avec

---

quotidiennes, l'hostilité, la haine auxquelles il doit faire face. Mais, maintenant, je sais de quoi est fait ce qu'il doit supporter, je sais jusqu'où peut aller le mépris des hommes dans ce pays. » (Günter WALLRAFF, *Tête de Turc*, La Découverte, Paris, 1986, p. 8). *Cf.* Gérard MAUGER dans sa présentation du récit de Lionel DUROY : « Embauché dans une usine », *Actes de la recherche en sciences sociales*, vol. 115, 1996, p. 38-47.

11. Pour paraphraser Robert Linhart lorsqu'il paraphrasait Simone de Beauvoir : « Les bourgeois s'imaginent toujours avoir le monopole des itinéraires personnels. Quelle farce ! Ils ont le monopole de la parole publique, c'est tout. Ils s'étalent. Les autres vivent leur histoire avec intensité, mais en silence. Personne ne naît O.S. ; on le devient. D'ailleurs, ici, à l'usine, il est très rare qu'on désigne quelqu'un comme "l'ouvrier qui…". Non. On dit : "La personne qui travaille à la soudure", "La personne qui travaille aux pare-chocs". La personne. Je ne suis ni l'"ouvrier" ni l'"établi". Je suis

une sorte de « destin » social (rapporté à mon statut étudiant), on risquerait de minorer tout ce qu'il y a de nouveau, d'étrange, d'effrayant, et de délétère, pour tous les autres novices du bâtiment pour qui une insertion prolongée dans le secteur appartient davantage au registre des possibles. La carrure n'est pas nécessairement plus athlétique, la douleur ou la fatigue moins importantes, les rythmes plus coutumiers, les gestes plus naturels pour ces travailleurs, le plus souvent immigrés, issus de l'agriculture ou de petits métiers urbains, voire d'études supérieures, très rarement du bâtiment du pays d'origine[12]. Certes, le rapport au travail est subjectif, et les parcours, les entraînements physiques liés aux origines sociales et aux activités qu'elles impliquent, et surtout les opportunités alternatives varient considérablement d'une catégorie sociale à l'autre. Mais certaines conséquences du travail sont tout à fait objectivables. Bien que peu spectaculaire, l'une de celles qui m'a le plus marqué est la ceinture dorsale que des ouvriers à peine plus âgés que moi ne pouvaient plus quitter sans avoir mal : les effets pathogènes du travail de chantier rappellent qu'il n'est un « milieu naturel » pour personne.

Les considérations qui précèdent n'impliquent pas non plus que je doive, sur les chantiers, me considérer comme invisible, faire comme si je n'existais pas et que n'existent, objectivement, que les chantiers. L'« ambiance » des chantiers s'est aussi exprimée à travers moi : par exemple, le fait que, avec mon profil particulier, j'aie souvent incarné le modèle d'ouvrier que cherchent à embaucher les entreprises (jeune, scolarisé, assidu, ponctuel) et que j'aie reçu plusieurs propositions n'est pas anodin (et il n'est pas anodin que, précisément, ce dévolu si

---

"la personne qui travaille aux balancelles". Et ma particularité d'"établi" prend sa place anodine dans l'enchevêtrement des destins et des cas d'espèce. » Robert LINHART, *L'Établi*, *op. cit.*, p. 80-81.

12. *Ibid.*, p. 25 : « Je pense : inaptitude de l'intellectuel à l'effort physique. Naïveté. Il ne s'agit pas seulement de l'effort physique. Le premier jour d'usine est terrifiant pour tout le monde, beaucoup m'en parleront ensuite, souvent avec angoisse. Quel esprit, quel corps peut accepter sans un mouvement de révolte de s'asservir à ce rythme anéantissant, contre nature, de la chaîne ? L'insulte et l'usure de la chaîne, tous l'éprouvent avec violence, l'ouvrier et le paysan, l'intellectuel et le manuel, l'immigré et le Français. Et il n'est pas rare de voir un nouvel embauché prendre son compte le soir même du premier jour, affolé par le bruit, les éclairs, le monstrueux étirement du temps, la dureté du travail indéfiniment répété, l'autoritarisme des chefs et la sécheresse des ordres, la morne atmosphère de prison qui glace l'atelier. Des mois et des années là-dedans ? Comment l'imaginer ? Non, plutôt la fuite, la misère, l'incertitude des petits boulots, n'importe quoi ! »

sélectif des entreprises soit jeté sur un individu qui n'a aucune intention de rester dans le bâtiment et ne se plie aux exigences du travail que parce qu'il sait l'expérience provisoire ; *cf.* chapitre 8).

Ayant admis que je ne pouvais me prendre en exemple et que je n'étais sur les chantiers que pour observer ce qui se passait autour de moi, j'ai versé temporairement dans un extrême qui a consisté à récuser ou, du moins, à soupçonner systématiquement mes impressions concernant les chantiers. Pendant longtemps, mes notes de terrain n'ont été peuplées que de notations sèches concernant uniquement des faits, gestes ou paroles qui me parvenaient [13]. La sécheresse venait de la position totale de retrait que j'adoptais. Elle contrastait avec le malaise envahissant que je ressentais dans le même temps sur les chantiers, l'impression de ne pas trouver ma place, y compris du strict point de vue de l'activité de chantier (l'impression de ne pas progresser techniquement, de ne pas être suffisamment vif dans l'exécution de mon travail). D'un point de vue personnel, cela représentait une mise à l'épreuve, une remise en cause, mais je ne l'admettais pas, ou plutôt je ne considérais pas que mes notes de terrain étaient un espace où l'admettre. Trois transformations intervinrent dans la manière de considérer ces notes.

D'abord, j'ai abandonné l'idée que mes notes de terrain pouvaient être lues par quelqu'un d'autre que moi. Je pensais que c'était possible et souhaitable dans un objectif d'éventuel partage de données avec d'autres enquêteurs, mais cela constituait de fait une censure. J'ai alors cessé d'effectuer un tri, de n'écrire que ce que j'estimais réellement opportun d'écrire. J'ai « libéré » ma prise de notes en y intégrant beaucoup plus de faits et pensées dont je ne savais pas trop sur le moment s'ils avaient un quelconque intérêt (c'est pourquoi ce livre, s'il prend parfois l'allure d'un journal de terrain, n'est pourtant pas une retranscription de notes brutes, mais bien une réécriture). Dans le même temps, mon malaise a progressivement diminué, certes parce que mon expérience croissait, mais le fait d'avoir cherché

13. « Sécheresse » ne signifie pourtant ni objectivité ni neutralité. Préparant une intervention pour un colloque portant sur la « violence verbale », je me suis amusé à recenser dans mes notes de terrain le nombre de fois où j'ai rapporté ou utilisé pour mon compte le verbe « engueuler » et le substantif « engueulade ». En tout, 100 occurrences : 60 pour les trois premiers mois de terrain, 16 pour les trois suivants, 24 pour les trois derniers. Soit les derniers chantiers que j'ai observés se sont drastiquement policés par rapport aux tout premiers, soit, et c'est bien plus vraisemblable, je me suis habitué à une certaine brutalité dans les échanges verbaux.

à l'exprimer y a peut-être également contribué. En choisissant de ne pas partager ses notes de terrain, on met à mal l'objectif de partager des données, mais on renforce celui d'en produire.

Ensuite, j'ai connu de plus en plus de chantiers et rencontré des « ambiances » diverses. Dire ses états d'âme à propos d'un chantier où l'on a travaillé a peu de sens. En revanche, comparer ses impressions d'un chantier à l'autre commençait à en avoir, car il fallait alors rechercher pourquoi des chantiers me donnaient des sentiments différents. Cela restait des impressions, et la plupart des notes prises à compter de ces changements ont continué de concerner des faits et gestes, et même ont essayé d'en formaliser et rationaliser *a posteriori* certains (avec, par exemple, le décompte quotidien des absences). Mais la mise à distance consistait désormais à rapporter mes impressions à mon type de rapport au travail, non à les récuser en bloc.

Enfin, je me suis senti de plus en plus à l'aise sur les chantiers (si l'on met de côté la fatigue et la pénibilité) en m'impliquant davantage. Auparavant, en retrait dans mes notes, j'étais aussi en retrait en situation, sur le chantier : mélange de timidité personnelle et de « faites comme si je n'étais pas là » de l'enquêteur. Pourtant, bon gré mal gré, en retrait ou pas, je n'étais pas invisible et des relations s'établissaient automatiquement, parfois d'ailleurs à mon corps défendant, lorsqu'on m'attaquait pour telle ou telle raison banale liée au travail, et/ou que j'en venais moi-même à être désagréable. Apparut dans mes notes la contradiction entre les deux professions que j'exerçais dans le même temps : celle du sociologue, qui exige une posture universellement bienveillante et compréhensive (et de ce fait parfois hypocrite [14]) ; et celle de l'ouvrier (novice) en

14. Par exemple, j'avais à l'égard d'Alain (*cf.* chapitre 6), dont la réputation de « mouchard » était générale, une méfiance profonde ; néanmoins je l'écoutais toujours avec compréhension et même le relançais lorsqu'il me parlait de ses relations avec Michel, le chef de chantier. Mes rapports avec le patron de Bâtarmat' sont teintés d'une hypocrisie semblable, notamment au moment de l'entretien : après avoir observé les implications de sa politique sur le terrain et écouté l'amertume des ferrailleurs qu'il utilise, après avoir été moi-même « baladé » lorsque je demandais à changer de chantier et qu'il me conservait là où je lui étais le plus utile, il fallut emprunter une démarche compréhensive et presque complice lors de l'entretien. L'hypocrisie dépasse donc le cadre de l'observation. Par exemple, lors de l'entretien avec le directeur de recrutement (*cf.* chapitre 6), ancien cadre de chantier, selon qui « les gens du Maghreb ne raisonnent pas de la même manière que, par exemple, des Portugais ou des gens de l'Est… », j'avais obtenu ces « confidences » en établissant une complicité fondée sur une « idéologie du terrain ». Ce directeur était alors confronté à une enquête de sociologues sur

bâtiment, contraint de coopérer et d'obéir, réagissant à cette contrainte et, comme tout un chacun au travail, jaugeant ses collègues en termes d'affinités personnelles et de confiance à accorder. La neutralité est impossible.

Il faut être conscient de cette contradiction et de ce qu'elle est impossible à résoudre car, source de déstabilisation, elle incite à reprendre sans recul les interprétations des gens dont on se sent le plus proche. Pour y parer, il faut forcer et rationaliser la technique qui consiste à prendre, comme observateur, le contre-pied de son attitude comme participant : comme participant, je recherchais un moyen de rendre mon insertion sur les chantiers confortable, des personnes de confiance, des relations stabilisées (or une relation avec un tel interdit une relation avec tel autre) ; comme observateur, il faut au contraire multiplier les points de vue, s'intéresser à des situations diverses, établir des relations avec le maximum de gens, rechercher des données contradictoires avec celles que l'on a déjà, faire émerger du sens à partir de la compilation de discours et de pratiques (plutôt que de prétendre sélectionner une parole ou une conduite authentiques).

De l'observation aux entretiens

Pour Henri Peretz, l'observation directe permet « l'étude des modalités effectives de l'accomplissement des actes par les personnes – ici le travail – et celle du système complet d'interactions entre toutes les catégories d'agents – professionnels ou clients – impliqués dans son fonctionnement. Ainsi les églises, les écoles, les tribunaux, les agences sociales, les prisons, les entreprises, les commerces ou les usines pourront révéler nombre de propriétés qui échapperaient à celui qui ne pénètre pas dans ces organisations sociales et ignore la chaîne des interactions qui les sous-tendent[15] ». Dans la mesure où ma recherche portait sur les modes de gestion et de mobilisation de

les discriminations dans son groupe, se sentant obligé de censurer son sentiment à leur égard, tandis qu'il les pensait loin des « réalités du terrain ». S'il s'est moins censuré avec moi, c'est vraisemblablement parce que j'avais présenté mon enquête en soulignant le passage par le travail de chantier, ce qu'il avait salué, comme d'autres cadres du bâtiment.

15. Henri PERETZ, *Les Méthodes en sociologie. L'observation*, La Découverte, Paris, 1998, p. 22.

la main-d'œuvre du bâtiment, et qu'elle avait pour hypothèse qu'une part de cette gestion (et une part de son efficacité) se situait dans les replis de l'informel, du non-prescrit, dans des relations extra-salariales et personnalisées, alors on peut admettre que l'observation est, pour les raisons qu'expose H. Peretz, une méthode appropriée. Pour révéler des configurations, pour restituer les situations qui donnent sens aux comportements des acteurs, l'observation est une méthode qui m'a permis de gagner beaucoup de temps au début de l'enquête, notamment parce que les statistiques publiques étaient lacunaires et que les entretiens, sortis d'un contexte (les chantiers) que je ne connaissais pas encore, restaient assez impénétrables.

Mais il ne s'agit pas de défendre l'usage privilégié de l'observation dans mon enquête pour récuser de manière définitive les autres techniques d'enquête. Méthode principale, l'observation est aussi devenue un levier pour l'utilisation des autres méthodes. Par exemple, je savais davantage quels types de données statistiques chercher après les périodes d'observation ; et j'apprenais à évaluer l'espace des données manquantes (du fait notamment de la mise à part de l'intérim). De même, l'orientation progressive des entretiens (sans parler des contacts établis par le biais de l'observation) doit beaucoup aux connaissances tirées de mes expériences sur des chantiers. Un dialogue s'est établi entre observation et entretiens. Il ne s'agit pas d'opposer une hypothétique réalité (qui serait constatée par l'enquêteur) aux discours qui ont été recueillis, mais, d'une part, de recouper les informations comme le ferait un journaliste et, d'autre part, d'essayer de situer chacun des propos tenus dans une configuration d'acteurs (la place de tel interviewé par rapport à tel autre, et la place de l'enquêteur-observateur). La confrontation de mes observations aux propos recueillis en entretien permet de varier les types de preuve et, dans un même mouvement, de saisir des configurations de phénomènes, un système social [16]. Par exemple, c'est après avoir commencé à comprendre, par l'observation en chantier, que certains intérimaires étaient voués à être stabilisés tandis que d'autres subissaient une forte rotation que j'ai posé des questions dans ce sens aux commerciaux d'intérim, chefs de chantier et patrons

16. *Cf.* Howard Becker, « Inférence et preuve en observation participante. Fiabilité des données et validité des hypothèses » (1re éd. 1958), reproduit *in* Daniel Céfaï, *L'Enquête de terrain*, *op. cit.*, p. 356-357.

d'entreprises, et que ceux-ci m'ont confirmé fidéliser un « noyau » d'intérimaires.

Relativement à ce qui vient d'être dit, ranger automatiquement les entretiens dans le répertoire des techniques de la « sociologie qualitative », par opposition à la « sociologie quantitative », serait assez simpliste et unifierait des utilisations qui peuvent être très variées. Certains usages des entretiens sont proches de ceux des questionnaires, quand par exemple on pose à une série d'individus des questions uniformes. Les entretiens sont alors soumis à des comparaisons terme à terme. La validité des entretiens et de leur analyse est garantie par l'identité des *stimuli* produits par l'enquêteur : pour que les entretiens soient fructueux, c'est-à-dire comparables, il faut que les mêmes questions soient posées avec les mêmes mots, et que les effets de contexte soient réduits au minimum (*grosso modo*, que l'enquêteur ait le même type de contact avec tous les enquêtés, c'est-à-dire aucun). Pour obtenir des réponses traitables, il faut éliminer les « interférences », liées à l'entretien d'une part (la personne a-t-elle trouvé les questions claires ou non, a-t-elle cherché à répondre sérieusement ou pas... ?), et à l'enquêté d'autre part (tiendrait-il les mêmes propos dans une autre situation ou à un autre moment, à quel point en est-il de sa trajectoire et de sa réflexion... ?). Une partie de mes entretiens répondent à ce schéma : ceux conduits avec des représentants d'organisations professionnelles, la plupart des commerciaux d'intérim, certains responsables de ressources humaines et des ouvriers. Mais d'autres sont liés à des relations nouées dans ou par l'observation. J'avais eu des liens avec les enquêtés préalablement à la relation d'entretien, même indirectement, comme lorsque j'ai rencontré et interviewé le patron de Bâtarmat' après avoir effectué un stage dans son entreprise. Dans ces entretiens-là, comme l'écrit Michael Burawoy, « on considère que le contexte n'est pas un bruit qui obscurcit la réalité, mais qu'il est la réalité elle-même [17] ». Il n'est pas question de le maîtriser, de réduire les « effets de contexte », les « interférences », mais au contraire d'en jouer pour avancer dans la compréhension. Alors, comme dans l'observation, les effets à maîtriser sont d'un autre

17. Michael BURAWOY, « L'étude de cas élargie. Une approche réflexive, historique et comparée de l'enquête de terrain » (1re éd. 1998), reproduit *in* Daniel CÉFAÏ, *L'Enquête de terrain*, *op. cit.*, p. 436.

ordre : ce sont des effets de pouvoir [18], qui tiennent à la manière dont l'enquêteur, bien plus investi sur le terrain que le « questionneur en série », négocie sa place au sein des configurations sociales qu'il étudie. Comme les effets de contexte pour le questionnaire ou les entretiens en série, il est impossible de les maîtriser entièrement, mais l'idéal est là. Dans mon cas, cette réduction des effets de pouvoir dans les entretiens liés à l'observation passait par deux moyens : 1) dans la mesure du possible (et des affinités), je revoyais les personnes interrogées, alternais les enregistrements et les prises de notes ; 2) et, surtout, je réalisais les entretiens après m'être retiré du terrain où j'avais connu les enquêtés, généralement dans des cafés, parfois au domicile de la personne interrogée ou au mien.

Aussi je n'opposerais pas l'observation aux entretiens mais, d'un côté, l'observation et une partie des entretiens (ou des morceaux de certains entretiens), pour lesquels ma place permettait d'observer une configuration d'acteurs, à, de l'autre, une deuxième partie des entretiens, où l'interviewé était le centre de tous les récits puisque les personnes dont il parlait m'étaient inconnues. Cette partition rappelle que la méthode accompagne la théorie, que les faits n'émergent qu'autant qu'ils sont sollicités par un questionnement. J'aurais sans doute privilégié les entretiens en série, uniformes, si j'avais par exemple axé ma recherche sur les vécus des ouvriers. Mais dans la mesure où mon intérêt portait sur les relations de travail en elles-mêmes, et secondairement seulement sur la manière dont elles sont vécues, les techniques permettant de dessiner des configurations d'acteurs paraissaient plus opportunes.

Les formes de catégorisation : la difficulté d'écouter sans faire dire

Outre les éléments notés par H. Peretz, l'observation directe permet d'étudier les classifications opérées par les acteurs en situation en diminuant le risque, très présent en entretien et *a fortiori* dans l'administration de questionnaires, d'imposer ses propres catégories. Il est particulièrement nécessaire de minimiser ce risque lorsqu'on s'intéresse à l'usage de catégories ethniques, politiquement sensibles et pratiquement mouvantes. Je

18. *Ibid.*, p. 448.

m'attarderai donc sur ce cas (mais il est sans doute possible d'élargir la réflexion à toutes les formes d'identités collectives [19]).

La définition de l'ethnicité sur laquelle s'arrêtent Philippe Poutignat et Jocelyne Streiff-Fenart, dans leur analyse des différentes *Théories de l'ethnicité*, est celle-ci : « L'ethnicité est une forme d'organisation sociale, basée sur une attribution catégorielle qui classe les personnes en fonction de leur origine supposée, et qui se trouve validée dans l'interaction sociale par la mise en œuvre de signes culturels socialement différenciateurs. Cette définition minimale est suffisante pour circonscrire le domaine de recherche que désigne le concept d'ethnicité : celui de l'étude des processus variables et jamais finis par lesquels les acteurs s'identifient et sont identifiés par les autres sur la base de dichotomisations Nous/Eux, établies à partir de traits culturels supposés dérivés d'une origine commune et mis en relief dans les interactions sociales [20]. » C'est cette définition qui a guidé ma recherche, en tant qu'elle rejette tout primordialisme (selon lequel les groupes ethniques existent par eux-mêmes puis, éventuellement, établissent des contacts) au profit d'une perspective relationnelle (un groupe ne devient « ethnique » que lorsque ses membres viennent à se distinguer en revendiquant pour eux, en assignant à d'autres, ou en se voyant assigner par d'autres une commune origine). Alors que, dans la vision primordialiste, on cherche à savoir ce qui, dans chacun des groupes considérés comme des substances identifiables, détermine la nature de leurs relations, la perspective interactionniste s'intéresse à l'inverse à la manière dont ces relations fabriquent des frontières et structurent les groupes. Aussi la recherche va-t-elle s'intéresser en priorité aux identifications, aux désignations, aux nominations, de soi et des autres, de « nous » et d'« eux ». Mais comment, pratiquement, solliciter ces identifications dans l'enquête ? Ou, plutôt, comment les voir et les constater sans les solliciter, sans les provoquer ?

La question est encore plus sensible peut-être lorsqu'on s'intéresse à cette modalité plus particulière des relations

---

19. *Cf.* Jean-Loup Amselle, « Quelques réflexions sur la question des identités collectives en France aujourd'hui », *in* Martine Fourier et Geneviève Vermes, *Ethnicisation des rapports sociaux. Racismes, nationalismes, ethnicismes et culturalismes*, L'Harmattan, Paris, 1994, p. 44-54.

20. Philippe Poutignat et Jocelyne Streiff-Fénart, *Théories de l'ethnicité*, PUF, Paris, 1999, p. 154.

interethniques qu'est le racisme. On le définit souvent comme un jugement négatif ou un acte hostile dirigé vers telle ou telle « race » (ethnie, culture...), dont l'existence n'est pas contestée. Dans cette perspective, la « race » préexiste au racisme. En revanche, dans celle léguée par Colette Guillaumin et que je reprends ici, le racisme ne se réduit pas à l'hostilité – « les Noirs ont le rythme dans la peau » est une affirmation raciste quoique laudative –, il est une « conduite totale de perception de l'altérité » qui consiste en une « mise à part revêtue du signe de la permanence[21] ». Autrement dit, le racisme, c'est assigner les individus à une catégorie et ne les considérer que comme fragments ou représentants de cette identité imposée et unique. C'est, avant même d'affecter un contenu positif ou négatif à un groupe, enfermer les individus dans une catégorisation étanche. Parce que le bâtiment crée ses propres catégories racistes, locales, peu exportées dans d'autres domaines de la vie sociale, ce phénomène est plus visible. On comprend plus facilement, en effet, qu'il serait ridicule de se demander simplement quels jugements sont portés sur les « Mamadou » en faisant comme si cette catégorie allait de soi (*cf.* chapitre 1) : on est obligé de s'interroger, en amont, sur le sens de cette catégorisation. De la même manière, tandis que la catégorie des Portugais n'est plus sollicitée dans les discours publics, médiatiques, politiques, elle réapparaît, lourde de significations, sur les chantiers (*cf.* chapitre 8). L'interrogation doit porter tout autant sur le contenu du stéréotype que sur la raison qui fait des « Portugais » une catégorie d'analyse pertinente pour les acteurs dans ces situations. Car nommer, c'est déjà prendre position.

Il n'y a pas de perception du réel qui serait pure, première, dépouillée de toute idéologie, qui ferait naturellement apercevoir des Maghrébins, des Noirs, des Blancs, des Européens, des Français, des musulmans, etc., tandis que ces différents groupes pourraient être, dans un second temps, dévalorisés et infériorisés. Toute perception (conçue ici comme appréhension du réel verbalisée, symbolisée), en tant qu'elle puise dans le langage, puise dans une idéologie, raciste ou non, suivant les mots employés. Voir et nommer, c'est faire une coupe dans le réel ; et quand, par exemple, cette coupe ne prend en considération que des Maghrébins, on peut penser qu'elle est orientée par une idéologie raciste. Dans la troisième partie de son ouvrage sur

21. Colette GUILLAUMIN, *L'Idéologie raciste*, *op. cit.*, p. 110.

L'Idéologie raciste, Colette Guillaumin, en étudiant les désignations ordinaires utilisées dans un journal quotidien, montrait que les individus appartenant à des groupes minorisés étaient systématiquement et prioritairement marqués comme tels, quel que soit par ailleurs le sujet de l'article, tandis que les membres du groupe majoritaire (hommes blancs) n'étaient pas nommés comme tels. C'est dans cette différence de traitement qu'émergeait le racisme, et non dans le fait de dénigrer directement les groupes minoritaires.

Le questionnement est alors déplacé. Ce n'est plus : « Que pensent les gens des Maghrébins ? », mais : « Comment les gens viennent-ils à concevoir des Maghrébins (ou des Arabes, des Bicots, des Beurs, etc., suivant les termes utilisés en situation), c'est-à-dire à penser cette catégorie comme pertinente pour rendre compte de situations ? » Cette perspective se situe plus en amont et implique que la nature de la catégorisation est au moins aussi cruciale que le contenu donné aux catégories. Cette perspective redéfinit le racisme comme une modalité spécifique d'une activité ordinaire des êtres humains (et notamment des scientifiques[22]), qui est de classer et d'ordonner le réel[23], au lieu de le circonscrire comme irrationnel et/ou pathologique. S'il envisage le racisme comme une modalité de catégorisation (particulièrement enfermante et dévalorisante), l'enquêteur est davantage ébranlé dans son activité même. Il est obligé de s'interroger sur ses propres classements, ses propres dénominations : toujours contraint de catégoriser, pour produire de l'intelligibilité, et en même temps obligé d'éviter la réification de ses catégories. Si tous les acteurs d'une situation donnée s'accordent à voir des « Noirs », le chercheur aura bien du mal à ne pas parler de « Noirs » pour rendre compte de cette

22. Avant d'y devenir une idéologie illégitime, le racisme non seulement dominait le monde scientifique, mais était construit et légitimé par lui. *Cf.* par exemple William Cohen, *Français et Africains. Les Noirs dans le regard des Blancs, 1530-1880*, Gallimard, Paris, 1981, qui montre le passage, au XVIIIe siècle, du « monogénisme » de la tradition chrétienne, supposant l'unicité de l'humanité, au « polygénisme » des « races » « scientifiquement » établies.

23. *Cf.* Colette Guillaumin, *L'Idéologie raciste*, *op. cit.*, p. 251-252 : « Adopter une attitude manichéenne en ne considérant que l'opposition entre la fermeture de la catégorisation et la liberté de l'individualité serait perdre de vue la relation de l'activité de catégorisation avec l'existence concrète des groupes minoritaires. [...] La catégorisation est enceinte de la connaissance comme de l'oppression. [...] Lorsque je prononce juif ou nègre (noir), femme ou ouvrier, en même temps que je désigne le réel, je tire sur le fil de l'imaginaire que le majoritaire a enroulé sur le réel. Si le terme catégoriel désigne bien le réel, il contient en même temps les fantasmes majoritaires. »

situation. Mais il doit alors en permanence (se) rappeler que ce qu'il étudie n'est pas tel ou tel groupe en particulier, mais les *rapports* qui fabriquent des groupes ; qu'il n'étudie pas les « Noirs », mais la situation qui fonde les acteurs à parler de « Noirs », et qui finalement les (re)fabrique.

Dans la pratique, si l'identification ethnique des personnes constitue toujours une part non négligeable de l'activité cognitive des individus, les identifications sont elles-mêmes mouvantes selon les situations. Tel Français de nationalité est considéré comme portugais sur un chantier. Tel Antillais accepte, dans une discussion, d'être compté dans l'effectif « noir » d'une entreprise, avant de revendiquer dans une autre conversation une distinction vis-à-vis des Africains. Tel coffreur malien opposera les « Arabes » et les « Noirs » des chantiers aux « Portugais » qui les dominent, tandis qu'un manœuvre malien opposera quant à lui les « Noirs » aux « Portugais et Arabes » qui bénéficient d'un statut d'ouvrier qualifié. On pourrait multiplier les exemples qui illustrent la plasticité des catégories et les déplacements continuels de frontières. Le mystère de l'ethnicité réside dans la définition réciproque et constamment renouvelée d'un « nous » et d'un « eux » renvoyant à une communauté d'origine, et non dans des groupes dont la rencontre serait déterminée au préalable par leur substance profonde.

De plus, l'identification ethnique des individus n'est qu'une manière parmi d'autres de les identifier. Toute désignation est arbitraire, elle met en saillance un ou plusieurs aspects d'un individu, et en délaisse d'autres. Mais l'arbitraire n'est pas le hasard. C'est précisément parce qu'il est toujours possible de nommer de manière différente qu'il faut rechercher dans les désignations effectivement mises en œuvre une logique qui va au-delà de la seule volonté descriptive : une prise de position, une manière de dire et de construire un rapport social. C'est parce qu'on part du constat que la nomination est un processus ouvert qu'on peut découvrir des processus d'ethnicisation. Pour reprendre la définition donnée par Véronique de Rudder, on peut parler d'ethnicisation « lorsque l'imputation ou la revendication d'appartenance ethnique [...] deviennent – par exclusion ou par préférence – des référents déterminants (englobants et dominants, voire exclusifs) de l'action et dans l'interaction, par opposition aux situations dans lesquelles ces imputations et identifications ne constituent qu'un des référents parmi d'autres du rôle, du statut et, en dernière instance, de la position hiérarchique dans les classements sociaux [24] ».

Le risque, dès lors que l'on prétend étudier la formation des frontières ethniques et l'ethnicisation, est de provoquer ce que l'on recherche. Le concept d'ethnicisation contient, en creux, l'idée qu'il est possible de ne pas mentionner l'origine ethnique pour parler de quelqu'un ou d'un comportement. Aussi l'enquête doit-elle minimiser les effets d'imposition (même s'il est impossible de les éliminer entièrement) afin de laisser aux enquêtés la possibilité de tenir un langage qui, à aucun moment, ne convoquerait l'ethnique. Par exemple, on ne peut rien conclure des propos d'un enquêté qui dirait : « Les Africains font ceci, sont cela… » si l'enquêteur a posé comme question : « Que pensez-vous des Africains ? » Car ce dernier a imposé la problématique, que l'enquêté ne reprend peut-être que pour complaire à son interlocuteur.

Dans mon enquête, deux techniques ont découlé de cette considération méthodologique. La première a consisté en des entretiens semi-directifs qui n'abordaient de front la question des relations interethniques qu'en toute fin d'entretien, si l'interlocuteur ne l'avait pas déjà fait de lui-même (si c'était le cas, j'en profitais pour faire des relances). De fait, il a été très rare que je sois le premier à introduire le sujet dans l'entretien. Ce principe de discussion a été également appliqué aux nombreuses conversations informelles que j'ai eues. La seconde méthode est l'observation des situations de travail et l'écoute des mots utilisés pour agir, commander, coopérer, s'interpeller, ou simplement rendre compte des actions et interactions. Un observateur, qu'il soit participant ou pas, n'est jamais invisible, et influence toujours le cours des interactions. Cependant, si sa présence provoque des propos et des attitudes (ainsi mon statut de Français et Blanc a suscité bon nombre de considérations appartenant au registre de l'ethnicité), ou à l'inverse en censure d'autres, du moins n'impose-t-elle pas de problématique. Cette présence est un événement, une péripétie parmi d'autres, dont la perception par les acteurs est pour l'observateur un indice, parmi tous les autres recueillis, des schèmes de pensée locaux. Si cette présence influe sur la situation, elle n'en impose pas le cadre (contrairement aux protocoles de l'entretien

24. Véronique DE RUDDER, « Ethnicisation », *Vocabulaire historique et critique des relations interethniques*, Pluriel-Recherches, n° 3, 1995, p. 42-44.

ou du questionnaire). Cadre qui reste d'abord et avant tout, si le terrain d'observation est un chantier, le travail en train de se faire.

Malaise dans la sociologie ? Observer les gens à leur insu

L'observation, dans la tradition sociologique et plus encore anthropologique, comporte un risque paradoxal : en étant la méthode qui semble la plus proche du terrain, elle menace de se montrer la plus lointaine, car la plus surplombante, la plus objectiviste. Deux problèmes se posent : 1) d'un point de vue déontologique, celui de dénier toute maîtrise de l'enquête aux observés, de leur dénier le droit de contrôler leurs comportements et ce qu'ils veulent présenter d'eux-mêmes, en particulier lorsque l'observateur est inconnu, comme ce fut souvent mon cas ; et 2) d'un point de vue scientifique, celui d'essentialiser, réifier, exotiser les comportements observés, de confondre ce que font les gens avec ce qu'ils seraient, de croire que c'est leur « nature » qui transparaît dans leurs actes, de prétendre analyser des « populations » plutôt que des rapports sociaux.

Observer les gens, c'est risquer de prendre la posture de l'entomologiste décrivant par le menu une danse de l'amour de scarabées, sans passion autre que scientifique, sans engagement moral. Plus : les observer sans le leur dire, comme je l'ai souvent fait, c'est leur arracher toute maîtrise de l'enquête, c'est considérer qu'on n'est pas plus engagé à leur égard qu'à l'égard d'un scarabée. Ce qui fait l'intérêt scientifique de la méthode est également ce qui constitue son écueil déontologique : observer des comportements libérés du rapport d'enquête. L'observateur peut se croire alors dans la position toute-puissante du scientifique qui élimine les effets de sa présence et peut soumettre à l'analyse, enfin, une expérience témoin. L'observation participante conduite à l'insu des enquêtés semble témoigner de manière caricaturale de l'ambition positiviste et naturaliste des sciences sociales, d'une croyance en la possibilité de fabriquer une objectivité absolue, de rapporter des comportements « naturels » en « milieu naturel ».

De plus, le choix d'une observation participante non déclarée constitue évidemment une dissimulation. Le respect de l'anonymat des personnes, comme il est d'usage dans toute enquête sociologique, n'évacue pas la question. Il ne s'agit pas de rapporter ce problème à une loi morale supérieure du type « tu ne mentiras point », mais à une éthique professionnelle posant que toute enquête doit reposer sur le « consentement informé » des enquêtés. Ce souci éthique est particulièrement développé dans les pays anglo-saxons : « En Amérique du Nord, en Grande-Bretagne et dans un certain nombre de pays du nord de l'Europe, une solution a été de contractualiser ou de juridiciser la relation entre enquêteur et enquêtés, sur le modèle des investigations médicales, biologiques ou pharmacologiques [...]. Aucune opération d'enquête ne peut être accomplie à l'insu du sujet, sans qu'il ait été explicitement informé des tenants et des aboutissants de l'enquête, des risques qu'il prend et des dangers qu'il encourt, de l'usage qui sera fait des données qu'il délivre, et sans qu'il donne son libre consentement sur le fondement de cette information en signant un formulaire d'accord. [...] [Cette obligation] est levée quand l'enquête est fondée sur des observations naturelles dans des lieux publics ou quand elle consiste en recherches documentaires dans des archives publiques[25]. »

D'emblée, la lourdeur des procédures préconisées laisse penser que peu d'enquêteurs respecteront à la lettre un tel règlement, à tel point qu'on se demande si cette charte vise à établir une véritable déontologie professionnelle ou à construire une façade de respectabilité et de moralité pour des activités d'enquêtes qui effraient par ailleurs un certain nombre d'acteurs[26]. L'idée que l'obligation de recourir à ces procédures est levée en cas d'« observations naturelles dans des lieux publics » soulève un problème intéressant pour les chantiers.

La définition du lieu public n'est pas évidente : s'agit-il d'un espace juridiquement défini comme n'étant approprié par personne ? Ou d'un espace où se côtoie un nombre tel d'individus qu'ils s'y trouvent anonymes ? Qu'en est-il par exemple de l'observation d'un parc d'attractions, appartenant à une entreprise, où l'on n'entre qu'à condition d'avoir acquitté un droit d'entrée, mais où l'affluence offre de fait les

25. Daniel CÉFAÏ, *L'Enquête de terrain*, *op. cit.*, p. 607.

26. Robert Emerson montre, pour les États-Unis, ce que ces dispositions doivent à des règlements fédéraux qui ont par la suite orienté l'attribution de financements. Il évoque également les débats qu'a suscités ce règlement, ainsi que les tolérances et contournements routiniers déjà observables. Robert EMERSON, « Le travail de terrain comme activité d'observation. Perspectives ethnométhodologiques et interactionnistes » (1re éd. 1981), *in* Daniel CÉFAÏ, *L'Enquête de terrain*, *op. cit.*

caractéristiques habituelles de la foule et de l'anonymat ? Qu'en est-il, inversement, de l'observation prolongée d'un square (espace ouvert à tous), où l'enquêteur rendrait compte d'interactions entre les trois mêmes uniques personnes qui le fréquentent ?

Dans le cas des chantiers, il est difficile de dire *a priori* que ce sont des lieux publics : le terrain appartient toujours à quelqu'un, le site de travail est clôturé par l'entreprise générale (au moins symboliquement par un ruban, et plus souvent avec des barrières qui laissent plus ou moins voir ce qui se passe sur le chantier). Néanmoins, il est généralement possible d'observer un chantier, ou des bouts de chantier, depuis la rue. À l'aide de procédés comme l'enregistrement et le traitement systématiques de films vidéo, on obtiendrait sûrement des résultats sur le quotidien et l'organisation des chantiers. Aux moments du terrassement ou de la démolition, lorsque le chantier n'est qu'une table rase, il est aisé d'observer depuis l'extérieur les quelques personnes qui s'y affairent – on est alors un peu dans le cas du square. Mais lorsqu'on intervient, comme participant, sur un chantier où travaillent des dizaines ou des centaines de personnes, selon des statuts d'emploi, des activités, des rythmes différents, tandis que des intérimaires n'apparaissent parfois que pour une ou deux journées, que les personnels embauchés peuvent être envoyés sur un autre chantier tandis que d'autres arrivent, etc., il devient impossible de connaître et d'informer, si on le désirait, tous les individus qui, même de manière éphémère, ont tenu la place d'enquêtés – on est davantage ici dans le cas du parc d'attractions.

La question de ce qui relève ou non du lieu public pour la déontologie de la sociologie ne se confond pas avec celle de la propriété privée des espaces observés. Ce qui se pose ici, c'est l'éthique des relations interpersonnelles nouées dans l'enquête : avec les enquêtés de manière générale, et en particulier avec ceux qui deviennent, de fait ou par choix, des informateurs privilégiés. Dans mon enquête, tous n'ont pas été informés, et ont encore moins consenti après information, puisque de toute manière la prise de contact se faisait sur la base de mon statut d'ouvrier ou stagiaire, et que je choisissais ensuite de me découvrir ou non. Même si le cas est rare, certains ouvriers que j'ai fréquentés pendant des semaines n'ont jamais rien su, car nous avions des relations exécrables. J'ai donc pris des libertés avec la règle du « consentement informé », suffisamment persuadé qu'il n'y avait pas d'autre moyen pratique pour continuer dans cette voie, mais pas assez pour éliminer tout malaise.

Néanmoins, le non-respect du consentement informé n'est pas une spécificité de l'observation participante à couvert. Toute relation d'enquête, qu'elle soit par questionnaire, entretien ou observation, est une relation sociale relativement inhabituelle sur laquelle se tissent des malentendus plus ou moins entretenus par l'enquêteur [27]. Reconnaître que l'enquêté construit une stratégie autour de la relation d'enquête, généralement pour se présenter sous un jour favorable, n'enlève rien à la dissymétrie découlant du fait que seul l'enquêteur décide ce qu'il cherche et en quoi consiste son enquête. Les sciences sociales ont beau avoir été popularisées, les objectifs et les modalités d'une relation d'enquête demeurent largement inconnus du public. La difficulté fréquemment soulevée de faire de « bons » entretiens avec des individus (politiques, journalistes, sociologues...) connaisseurs de ce genre de méthodes souligne *a contrario* que beaucoup d'entretiens doivent leur félicité à leur caractère inhabituel et par conséquent relativement immaîtrisé du côté des enquêtés. Nombre de questionnaires ou d'entretiens recherchent autre chose que ce qui est présenté aux enquêtés, qu'il s'agisse des pratiques d'instituts de sondage empruntées aux méthodes commerciales [28], ou bien de sujets « sensibles » sur lesquels l'enquêteur préfère « avancer masqué ».

L'observation participante à l'insu des observés semble donc n'être qu'une des modalités de la dissimulation qui structure les relations d'enquête en sciences sociales. Précisément parce que les enquêteurs n'ont pas affaire à des scarabées mais à des êtres humains ayant comme eux des intérêts, des aspirations,

27. Plus radicalement, une discipline comme la psychologie expérimentale ne pourrait survivre sans la dissimulation : si les individus n'étaient pas manipulés à leur insu, on ne pourrait savoir comment ils réagissent aux manipulations (que l'on pense simplement, par exemple, à l'expérience de Stanley Milgram sur l'obéissance à l'autorité : il faut bien que les personnes croient qu'elles font du mal, pour voir jusqu'à quel point elles sont capables d'en faire et d'obéir aux ordres de l'expérimentateur).

28. Dans le cadre d'un « petit boulot », j'ai travaillé comme sondeur en porte-à-porte pour un grand institut. Les questionnaires portaient principalement sur l'image des marques, et secondairement sur la politique. La seule journée de formation dispensée aux enquêteurs consistait à enseigner comment se présenter : il fallait parler de « consommation, vie quotidienne » pour annoncer les questions sur les produits, dire « actualité » plutôt que « politique » afin, paraît-il, de ne pas heurter, etc. Cela étant, le mensonge qui irritait le plus les enquêtés charitables était celui qui portait sur la durée du questionnaire, qu'on nous avait appris à toujours minorer.

des stratégies, les enquêteurs doivent mettre en place des stratégies de présentation de soi, dont la proximité avec le mensonge est permanente.

Lorsque j'ai travaillé sur des chantiers en tant que stagiaire de Bâtarmat', ayant dû expliquer mon statut d'étudiant en sociologie à la direction d'entreprise, j'ai également averti tous les ouvriers de mon statut. À cette occasion, je n'ai pas eu l'impression que l'on m'ait considéré différemment que sur les autres chantiers : j'étais toujours le petit jeune français à la présence relativement inexplicable, à qui l'on conseillait d'aller travailler ailleurs, et dont l'incompétence justifiait une relation quasi pédagogique (qui facilitait parfois la collecte d'informations dans les discussions et les entretiens). Dans les autres cas, je ne me suis « dévoilé » à mes collègues de travail que ponctuellement, en fonction de la confiance établie, craignant que l'information remonte jusqu'aux directions de chantier. Mais une telle relation de confiance est difficile à construire sur les chantiers. Les ouvriers sachant mon statut me conseillaient d'ailleurs de ne pas trop le faire connaître, par peur des « mouchards ». J'ai davantage révélé mon statut à des ouvriers à l'issue de périodes d'observation, une fois tout « danger » écarté.

Le malaise déontologique que je pouvais ressentir en masquant mon statut s'est estompé au fur et à mesure, non parce que j'ai su mieux répondre sur le fond au problème posé, mais parce que les réactions des personnes auxquelles je me suis dévoilé après coup ont toujours été favorables [29]. À aucun des moments où j'ai dit mon identité d'enquêteur en sociologie à des travailleurs observés, je n'ai été mal reçu pour avoir menti sur mon véritable statut. Les réactions recueillies conduisent à adopter une modestie à tous points de vue : d'une part, on imaginait rarement une quelconque portée à mon enquête, même

29. Il en va parfois autrement lorsque les mêmes sont amenés à lire l'enquête rédigée. Il y a d'une part un décalage entre se savoir observé et écouté, et lire ses propres propos couchés par écrit ; entre se savoir pris pour objet et se *voir* pris pour objet (et se prendre soi-même, en tant que lecteur, pour objet). Il y a d'autre part la découverte de ce que pensent « les autres » de soi (ou de la catégorie à laquelle on appartient), les collègues, les chefs, les ouvriers : même si on le devine, l'explicitation peut être vécue comme violente (de même que le dévoilement statistique de la discrimination à ses victimes). Même si l'on s'accorde avec les personnes concernées que rien de ce qui est écrit n'est faux, on n'élimine pas forcément le vague sentiment de trahison éprouvé par des individus à la fois exposés et réduits à quelques traits (réduction nécessaire à l'analyse). Mais, ici, ce n'est pas l'observation à couvert qui se trouve mise en cause, car une personne interviewée très formellement peut ressentir la même chose.

lorsqu'on se prêtait de bonne grâce aux entretiens ; d'autre part, et symétriquement, ma dissimulation n'était pas même relevée, car elle semblait mineure. D'autres dangers, d'autres dissimulations préoccupaient bien davantage les personnes auxquelles je me suis découvert. Car la surveillance et le jugement permanents planent sur les ouvriers. Les mensonges, les malentendus, les arrière-pensées et les trahisons structurent une bonne part des relations sociales de chantier. Ceux qui ne savaient pas mon statut me craignaient peu car j'étais et apparaissais rapidement sans pouvoir, quoi qu'en dise ma couleur de peau. Pour ceux qui l'apprenaient en cours d'observation, j'étais même « neutralisé », dégagé des enjeux de pouvoir du chantier.

Reste la question relative au fait de rapporter les comportements de gens qui ne se savaient pas observés, leur enlevant toute maîtrise de leur image de soi. Là encore, le problème n'est pas propre à ma recherche, ni même à la sociologie : faire comme si les sociologues ou les journalistes étaient les seuls à observer subrepticement les gens et à porter au public leurs observations réduit l'activité des autres êtres sociaux à bien peu de chose. Certes, la possibilité d'avoir une parole publique est inégalement répartie, et des ouvriers y ont moins accès que des sociologues. Mais cela arrive : lorsque Daniel Martinez rédige ses *Carnets d'un intérimaire*[30], où il raconte non seulement ses propres expériences en tant qu'ouvrier intérimaire mais aussi celles de ses collègues[31], a-t-il demandé à ces derniers leur autorisation ? Tout discours public comportant une dimension de témoignage oblige à mettre en scène des individus qui n'ont pas demandé à l'être, et qui ne savaient même pas que leurs comportements pourraient être relatés. C'est s'exposer à ne plus rien raconter que de ne raconter des choses que sur des gens qui ont pu contrôler ce qu'on dit d'eux.

Au bout du compte, et comme dans tout récit, comme dans toute étude, le problème déontologique se confond avec le problème de fond : comment parle-t-on des gens, comment les considère-t-on ? Puisque la dissymétrie est admise, puisqu'en dernière instance le pouvoir de mise en scène est dans les mains de celui qui rédige, la question est de savoir comment il

30. Daniel Martinez, *Carnets d'un intérimaire, op. cit.*

31. Ou lorsque, dans un autre registre, l'ancien directeur d'une grande entreprise du bâtiment raconte les différentes malversations et corruptions dont il a été l'acteur et le témoin, ainsi que le fait Claude Popis dans *L'Argent, le Bâtiment, la Politique sous la Ve République*, Albin Michel, Paris, 1992.

présente les individus dont il parle. Car parler des gens, c'est risquer de croire et faire croire que ce qu'ils sont se résume à ce qu'on en dit. C'est, dans un élan positiviste que favorise la technique de l'observation et de l'immersion en situation, prétendre restituer l'ensemble du réel dans lequel on s'est immergé sans voir que, comme pour les autres méthodes, ce que l'on restitue est tributaire des questions que l'on a posées.

Une mise en récit parmi d'autres

Aucun terrain ne donne par lui-même les clés de son intelligibilité. Si le sens ne vient pas automatiquement, si la sélection des faits et traits pertinents n'est pas une évidence, alors la problématique à partir de laquelle on aborde le terrain, de même que les formes d'exposition utilisées pour le restituer ne sont jamais les seules possibles. En s'immergeant dans le terrain étudié, plutôt qu'en y piochant des données encadrées par des guides d'entretien ou des questionnaires, l'observation donne envie de tout voir, tout dire, ce qui est bien sûr impossible. Le risque de la réification est lui aussi toujours présent. Il est tentant, pour l'observateur, de croire pouvoir dire le vrai et le faux sur la manière dont se comportent les individus : « Les ouvriers sont comme ça », « les ouvriers portugais font ainsi », etc. La distance socioprofessionnelle entre l'enquêteur et les enquêtés favorise ces formes d'exotisation et de réification mâtinées de paternalisme : « Moi qui les connais bien... » Or n'importe quel énoncé généralisateur s'affronte à d'abondants contre-exemples. Dès lors que l'enquête reste qualitative, elle peut difficilement prétendre à la représentativité. Et, s'il s'agit d'une observation, la perception de l'enquêteur, forcément partielle et partiale en dépit de toutes les précautions, rend saillants certains événements tandis qu'elle en tait d'autres.

Pour mon enquête, on obtient un aperçu des problèmes de représentativité en faisant quelques statistiques sur les personnes approchées sur les chantiers. Il ne s'agit pas des personnes interrogées en entretiens, mais des ouvriers rencontrés sur les chantiers et avec qui j'ai suffisamment discuté pour pouvoir restituer quelques éléments de leurs trajectoires. Ils sont soixante-quatorze, et se répartissent ainsi :

Âge

20-29	*30-39*	*40-49*	*50-59*	*60 et +*
31 %	41 %	12 %	14 %	3 %

Origine géographique

Immigrés venus à l'âge adulte	*Dont Portugal*	*Dont Maghreb*	*Dont Mali, Sénégal, Mauritanie*	*Dont Haïti*	*Dont Congo-Kinshasa*	*Dont Cap-Vert*	*Venus des Antilles françaises à l'âge adulte*
84 %	15 %	41 %	18 %	4 %	4 %	1 %	5 %

Temps de présence en France ou métropole* (n = 66)

Moins de 5 ans	*5-9 ans*	*10-29 ans*	*30 ans et plus*	*Non renseigné (NR)*	*Total*
20 %	18 %	27 %	14 %	11 %	89 %

* des immigrés venus à l'âge adulte.

Métier

Coffreur	*Ferrailleur*	*Manœuvre*	*Maçon*	*Conducteur d'engins*
19 %	43 %	26 %	8 %	3 %

Dont chef d'équipe ou chef de chantier

Coffreur	*Ferrailleur*	*Maçon*	*Total*
0 %	14 %	1 %	15 %

Temps passé dans le bâtiment

Moins de 5 ans	*5-9 ans*	*10-29 ans*	*30 ans et plus*	*NR*
27 %	20 %	31 %	11 %	11 %

Statut d'emploi

Embauché	*Intérimaire*	*NR*
22 %	77 %	1 %

Temps de présence dans l'entreprise des embauchés (n = 16)

0-9 ans	*10 ans et plus*	*NR*
25 %	63 %	13 %

Temps de présence dans l'entreprise utilisatrice des intérimaires (sur 57 personnes)

Moins de 1 an	*1-2 ans*	*3 ans et plus*	*NR*
33 %	19 %	14 %	33 %

Tandis que les statistiques établies par des organismes institutionnels sont généralement trop larges et/ou trop tronquées pour appréhender les chantiers du gros œuvre, on devine que l'échantillon présenté ici, bien qu'obtenu par des biais différents (incluant par exemple les intérimaires et les sans-papiers), n'a aucune représentativité. Les jeunes, les immigrés récents et parmi eux les Africains (du Nord et du Sud), les manœuvres et les ferrailleurs, les novices du bâtiment, les intérimaires y sont surreprésentés (relativement aux effectifs globaux de la construction, mais aussi des chantiers observés), sans que l'on puisse savoir dans quelle mesure. C'est le résultat prévisible de mon propre profil (jeune et novice) et des modes d'entrée sur les chantiers (précaires et/ou subalternes).

Cependant, la critique portant sur la représentativité ne vaut réellement que si l'on croit pouvoir étudier des individus, les distinguer et les regrouper en agrégats et même en *types* ayant chacun leurs traits et comportements spécifiques. Si, plutôt que prétendre étudier des individus, on se donne pour ambition de saisir des *rapports sociaux* et des *relations sociales*, cela transforme l'orientation scientifique tout autant que déontologique de la recherche. Dans cette optique, les comportements, les discours, les pratiques des individus sont envisagés non comme les expressions nécessaires de leurs natures ou même de leurs conditions, mais comme des actualisations, des renforcements, ou au contraire des aménagements, des contournements, des contestations, etc., de rapports sociaux. L'action observée d'un seul individu ne peut être considérée comme représentative, mais elle est significative en ce qu'elle est une modalité de ce qu'il est possible de faire au sein des rapports sociaux encadrant l'action. Par exemple, tandis qu'un romancier comme Chester Himes s'attache à décrire dans chacun de ses récits « une des façons d'être un nègre[32] », il dessine en pointillé ce que le sociologue se doit de mettre au jour : le rapport social qui fabrique un statut de « nègre ». Cela semble en tout cas moins vain que de prétendre dire comment se comportent des « nègres », même armé d'une typologie différenciée, toujours débordée par le réel.

La thèse que j'ai écrite centrait la démonstration sur ces rapports sociaux : une première partie consacrée à la précarisation du travail, une deuxième à l'oppression et aux résistances sur le

32. Chester HIMES, *Noir sur noir*, Union générale d'éditions, Paris, 1984, p. 32.

chantier, et la troisième aux fidélisations informelles, conçues comme mécanisme compensant ou contrecarrant les résistances suscitées par la précarité. Les éléments du terrain étaient nombreux, mais convoqués en ordre dispersé, à l'appui de la démonstration. Les récits étaient moins longs, les histoires moins déroulées, les trajectoires et les ambivalences des individus moins fouillées.

Le livre proposé ici, plus proche du déroulement de l'enquête, plus respectueux de la chronologie et de la narration, cherche à mieux restituer ces dimensions. Il n'est pas qu'une version allégée, plus accessible de la thèse, une sorte de sous-produit, mais bien une autre forme d'exposition. Il n'oublie pas l'objet initial, les rapports sociaux, mais le saisit davantage par le bout des personnes qui y sont impliquées. S'il se centre sur mon insertion progressive dans le bâtiment, ce n'est pas pour ramener l'enquête à une expérience personnelle, mais pour mieux faire sentir la manière dont les relations décrites se sont découvertes à mon contact. Le texte perd en références théoriques et en rigueur démonstrative, mais il gagne en clarté quant aux circonstances de l'enquête. En prenant pour unité des chantiers, des périodes, il remixe des dimensions auparavant décomposées par l'analyse, il rejoue sur un mode mineur le sentiment initial d'une avalanche désordonnée d'informations. Il donne un peu plus de chair aux rencontres qui m'ont fait avancer dans la réflexion, et parfois leur rend hommage. Du moins je l'espère, car c'était mon objectif. Au lecteur d'en juger.

Éléments bibliographiques

BALIBAR Étienne et WALLERSTEIN Immanuel, *Race, nation, classe. Les identités ambiguës*, La Découverte, Paris, 1997 (1re éd. 1988).

BATAILLE Philippe, *Le Racisme au travail*, La Découverte et Syros, Paris, 1997.

BEAUD Stéphane et PIALOUX Michel, *Retour sur la condition ouvrière*, Fayard, Paris, 2004 (1re éd. 1999).

BOBROFF Jacotte, CARO Catherine et CAMPAGNAC Élisabeth, *Approches de la productivité et méthodes d'organisation dans les grandes entreprises de construction*, Plan Construction et Architecture, Paris, 1990.

BOURGOIS Philippe, *Ethnicity at Work. Divided labor on a Central American banana plantation*, John Hopkins University Press, Baltimore et Londres, 1989.

BOUZAMA Nadir, CLÉMENT Ghislaine et GALLISSOT René, *Ces migrants qui font le prolétariat*, Méridiens Klincksieck, Paris, 1994.

BROCHIER Christophe, « Relations de classe et négociations dans le travail sur les chantiers du bâtiment au Brésil », *Sociétés contemporaines*, 40, 2000.

BURAWOY Michael, *Manufacturing Consent. Changes in the labor process under monopoly capitalism*, The University of Chicago Press, Chicago, 1979.

CAMPAGNAC Élisabeth (dir.), *Les Grands Groupes de la construction : de nouveaux acteurs urbains*, L'Harmattan, Paris, 1992.

CAMPAGNAC Élisabeth et NOUZILLE Vincent, *Citizen Bouygues. L'histoire secrète d'un grand patron*, Belfond, Paris, 1988.

CAMPINOS-DUBERNET Myriam, *Emploi et gestion de la main-d'œuvre dans le BTP. Mutations de l'après-guerre à la crise*, La Documentation française, Paris, 1984.

CÉFAÏ Daniel (dir.), *L'Enquête de terrain*, La Découverte, Paris, 2003.

CHAUVIN Sébastien, *Intérim industriel et mobilisations de travailleurs journaliers à Chicago*, thèse, ENS, Paris, 2007.
CINGOLANI Patrick, *La Précarité*, PUF, Paris, 2005.
CROLA Jean-François et GUILLERME André (dir.), *Histoire des métiers du bâtiment aux XIXe et XXe siècles*, Plan Construction et Architecture, Paris, 1991.
DEJOURS Christophe, *Souffrance en France. La banalisation de l'injustice sociale*, Seuil, Paris, 1998.
DE RUDDER Véronique, POIRET Christian et VOURC'H François, *L'Inégalité raciste. L'universalité républicaine à l'épreuve*, PUF, Paris, 2000.
DEWITTE Philippe (dir.), *L'Immigration, l'état des savoirs*, La Découverte, Paris, 1999.
DUC Marcelle, *Le Travail en chantier*, Octares, Toulouse, 2002.
DURAND Jean-Pierre, *La Chaîne invisible. Travailler aujourd'hui . flux tendu et servitude volontaire*, Seuil, Paris, 2004.
FASSIN Didier, MORICE Alain et QUIMINAL Catherine (dir.), *Les Lois de l'inhospitalité*, La Découverte, Paris, 1997.
FAURE-GUICHARD Catherine et FOURNIER Pierre, « L'intérim, creuset de main-d'œuvre permanente ? », *Genèses*, 42, 2001.
GUILLAUMIN Colette, *L'Idéologie raciste. Genèse et langage actuel*, Folio, Paris, 2002 (1re éd. 1972).
HÉRAN François (dir.), *Immigration, marché du travail, intégration*, Commissariat général du Plan, Paris, 2002.
HUGHES Everett C., *The Sociological Eye*, Aldine Atherton, New York, 1971.
KORNIG Cathel, *La Fidélisation des intérimaires permanents. Une stabilité négociée*, thèse, EHESS, Paris, 2003.
LEFEVRE Gilbert, MICHON François et VIPREY Mouna, *Les Stratégies des entreprises de travail temporaire*, DARES, Paris, 2002.
LINHART Robert, *L'Établi*, Éditions de Minuit, Paris, 1978.
MILES Robert et PHIZACLEA Annie, *Labour and Racism*, Routledge and Kegan Paul, Londres, Boston et Henley, 1980.
MORICE Alain, « Les "pions" du bâtiment au Brésil. Quand le capital se fait rebelle au salariat », *Genèses*, 7, 1992.
MORICE Alain, *Recherches sur le paternalisme et le clientélisme contemporains : méthodes et interprétations*, mémoire pour l'habilitation à diriger des recherches, EHESS, Paris, 1999.
MOULIER BOUTANG Yann, *De l'esclavage au salariat*, PUF, Paris, 1998.
PERETZ Henri, *Les Méthodes en sociologie, l'observation*, La Découverte, Paris, 1998.
POUTIGNAT Philippe et STREIFF-FÉNART Jocelyne, *Théories de l'ethnicité*, PUF, Paris, 1999.
SALAIS Robert et THÉVENOT Laurent, *Le Travail. Marchés, règles, conventions*, Économica, Paris, 1986.

SCOTT James C., *Domination and the Arts of Resistance*, Yale University Press, New Haven et Londres, 1990.

SUPIOT Alain, *Critique du droit du travail*, PUF, Paris, 2002 (1re éd. 1994).

TALLARD Michèle, *Le Statut des salariés du BTP : enjeux et stratégies*, Plan Construction et Architecture, Paris, 1986.

THÉBAUD-MONY Annie, *L'Industrie nucléaire. Sous-traitance et servitude*, Éditions de l'INSERM, Paris, 2000.

TRINQUET Pierre, *Maîtriser les risques du travail*, PUF, Paris, 1996.

TRIPIER Maryse, *L'Immigration dans la classe ouvrière en France*, CIEMI/L'Harmattan, Paris, 1990 (1re éd. 1990).

VERHAEREN Raphaël-Emmanuel, *Immigration et force de travail dans le BTP*, Université de Grenoble, Grenoble, 1976.

VIET Vincent, *La France immigrée. Construction d'une politique 1914-1997*, Fayard, Paris, 1998.

WALLMAN Sandra (dir.), *Ethnicity at Work*, The Macmillan Press LTD, Londres et Basingstoke, 1979.

Table

CPI
Bussière

Composition Facompo, Lisieux
Cet ouvrage a été imprimé en France
par CPI Bussière
à Saint-Amand-Montrond (Cher)
en novembre 2008.
Dépôt légal du 1er tirage : février 2008.
Suite du 1er tirage (3) : novembre 2008.
N° d'impression : 083603/1.